省域应用型本科教育质量监测评价研究

——以福建省为例

本书获福建省社会科学规划项目"福建省应用型本科教育内涵式发展水平监测评价研究"(FJ2019B164);
国家社科基金教育学课题"地方高校延伸到县域办学与乡村振兴的耦合关系研究"(BIA190164);
厦门理工学院学术专著出版基金资助

黄小芳 著

图书在版编目(CIP)数据

省域应用型本科教育质量监测评价研究:以福建省为例/黄小芳著.—厦门:厦门大学出版社,2020.2
(教育管理与评估丛书)
ISBN 978-7-5615-7744-8

Ⅰ.①省… Ⅱ.①黄… Ⅲ.①地方高校-教育质量-质量管理-研究-福建 Ⅳ.①G649.21

中国版本图书馆 CIP 数据核字(2020)第 023305 号

出 版 人	郑文礼
责任编辑	曾妍妍

出版发行	厦门大学出版社
社　　址	厦门市软件园二期望海路 39 号
邮政编码	361008
总　　机	0592-2181111　0592-2181406(传真)
营销中心	0592-2184458　0592-2181365
网　　址	http://www.xmupress.com
邮　　箱	xmup@xmupress.com
印　　刷	厦门兴立通印刷设计有限公司

开本	720 mm×1 000 mm　1/16
印张	21
插页	1
字数	332 千字
版次	2020 年 2 月第 1 版
印次	2020 年 2 月第 1 次印刷
定价	76.00 元

本书如有印装质量问题请直接寄承印厂调换

厦门大学出版社
微信二维码

厦门大学出版社
微博二维码

序

追求更高更快更强的愿望,是人类积极向上的强大动力。专科学校经过相当时间的发展和积累,便会努力争取升格为本科院校,这是世界各国各地区教育发展过程中迟早必然会出现的普遍现象,如英国在20世纪90年代初将多科技学院升格为大学,中国自90年代中期以来持续的院校升格风潮。尤其是经过新世纪以来的快速发展,中国的高等学校进入一个升格高潮时期,出现了一大批新建本科院校。

在中国,办学者力图使高校升格的目标和冲动,与宏观决策者对高校的分类和定位,是一对永恒的互动的矛盾。将专科学校更名为学院,将学院更名为大学,是许多校长梦寐以求的大事。然而,众多强调应用的专科学校升格为本科高校之后,不能都走学术型高校的发展道路。为了与社会经济发展实际相适应,前些年教育部要求新建本科院校都要朝应用型本科院校转变。

应用型本科院校是本科教育的重要组成部分。应用型本科教育质量是世界各国本科教育质量管理领域关注的热点和重点,也受到国家以及各省份的高度重视。然而,目前中国各省份应用型本科教育质量监测评价虽有一些实践,但并未形成体系,学界关于省域应用型本科教育质量监测评价虽有所研究但仍需提升。因此,开展省域应用型本科教育质量监测评价研究是一个迫切而重要的问题。黄小芳在新建本科高校工作,还曾借调到福建省教育厅高教处做有关教育质量监测评价的工作。她跟随我攻读教育博士专业学位后,根据她自己的工作需要和专长,选取《省域应用型本科教育质量监测评价研究——以福建省为例》做博士学位论文,算是因材施教,而且选题具有相当的理论价值和明显的现实意义。

该博士学位论文全面梳理了国内外高等教育质量观和高等教育管理的发展历程、主要观点，总结了国内外高等教育质量观以及高等教育质量管理的发展趋势，从萌芽、发端、形成、发展四个阶段系统分析了建国70年来我国本科教育监测评价政策的演变历程，力求为省域应用型本科教育质量监测评价提供历史和实践反思。明晰了省域应用型本科教育质量监测评价的主体、标准、原则、指标、测度和分析方法等。该书以福建省为例，将福建省33所应用型本科高校为监测对象，运用所构建的省域应用型本科教育质量监测评价指标体系以及模型进行分类分析，并按照区域、性质、水平等3个分类属性进行分类分析，最终形成整体分析。提出提升省域应用型本科教育质量监测评价的难点和四项对策建议，即理顺多元主体的功能与定位、明确省域高等教育分类标准、建立监测评价系统、加强高校质量文化建设等。由于作者掌握了大量福建省高等学校的质量监测数据，所论皆有数据作支撑，因而能用事实说话，用数据说话，得出令人信服的结论。

教育博士的学位论文选题不易，因为各自岗位不同，之前所学专业不同，又都是在职学习，无法在学校跟着导师做课题，多数很难选择跟导师相同的研究方向来选题。不过，只要基础和素质不错，扬长避短，选题得当且认真向学，同样可以写出高质量的博士论文。于今，小芳博士的学位论文修改成书，即将付梓，作为导师喜闻乐见，爰书数语，以为之序。

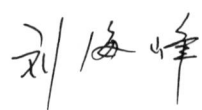

刘海峰

目　录

第一章　绪论 …………………………………………………… 1
　第一节　选题缘起 …………………………………………… 1
　第二节　研究意义 …………………………………………… 5
　第三节　核心概念的界定 …………………………………… 8
　第四节　研究设计及创新 …………………………………… 13

第二章　省域应用型本科教育质量监测评价的理论基础 …… 20
　第一节　国内外高等教育质量观的发展趋势及主要观点 … 20
　第二节　国内外高等教育质量管理的发展历程及主要模式 … 34

第三章　我国本科教育质量监测评价政策变迁及现状 ……… 50
　第一节　我国本科教育质量监测评价政策变迁及现状 …… 50
　第二节　我国本科教育质量监测评价中存在的主要问题 … 63

第四章　省域应用型本科教育质量监测评价体系的理论构想 … 67
　第一节　首要问题：确立主体 ……………………………… 67
　第二节　基础问题：明确标准 ……………………………… 76
　第三节　基本问题：明确原则 ……………………………… 90
　第四节　核心问题：建构指标体系 ………………………… 93
　第五节　关键问题：择取方法及建构模型 ………………… 107

第五章　福建省应用型本科教育发展的背景分析 …………… 115
　第一节　福建省本科教育发展概况及发展位置 …………… 115

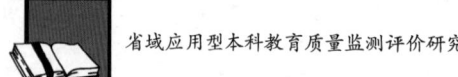

第二节　福建省近年来应用型本科教育质量监测的
　　　　评价结果分析 ………………………………………… 159

第六章　福建省应用型本科教育质量监测评价概况及总体分析 …… 182
　第一节　福建省应用型本科教育质量监测评价的概况 ………… 182
　第二节　福建省应用型本科教育质量监测评价的测算与聚类 … 192
　第三节　福建省应用型本科教育质量监测评价的结论及发现 … 201

第七章　福建省应用型本科教育质量分维度监测结果分析 ………… 216
　第一节　投入性指标监测结果分析 ……………………………… 216
　第二节　过程性指标监测结果分析 ……………………………… 235
　第三节　产出性指标监测结果分析 ……………………………… 264

第八章　省域应用型本科教育质量监测评价中存在的难点及对策 … 309
　第一节　我国省域应用型本科教育质量监测评价存在的难点 … 309
　第二节　完善省域应用型本科教育质量监测评价的提升路径 … 313

参考文献 ……………………………………………………………… 318

后记 …………………………………………………………………… 329

第一章 绪论

"应用型本科教育是科技发展和高等教育由精英教育向大众化教育转变过程中形成的一种教育类型。"[①]目前,支持应用型本科教育加快发展成为国家以及各省份的重大决策部署,是高等教育供给侧结构性改革的重要内容。同时,随着高等教育省级统筹权的扩大,省域应用型本科教育质量的监测评价越来越引起政府重视、社会关注。基于此背景,本书探讨省域应用型本科教育质量监测评价这一问题,对于省域应用型本科教育的质量和竞争力的提高以及高等教育内涵式发展的实现有重要意义。

第一节 选题缘起

高等教育大众化概念的提出者 Martin Trow 指出:"大众高等教育与精英高等教育的区别不仅表现在数量上,而且表现在质量上。"[②]提高本科教育质量是我国高等教育大众化阶段以来质量管理的重点任务之一。从 20 世纪 90 年代开始,我国陆续实施"211 工程"和"985 工程",21 世纪初实施"本科教学质量与教学改革工程",十九大提出实施"双一流建设工程"。21 世纪以来,教育部陆

---

① 史秋衡,王爱萍.应用型本科教育的基本特征[J].教育发展研究,2008(21):34-37.
② 宋彦军.高职教育服务质量评价研究[D].天津大学,2009:2.

续出台一系列举措提高本科教育质量,先后于2001年提出提高本科教学质量12条意见,①2007年提出全面提高本科教学质量20条具体意见,②2012年提出巩固本科教学基础地位的30条意见,③2018年发布"新时代高教40条"。2018年6月,我国召开新时代全国高等学校本科教育工作会议,这是改革开放40年来的第一次本科教育会议,会议强调要坚持"以本为本","加快建设高水平本科教育、全面提高人才培养能力,造就堪当民族复兴大任的时代新人"。这说明国家已经将振兴本科教育、提升本科教育质量放到了前所未有的战略高度,全面提高本科教育质量已经成为政府、社会、高校的广泛共识。

应用型本科教育是本科教育的重要组成部分。党的十八大以来,我国陆续提出推动部分本科高校向应用型转变的战略举措,明确指出了应用型本科教育的发展方向和发展道路。2014年6月,教育部等六部门颁布《现代职业教育体系建设规划(2014—2020年)》,提出"引导推进应用型本科高校的建设,加强培养应用型人才"。2015年10月,在教育部等三部门印发的《关于引导部分地方普通本科高校向应用型转变的指导意见》中,明确了本科高校转型发展的主要任务、配套政策和推进机制。随后,我国在2016年发布的《中华人民共和国国民经济和社会发展第十三个五年规划纲要》以及2017年发布的《国家教育事业发展"十三五"规划》中,均进一步提出推动具备条件的普通本科高校向应用型转变。2019年1月,在国务院印发的《国家职业教育改革实施方案》(国发〔2019〕4号)中提出了到2022年"一大批普通本科高校向应用型转变"的具体指标。2019年2月,中共中央、国务院印发的《中国教育现代化2035》提出现代化的十大战略任务,其中,明确指出要"持续推动地方本科高等学校转型发展"的战略任务。目前,教育部正在持续推动应用型本科教育转型向深度转型和示范引领迈进,全国各省正在加快应用型本科教育的发展,推动省级试点高校发挥示范作用,已有300所地方本科高校参与了改革试点。

---

① 教育部.关于加强高等学校本科教学工作提高教学质量的若干意见[Z].2001-08-28.
② 教育部.教育部关于进一步深化本科教学改革全面提高教学质量的若干意见[Z].2007-02-17.
③ 教育部.关于全面提高高等教育质量的若干意见[Z].2010-03-16.

从国家层面,本科教育质量的监测评价制度逐步完善并不断强化执行。教育部于 2007 年 2 月颁布的《关于进一步深化本科教学改革全面提高教学质量的若干意见》(教高〔2007〕2 号)指出:"各高校要进一步加强教学质量监控,建立用人单位、教师、学生共同参与的学校内部质量保障与评价机制,形成社会和企业对课程体系与教学内容的评价制度、课堂教学评估制度、实践教学评估制度、领导和教师听课制度、同行评议制度、学生定期反馈制度及教学督导制度等,加强对人才培养过程的管理;完善教师、院系、学校三级质量保障机制,逐步建立保证教学质量不断提高的长效机制。"[①]2010 年,国务院审议通过的《国家中长期教育改革和发展规划纲要(2010—2020 年)》中,提出要"整合国家教育质量监测评估机构及资源,完善监测评估体系"。[②] 2011 年,《教育部关于普通高等学校本科教学评估工作的意见》(教高〔2011〕9 号),提出了"五位一体"的本科教学评估制度。2019 年 2 月,中央办公厅、国务院办公厅印发的《加快推进教育现代化实施方案(2018—2022 年)》指出,要完善高等教育质量标准和监测评价体系。这些文件的出台都为省域应用型本科教育质量监测评价提供了重要依据和方向。

重视应用型本科教育质量的提升和监测评价是省级政府高等教育治理的职责所在。2014 年,国家教育体制改革领导小组办公室发布《关于进一步扩大省级政府教育统筹权的意见》(教改办〔2014〕1 号),明确提出"完善标准体系","做好监督评价。开展地方政府履行教育职责考核评价,督促地方政府优先发展教育事业。委托开展教育现代化监测评价,衡量评判各省(区、市)教育现代化水平和进步程度,诊断和分析存在的问题。委托开展教育满意度测评,全面了解人民群众对各省(区、市)教育工作满意度"[③]等各方面内容,同时,对省级政府七个方面的教育统筹职责进行了明确。教育部等三部门于 2015 年 10 月联

---

① 教育部.关于进一步深化本科教学改革全面提高教学质量的若干意见[Z].2007-02-17.
② 国务院.国家中长期教育改革和发展规划纲要(2010—2020 年)[EB/OL].(2010-07-29)〔2019-05-09〕. http://old.moe.gov.cn/publicfiles/business/htmlfiles/moe/info_list/201407/xxgk_171904.html.
③ 国家教育体制改革领导小组办公室.关于进一步扩大省级政府教育统筹权的意见[Z]. 2014-07-08.

合发布的《关于引导部分地方普通本科高校向应用型转变的指导意见》中也明确指出:"坚持省级统筹、协同推进。转型的责任在地方。"2017年4月,中央深改组会议审议通过了《对省级人民政府履行教育职责的评价办法》(以下简称《评价办法》);同年5月,国务院办公厅印发《评价办法》,这标志着我国进一步推进管办评分离的决心,也是推进省级政府有效履职、推进实现教育现代化的重要举措。2018年,国务院教育督导委员会办公室印发《〈对省级人民政府履行教育职责的评价办法〉实施细则》(国教督办〔2018〕2号),明确要求通过对省级人民政府履行教育职责情况的评价,构建顶层有设计、责任有分工、规划有落实、进展有督查、奖惩有通报的监管体系,推动省级人民政府提高履行教育职责的积极性、主动性。《评价办法》明确了对省级人民政府履行教育职责评价的测评体系,其中包括6个方面、38项测评具体内容、92个测评点以及测评标准,委托第三方专业机构制定科学的评估监测方案,建立信息化监测工作平台,根据评价指标,利用国家统计数据和调查获得的系统数据,对省级人民政府履行教育职责情况进行监测评估,并面向社会、教师和学生开展满意度调查,6月上旬形成年度监测报告。在评价内容中,明确了应用型本科教育转型这一测评点以及标准。① 因此,省级政府强化应用型本科教育质量监测评价是履行高等教育职责的内在要求,也是国家强化省级高等教育统筹权的外在要求。

目前,我国部分省份也在积极构建高等教育质量监测评价体系,强化对应用型本科教育质量的监测评价。福建省关于高等教育质量监测评价的实践起步较早,形成了高等教育质量监测评价体系和平台,并且每年度根据监测评价情况发布系列质量报告。笔者于2016年开始连续三年参与了福建省关于高等教育质量监测评价体系的构建及实践,涉及本科教育质量、发展潜力、专业评估及认证、创新创业教育、美育、毕业生等各领域的监测评价,全面掌握了福建省本科教育的发展状态和大量关于应用型本科教育的数据和信息,并持续跟踪了福建省本科教育的发展态势。在监测评价实践基础上,逐步感受到政府、高校

---

① 国务院教育督导委办公室.对省级人民政府履行教育职责的评价办法实施细则[Z]. 2018-02-12.

以及社会对于省域应用型本科教育质量的关注和重视。而从目前的文献研究中发现,关于省域应用型本科教育质量监测评价的研究和实践还需进一步探索和完善,如:我国对于应用型本科教育质量的标准、内涵、维度还需进一步明确,省域应用型本科教育质量监测评价指标体系和评价模型还需科学、有效构建,省域应用型本科教育质量监测评价的实践还需进一步探索。

第二节 研究意义

一、理论意义

《世界高等教育大会宣言》中提出:"21 世纪将是更加注重质量的世纪,由数量向质量的转移,标志着一个时代的结束和另一个时代的开始。重视质量是一个时代的命题。谁轻视质量将为此付出沉重的代价。"[1]开展福建省应用型本科教育质量监测评价研究具有较强的理论意义。

一是进一步丰富本科教育质量管理的发展理论。提高本科教育质量是西方发达国家高等教育质量管理领域关注的热点和重点。以美国为例,20 世纪 50 至 60 年代,美国进入高等教育大众化发展阶段,伴随着高等教育规模的快速扩张,教育质量日趋下降,因而受到来自社会各界的批评,学术界和高等教育管理机构对本科教育质量进行了全面反思,并提出了相关建议,以提升本科教育质量。哈佛大学校长德里克·博克(Derek Bok)在其《高等学问》一书中提出:"任何学院,如果每 15~20 年不对本科生教育进行一次全面的检查,就会冒重大的风险。"[2]美国高质量教育委员会相继发布了两个极为重要的研究报告:《投身学习:发挥美国高等教育的潜力》(1983 年)和《国家处于危机中:教育改革势在必行》(1984 年)。美国著名教育家欧内斯特·L.博耶(Ernest L. Boyer)于

---

① 刘献君.高等教育质量:本科教学评估的落脚点[J].高等教育研究,2006(09):16.
② 马骥雄.战后美国教育研究[M].南昌:江西教育出版社,1993:153.

1987年犀利指出:"美国的大学本科,是一个混乱的机构。"①卡内基教学促进基金会也于1987年出版了由欧内斯特·博耶执笔的《学院——美国本科生教育的经验》;第二年4月,题为《重建本科生教育:美国研究型大学发展蓝图》的研究报告发表。有学者指出:由教育质量下降所引发的这场集中、持久且深入的对提高本科教育质量的讨论和反思,对于美国本科教育质量的提高和高等教育的健康发展无疑有着深远的影响。② 事实上,我国目前本科教育的发展及改革可以借鉴美国的这段发展史。西方高等教育发达的国家在高等教育和办应用型高等教育等方面已经积累了较为丰富的理论知识和经验。我国高等教育进入后大众化阶段后,教育质量问题逐渐显现,而美国大众化阶段本科教育的发展历史以及反思和改进,值得我国借鉴。本书将立足于我国后大众化高等教育阶段,面向新时代高等教育的发展形势,进一步丰富后大众化高等教育管理观和质量管理理论,深化本科教育尤其是应用型本科教育质量管理的研究。

二是进一步丰富省域高等教育质量管理的理论。我国中央政府在高等教育进入大众化阶段后,逐步把高等教育的管理权力下放到省级政府,并逐步增加地方政府参与高等教育的深度。国家教育体制改革领导小组办公室于2014年发布的《关于进一步扩大省级政府教育统筹权的意见》(教改办〔2014〕1号)(以下简称《意见》),明确提出进一步扩大省级政府教育统筹权,《意见》首次以文件形式对扩大省级政府教育统筹权作出全面部署,进一步理顺中央与地方教育管理权限和职责范围。再加之,省级政府在财政统筹及行政调控上有较强的能力与作用,使其在统筹应用型本科教育质量管理上具有必然性。近年来,伴随我国各省域人口结构的变化、产业结构的转型升级以及城镇化、信息化的进程加快,省域高等教育的发展与省域经济发展、产业升级、社会变革、文化传承等紧密相连,同时与人事、人口、财政、科技等政策互相制约,只有在省级层面上统筹谋划,才能更好地实现高等教育的内涵式发展。省级政府是高等教育质量管理的主体之一,本文积极探讨应用型本科教育质量的内涵、标准和要素,构建

---

① 施晓光.美国大学思想论纲[M].北京:北京师范大学出版社,2001:167.
② 刘智运.研究型大学应创办一流本科教育[J].教学研究,2009,32(01):1-8.

省域应用型本科教育质量监测评价体系,形成了包括投入、过程、产出三个维度的8个二级指标的指标体系,并运用因子分析法和聚类分析法,构建了评价模型,这将有助于完善省域应用型本科教育质量管理理论与监测评价理论。

二、实践意义

有学者指出:"基于我国政府治理、经济(产业)布局和高等教育现实发展与发展态势,省级政府高等教育统筹在推动高等教育事业发展和高等教育治理体系现代化方面的地位与作用将越来越重要。"[①]目前,无论是深化教育体制机制改革,还是促进产教融合;无论是推进"双一流"建设,还是推动地方本科高校转型发展、建设一流本科教育,都离不开省级政府的承上启下、统筹协调。因此,开展省域应用型本科教育质量监测评价研究具有较强的实践意义。

一是从政府层面,有助于掌握态势,科学决策。目前我国各省份的应用型本科教育质量还有待提升,质量监测评价还有很大的改进空间。本书以福建省为例,基于教育部、统计局等国家官方数据,对规模结构、质量效益、条件资源等三个维度的25个指标进行了全国、省级两个层面的比较分析;基于教育部评估中心、福建省教育评估研究中心以及福建省教育厅官方发布数据,围绕投入、过程、产出三个维度的8个二级指标对福建省33所应用型高校进行了横向和纵向的对比分析,从而使福建省正确认识应用型本科教育质量现状、存在问题及发展态势,为其制定政策提供参考依据。

二是从高校层面,有助于明确目标,特色办学。通过省域应用型本科教育质量的监测评价,对应用型本科高校的教育有着导向与激励的作用。高校可以了解自身在省内的排名与发展位置,明确差距,发现自身优势和弱项、特色与"瓶颈",清晰把握自身的现状与水平。

三是从社会层面,有助于全面了解高校、质量监督。通过常态化、制度化的省域应用型本科教育质量监测评价,可以获知省域应用型本科教育质量的发展现状

---

① 刘国瑞.省级政府高等教育统筹的时代意蕴与改革方向[J].中国高教研究,2018(09):31-36.

及发展态势的数据及监测评价结果,有利于社会公众更加了解并客观评价应用型本科高校。同时,通过监测评价,有助于促进社会监督,在给予高校压力的同时给予动力,让高校以"办人民满意的高等教育"为目标,全面提升应用型本科教育质量。

第三节 核心概念的界定

一、省域高等教育的概念及内涵

目前国内学者对于"省域高等教育"的概念界定没有完全统一。有学者认为,"省域高等教育属于区域高等教育的范畴,即它主要由省级政府提供发展所需资源并主要为省域经济社会发展服务","是指在一个省域范围内其所属高等教育机构所举办的高等教育事业的总和,而不是指在一个省域范围内其所拥有的具有高等教育学历的人力资源总和"。① 也有学者指出:"省域高等教育,是以省级行政单位为划分依据的省区范围内的高等学校教育。"② 虽然界定不一,但对其所属范畴已达成共识。

本书所指的省域高等教育,特指由我国大陆省级行政区划内管理的各级各类普通高等教育的总称。省域范围内的高校按照隶属关系来看,既有归省、市管理的地方普通高校,也有分布在各省域范围内归国家各部委管理的普通高校;按办学层次划分,包括本科院校、高职高专院校;按办学形式划分,包括普通高等教育、成人高等教育、继续高等教育;按办学体制划分,包括公办高校、民办高校(含独立学院)。本书的重点是由省级管理的以应用型为主要特征的地方普通本科高校。

二、应用型本科教育的概念及内涵

应用型本科教育概念的定义众说纷纭。有学者从应用型本科教育的形成

---

① 刘六生.省域高等教育结构调整研究[D].辽宁师范大学,2011:15-16.
② 赵娅玲.省域高等教育层次结构评价研究[D].云南师范大学,2016:13.

与培养目标角度指出:"应用型本科教育是随科技发展和高等教育由精英教育向大众化教育转变过程中形成的一种新的教育类型,它是相对于理论型本科教育实用技术型教育而言的。应用型本科教育是以培养知识、能力和素质全面而协调发展,面向生产、建设、管理、服务一线的高级应用型人才为目标定位的高等教育。"[①]有学者从应用型本科教育与高等教育体系的关系角度出发,将应用型本科教育定义为:"是我国高等教育体系的重要组成部分,是以各行各业的专门知识为主,是为学生提供学术和职业准备,以培养应用科学和现代技术领域的高级管理岗位上的工程师和技术师为目标,将高新科技转化为现实生产力的普通高等教育体系。"[②]也有学者持有的观点是"应用型本科教育,简单地讲,就是培养高层次应用型人才的本科教育"[③]。还有一些学者从教育类型和培养层次入手,对应用型本科教育的内涵进行了描述,认为应用型本科教育是我国进入高等教育大众化后所产生的一种职业导向的高等教育类型,融合了职业教育与能力养成,是本科层次的高等职业教育,其核心是培养复合性应用型高层次人才。有学者通过对第三版《国际教育标准分类法》(简称 ISCED-2011)的高等教育等级划分及其每个等级的课程定向认识,指出"学士层级或者说本科层次的教育不能简单地与职业教育相等同,为此,应用型本科教育业不能简单地说是职业教育层次的简单上移"。同时该学者通过专业与学科的依托关系、专业的分类、专业的特点等方面的论述,将应用型本科教育界定为专业教育,并指出其特点是"以应用型学科为基础的、介于学术和职业之间、以培养'精''专'人才为主的知识的教与学活动"[④]。从以上观点可以看出,尽管对于应用型本科教育的概念未有统一的界定,但应用型本科教育是高等教育的一种新类型,是社会经济、科技与文化快速发展以及高等教育大众化的必然产物,其培养目标是培养高层次应用型人才,其办学应该紧密贴近社会并为社会服务等方面已达成共识。

---

① 史秋衡,王爱萍.应用型本科教育的基本特征[J].教育发展研究,2008(21):34-37.
② 邵波.我国高等教育大众化进程中的应用型本科教育研究[D].南京师范大学,2009:29.
③ 马树杉.应用型本科教育:地方本科院校在 21 世纪的新任务[J].常州工学院学报,2001(01):85-88.
④ 陈飞.应用型本科教育课程调整与改革研究[D].华东师范大学,2014:25.

省域应用型本科教育显然是一个组合概念,是由省域和应用型本科教育两个概念复合而成。本书认为省域应用型本科教育是在高等教育大众化背景下,由我国省级政府举办的本科层次的,以应用型人才为培养目标、以面向与服务地方为定位,开展应用研究并进行地方文化传承与创新的一种高等教育类型。

三、应用型本科教育质量的概念及内涵

本科教育质量是高等教育质量的重要组成部分。有学者指出:"本科教育质量是指,高等教育机体在运转、发展过程中满足其自身特定的内在规定要求与社会的外在规定需要的一切特性的总和,它是内适性需要与外适性需要、内在的认识论质量与外部的政治论质量的有机融合与统一。"[①]该定义提出了本科教育"过程中"对"内部"与"外部"需要的满足,将本科教育质量分为内、外的需求。有学者指出:"本科教育质量是指在本科四年的教学过程中,学生的发展变化达到某一标准的程度以及不同的公众对这种发展变化的满意度,一般体现在培养出来的人才在满足社会需要方面所具备的能力和特性上,包括德、智、体、美诸方面的综合素质与水平。"[②]该定义概括了本科教育质量主要是人的能力素养及成长发展方面,指出了是与存在的某一标准的对比。

本科教育的过程和活动具有复杂性,本科教育质量也体现出复杂性。本书认为,本科教育质量具有以下几个特征:一是本科教育质量利益主体具有多元性。本科教育质量涉及多元利益主体,兼具高等教育的内在规定性和外在规定性,不同的本科教育利益主体对于本科教育质量有不同的价值期许和价值取向。二是本科教育质量是一个全过程的质量概念。本科教育质量是一种特殊的社会生产活动而产生的特殊产品的产品质量。本科教育产品的生产涉及投入、过程和产出三个阶段,本科教育质量最终的质量是由投入质量、过程质量和产出质量综合作用而产生的。三是本科教育质量中的投入质量、过程质量、产出质量不仅具有相关性也具有相对独立性。

---

① 侯玉桃,杨巧芳.我国高等教育质量研究述评[J].兰州教育学院学报,2012,28(01):85-87.

② 王娟娟.基于大学生学习性投入调查下的本科教育质量研究[D].重庆大学,2011:2.

应用型本科教育质量是一个复合概念。从应用型本科教育的运行来看,可分为投入质量、过程质量和产出质量三个部分;从应用型本科教育的要素来看,包含人才培养质量、科学研究质量(核心是应用研究质量)、社会服务质量和文化传承创新质量(核心是对所在地方区域的文化传承创新质量);从应用型本科教育的价值来看,是自身价值和外在价值的总和,是内适性需要、外适性需要以及个适性需要的有机融合和统一。因此,本书认为,省域应用型本科教育质量应包括应用型本科教育运转发展过程中所涉及的投入、过程以及产出三部分的质量,其中,产出质量应包括人才培养质量、科学研究质量、社会服务质量以及文化传承创新质量。

四、应用型本科教育质量监测评价的概念及内涵

所谓"监测",有的学者指出:"在管理学中,监测是对输入、产出、干预措施等过程要素信息的常态收集和持续跟踪,它指向项目实施的过程。"[①]有的学者认为,"监测是微观层面的数据信息资料的采集过程","监测本身也是一个微观评价过程,通过持续地采集过程中,发现指标项点的合理与否,发现采集项点的结果好坏,直观地发现问题,从而提出相应的改进意见和办法"。[②] 也有学者认为,监测是一种微观管理手段,并指出它的两个作用:"一是定期收集指标数据,通过与预期目标或参考值的对比,检查项目、计划、政策等进展完成和落实情况是否与规划或预期的目标一致;二是监测本身的执行过程又是一个评价过程,通过不断及时地发现识别问题,总结经验教训,提出改进意见和办法"[③]。可以发现,上述两位学者对监测的看法基本一致,都认为监测是为了某一目的进行各类信息的收集、跟踪、评价、改进。

而所谓"评价",任传鹏指出:"从认识论角度看,'评价'是评价主体依据一定的标准,通过比较(横向或纵向)对评价客体的一种认识过程;同时,也是判定

---

① 王战军,王永林.监测评估:高等教育评估发展的新图景[J].复旦教育论坛,2014,12(02):6.
② 孙膑.铁路货运服务质量监测评价体系研究[D].北京交通大学,2018:52.
③ 汪静.区域循环经济发展动态监测评价研究[D].长沙理工大学,2009:30.

评价客体价值高低或质量优劣的一种决策过程;评价的本质是评价客体到评价主体的映射。从信息论角度看,'评价'就是评价主体对评价客体的某些特定信息进行收集和处理,并得出目标信息。因此,评价是一个信息收集、信息处理、信息解读的过程。"①刘佩韦的观点是:"在哲学领域里,评价既是价值论研究的对象,又是认识论研究的对象。从价值论角度来看,评价是主体对客体(的功能、属性等)是否满足其需要的关系的把握及评判。就认识论而言,评价是一种认识活动,是主体对客体功能、属性等是否满足其需要的关系的反映。"②

对于高等教育质量评价的概念,国内外研究者从不同的角度出发进行研究,所做出的定义不尽相同。有学者从过程着眼,强调教育评估是收集信息、提供决策依据、判断效果、教育优化以及估值判断的过程等,认为"所谓评估,就是决定某种活动、目的及程序的估值的过程。这个过程,分为目的的明确化、收集有关合适的情报、决策等三个阶段。评估所追求的目的便是为达到目标而最有效地去灵活使用手中的资源"③。有学者从估值着眼,认为"评估概念的重点在于以教育目标为标准的估值判断"④。我国学者从价值判断着眼,认为教育评价是根据一定的目的和标准,采取科学的态度和方法,对教育工作中的活动、人员、管理和条件的状态与绩效,进行质和量的价值判断。⑤

本书认为,高等教育质量监测评价具有以下几个特征:一是高等教育质量监测评价是把控质量、保证质量、改进质量、提高质量的重要环节,具有过程性监控、结果性反馈、结论性评价等职能。高等教育质量监测与评价两者既有区别,又有联系,相辅相成,缺一不可。高等教育质量监测是评价的基础,是评价的手段和方法;高等教育质量评价是监测的目的和结果,是对监测信息的深度挖掘和改进,是监测结果的深度分析和反馈。二是高等教育质量不同于一般产

---

① 任传鹏.工业企业绩效综合评价研究[D].山东科技大学,2004:4.
② 刘佩韦.论法律评价[D].广西师范大学,2003:3.
③ 王娟娟.基于大学生学习性投入调查下的本科教育质量研究[D].重庆大学,2011:3-4.
④ 庄伊富长.大学评价研究[M].东京:东京大学出版社,1984:10.
⑤ 韦洪涛.我国高等教育大众化进程中的高等教育质量评估指标体系研究[D].苏州大学,2002:22.

品,其监测评价具有不可直接测量性,需要我们从涉及或影响高等教育质量的全过程中选取部分关键的"点"进行监测评价。三是高等教育质量监测评价的主体不同,监测评价的内容和结果不同。我们要注意到,不同主体对高等教育质量进行监测评价,由于其利益相关性的大小不同,每个主体考虑进行质量监测评价的"点"并不一致。四是高等教育质量监测评价类型各有不同。按监测评价的目的来看,可以分为监督性、特定目的性、研究性监测评价;按领域来看,可对高等教育质量的其中一个或多个领域进行重点监测;按监测评价所涉及的区域分类,可以将其分为对全国、省域及省内各市区、各高校教育质量的监测评价;按监测评价的主体不同,又可以将高等教育质量监测评价分为政府监测评价、社会监测评价和高校监测评价;按照接受监测的意愿情况,又可以分为强制性监测评价、意愿性监测评价和主动性监测评价。

  本书所开展的省域应用型本科教育质量监测评价,是指省级政府(省级教育主管部门)基于一定的高等教育价值观,以应用型本科高校为监测对象,采取科学的态度和方法,运用现代信息技术,对反映本省应用型本科教育质量的信息、数据以及状态进行常态收集和持续跟踪,重点是对投入质量、过程质量以及产出质量的信息、数据所呈现的状态态势、价值估值、价值增值等进行全过程、定期化、常态化的监测评价、持续跟踪和价值判断。

第四节　研究设计及创新

一、研究思路与方法

(一)研究思路

围绕重点解决的问题,形成本书的基本路径,即问题提出(选定题目)—文献及政策研究—理论架构—体系建构—建模研究—应用研究—研究结论—提升改进。具体研究路线如图1.4.1所示。

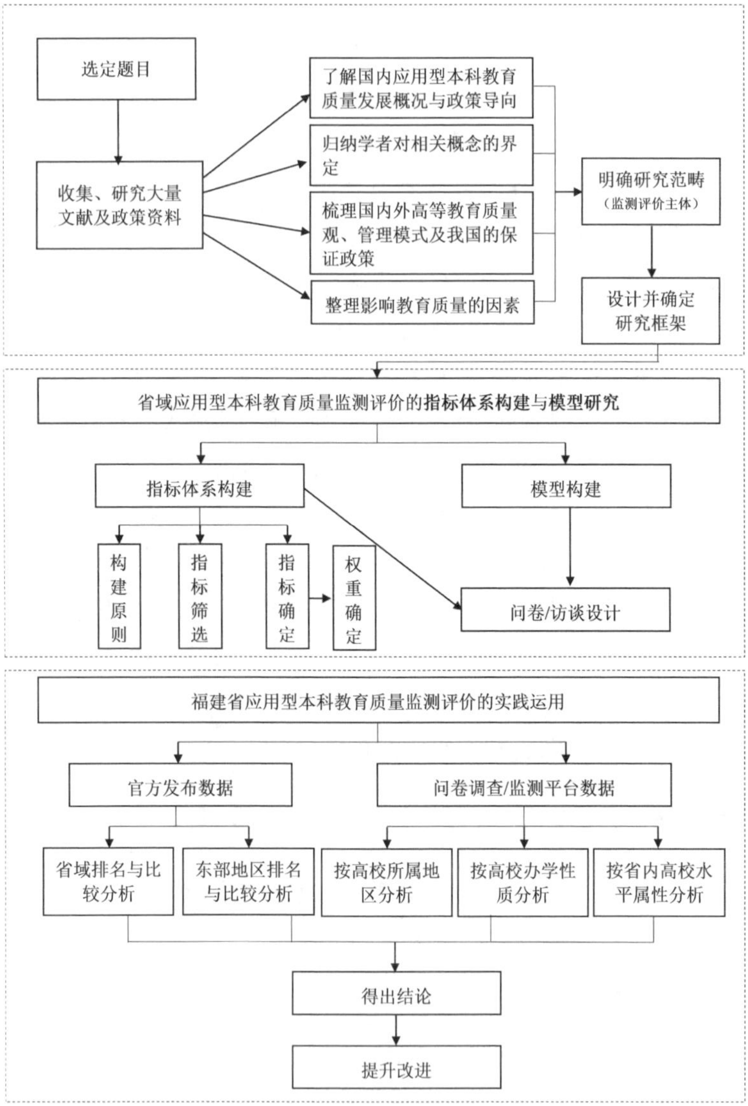

图 1.4.1 本书的研究路线

(二)研究设计

本书共分为绪论、省域应用型本科教育质量监测评价的理论基础、我国本科教育质量监测评价政策变迁及现状、省域应用型本科教育质量监测评价体系的理论构想、福建省应用型本科教育发展的背景分析、福建省应用型本科教育质量监测评价指标体系与模型的实践运用、提升路径等七个部分。详见图1.4.2。

图1.4.2 本书的研究设计

研究分别将各部分内容分布于八个章节：

第一章　绪论。本章节主要对选题缘起、研究的理论与实践意义、核心概念、研究设计及创新等方面进行了说明，对研究所涉及的省域高等教育、应用型本科教育、应用型本科教育质量以及应用型本科教育质量监测评价的概念进行论述与界定。

第二章　省域应用型本科教育质量监测评价的理论基础。此章节梳理了国内外高等教育质量观的发展历程及主要观点、高等教育质量管理的发展历程及主要模式，进而发现国内外高等教育质量观与高等教育质量管理的主要发展特征，从而进一步夯实省域应用型本科教育质量监测评价的理论基石。

第三章　我国本科教育质量监测评价政策变迁及现状。此章节系统分析了新中国成立70年以来我国本科教育质量监测评价政策的演变，并划分为萌芽、发端、形成和发展四个阶段，梳理我国本科教育质量监测评价政策中存在的问题，主要包括多元化主体、标准、分类、法规等四大问题。

第四章　省域应用型本科教育质量监测评价体系的理论构想。本章节从构建省域应用型本科教育质量监测评价体系的首要问题、基础问题、基本问题、核心问题、关键问题入手，明确了评价主体、标准要素、构建原则、指标体系、评价方法与模型等，最终基于文献法和深度访谈法，构建省域应用型本科教育质量监测评价指标体系，明确了因子分析法和聚类分析法作为评价方法。

第五章　福建省应用型本科教育发展的背景分析。本章节开始以福建省为例，开展监测评价实证研究。在开展监测评价前，首先全面深入地研究了福建省本科教育发展在全国以及东部地区中的发展位置、存在问题，以从宏观层面上对接下来福建省应用型本科教育质量在全国以及东部地区的位置提供基本判断。

第六章　福建省应用型本科教育质量监测评价概况及总体分析。本章在前面章节的基础上，以福建省33所应用型本科高校为监测对象，运用所构建的指标体系与评价模型进行实践应用和分类分析，即从区域属性、性质属性、水平属性等三个方面形成福建省应用型本科教育质量的分类监测评价结果分析以及整体结果分析。

第七章　福建省应用型本科教育质量分维度监测结果分析。本章节分别对投入性指标、过程性指标和产出性指标进行具体的数据分析。其中,投入性质量维度重点监测了专任教师、办学条件、经费投入等三方面;过程性质量维度重点监测了在校生学习成长、专任教师专业发展等两方面;产出性质量维度重点监测了人才培养、科学研究、社会服务及文化传承创新等四个方面。分维度监测结果是总体评价的基础数据和基本依据。

第八章　省域应用型本科教育质量监测评价中存在的难点及对策。在理论架构和福建省实证研究的基础上,结合我国应用型本科教育质量监测评价中存在的问题,提出理顺多元主体的功能与定位、明确省域高等教育质量分类、强化省域应用型本科教育质量平台建设、加强高校质量文化建设等四项提升路径。

(三)研究方法

1. 文献研究法。这是本书的基础研究方法之一。在选题和研究过程中,本书从理论和实践两个方面对高等教育质量观及教育质量管理的理论进行梳理,对我国本科教育质量监测评价的政策演变进行了分析,对应用型本科教育质量监测评价的概念、内涵、要素以及监测评价指标体系和分析方法等进行了整理归纳,并全面系统了解福建省本科教育发展现状、研究现状和研究成果,进而形成本书的理论框架和研究思路。

2. 历史研究法。本书系统研究了国内外高等教育质量观和高等教育质量管理模式的演变过程,全面梳理了1949年以来我国本科教育质量监测评价的政策变迁,积极探寻本科教育质量监测评价思想、方法、政策演变的规律及内在逻辑,为省域应用型本科教育质量监测评价提供历史和现实的借鉴。

3. 数据分析法。这是本书开展实证研究的主要研究方法之一。本书构建省域应用型本科教育质量监测评价的指标体系与评价模型,并系统整理国家以及省级层面官方现有的数据,结合问卷调查数据,采用多种统计分析方法进行相关的数据分析,客观地反映福建省应用型本科教育质量的现状、问题及态势。其中,对福建省本科教育质量部分指标在全国以及东部所在情况的分析中,运用单因素方差分析影响中东西部本科教育质量的差异,从而得出福建省本科教育在全国以及东部地区的基本判断;运用因子分析法构建省域应用型本科教育投入—产出—过程质量因子分析综合评价模型,从而得出省域应用型本科教育质量的综合评价结果;运用聚类分析法对省域应用型本科教育质量的综合评价进行分类,形成六个等级,深入分析各个等级中应用型本科教育质量。

4.调查研究法。本书在构建省域应用型本科教育质量监测评价指标体系的过程中,运用深度访谈法,选取关键指标,最终形成指标体系。在福建省应用型本科教育质量监测评价的实证研究中,通过对福建省33所应用型本科高校进行抽样调查,获取被调查对象对福建省应用型本科教育质量的反馈评价,深入了解本科教育质量的实际情况,发现存在的问题。

5.案例分析法。本书的重点在于省域应用型本科教育质量监测评价体系的构建及评价模型的运用。为此,本书以福建省为实证对象,对省域应用型本科教育质量监测评价指标体系及模型进行实际的操作与应用,通过案例,加深对此方法的认识,探索在实践中可能遇到的问题和难点,为其他省域开展该项工作提供可行性的方案。

二、研究创新点

(一)视角创新

提高应用型本科教育质量是新时代高等教育的政策导向,成为学界的研究热点。但是,目前学界对应用型本科教育质量监测评价研究少之又少,本书力求为国家以及省级层面对"振兴本科教育"提供解决办法,尤其是对通过监测评价手段提升应用型本科教育质量提供理论依据和实证依据。

(二)指标体系与分析维度创新

应用型本科教育在不断发展并受到广泛的关注,但到目前为止,应用型本科教育质量的监测评价体系还未完善,分析维度还有待提升。本书立足省级政府这一利益主体,结合国内外相关研究成果,从投入、过程及产出三个维度出发,建构了省域应用型本科教育质量监测评价的指标体系以及综合评价和分类模型。

(三)研究方法创新

教育质量是一个复杂的概念,为了更全面地监测评价应用型本科教育质量,本书引入对比分析、相关分析、方差分析、聚类分析、因子分子等多种多元统计分析方式,并以福建省为例,从实证角度对省域应用型本科教育投入—过程—产出质量进行综合评价,计算出各高校的得分并获得最终排名。

但本书也清醒地认识到,建构省域应用型本科教育质量监测评价体系及模型没有可借鉴的诸多经验。目前学界对于应用型本科教育质量的理解未达成共识,对其评价的标准、内容、维度未持一致意见,再加之虽然本书对如何进行监测评价进行了实证研究,但毕竟处于理论假设阶段,还没有全面铺开,还需进一步探索和实践。

第二章
省域应用型本科教育质量监测评价的理论基础

观念是行动的先导。高等教育质量观是高等教育自身的目标追求,是高等教育利益主体对高等教育的基本看法、预期成效和目标评价,是一定阶段评价高等教育和引领高等教育发展的核心观念。① 省域应用型本科教育质量监测评价是高等教育质量管理的重要部分,其理论构建及实践必须在一定的高等教育价值观指导下开展。本章致力于探究国内外高等教育质量观以及高等教育质量管理的发展趋势,总结主要观点,力求为省域应用型本科教育质量监测评价的理论研究奠定基础。

第一节 国内外高等教育质量观的发展趋势及主要观点

自中世纪大学的兴办以来,随着高等教育面临的外部环境和形势发生变化,加之自身系统分化发展,国外高等教育质量观的内涵和观点不断发生变化,从而在不同阶段衍生出不同的高等教育质量观。

---

① 马万民.试述高等教育观的演进与建构[J].高等工程教育研究,2007(04):52.

一、国外高等教育质量观的变迁及主要观点

(一)国外高等教育质量观的变迁

从11世纪初开始兴办中世纪大学以来,西方世界的高等教育系统不断分化和发展,经历了以"七艺"为主的只重视人文教育的知识质量观,到不断关注科学研究的学术质量观,再到突出社会服务职能的"产品"质量观、以社会需求和市场需求为导向的教育质量观以及多样化质量观等五个主要发展阶段。(见表2.1.1)

表2.1.1 国外高等教育质量观发展的五个主要阶段

序号	时间	教育质量观	主要观点内容
1	11世纪初—16世纪	重视人文教育的知识质量观	以"七艺"展开的人文教育,培养适合在教会和世俗政府中担任职务的人才
2	16世纪—19世纪中期	关注科学研究的学术质量观	以设置分科教学、教学与科研结合为基本特征,大学从单纯的人文教育,发展到探究自然科学和社会科学几乎所有领域高深学问的专门机构,从而适应对人才需求(律师和医生为主)的新变化
3	19世纪60年代—20世纪60年代	突出社会服务职能的"产品"质量观	以服务社会作为大学创建的目的,高等教育直接为社会提供知识与物质"产品"(包括咨询和各类人才)
4	20世纪60年代—21世纪初	以市场为导向的质量观	以满足外部主体(市场)需要为主,高等教育向应用领域拓展,普通课程面向大众,招生率提高,促进高等教育进入大众化阶段
5	21世纪初至今	多样化质量观	以多种组成形式、多种职能特征的复杂教育系统为前提,为满足不同群体的需求,倡导并形成了多样化教育质量观

11世纪初至16世纪,以"中世纪大学"为标志,高等教育质量观强调"重视人文教育的知识质量观"。11世纪初,欧洲各国开始兴办高等学府(统称"中世

纪大学"),高等教育处于崇尚知识和学术的时代,当时大学的主要课程为"七艺"教育,即逻辑、语法、修辞、数学、几何、天文、音乐,是典型的人文教育模式。[①]建立在"七艺"教育基础上的高深学问探究,满足了当时世俗政府以及教会的定位需求,所以在教会鼎盛的 12 世纪到 15 世纪,教会和政府对大学争相拉拢,大学取得了史上前所未有的大发展。在这样的背景下,进一步强化了大学以高深学问传授为主的知识价值观和质量观,这也成为此后高等教育发展的基础与灵魂。

16 世纪至 19 世纪中期,以"柏林大学"为标志,高等教育质量观开始"关注科学研究的学术质量观"。16 世纪,随着社会发展对律师和医生的需求越来越大,然而当时以"七艺"和神学部为主要教育内容和教学模式的欧洲大学,对律师和医生的培养发挥不了作用,这直接导致了此前备受推崇的人文主义教育模式被认为"一种琐碎的经院哲学"而逐渐衰退。例如,当时以牛津和剑桥两所知名大学为代表的英格兰高等教育成为单纯培养教士的机构,并且多数学生毕业后不能在政府中任职,这种不适应性导致了高等教育发展的危机,也促成了高等教育的变革。这一期间,大学经历了一次社会职能的变化。它们"从从事特定专业的训练机构转变为起社会统治的工具作用的机构"[②]。这场变革首先从苏格兰高等教育机构开始,其基本特征是以设置分科教授进行分科教学、教学与科研相结合,后来经柏林大学的完善和发展,高等教育从人文领域迅速向科学领域发展,使得大学由单独的人文教育机构逐渐发展到探究包括自然科学和社会科学几乎所有领域高深学问的专门机构。这时,高等教育学术质量观的内涵逐步拓展,强化对自然科学问题的关注以及产出自然科学的研究成果,这种价值观的改变为后来德国的工业化发展以及经济腾飞做出了贡献。

19 世纪 60 年代至 20 世纪 60 年代,以"赠地大学"为标志,高等教育质量观开始强调"突出社会服务职能的产品质量观"。19 世纪 60 年代,为了克服经费

---

① 伯顿·克拉克.高等教育新论——多学科的研究[M].王承绪,主译.杭州:浙江教育出版社,1988.

② Kearney, Hugh. Scholars and Gentleman: Universties and Society in PreIndustrial Britain [M]. London: Faber, 1970.

等物质条件的困难,美国政府颁布了《莫雷尔法案》,以政府赠地来资助教授农学、军事战术和机械工艺等服务社会生产需要的人才的大学。赠地大学的出现标志着高等教育哲学思想取得了革命性进展,赠地大学的产生使大学的办学目的和职能发生变化,除了以人才培养、科学研究为职能之外,开始以主动或直接为社会提供服务为办学职能,这为高等教育进一步分化奠定了基础。这种新思想中,一所大学的优劣不仅要关注其学术探究的成果,更要关注其为当地经济发展和社会服务做出的贡献,这时高等教育质量观除了关注内在价值,也开始关注外在价值;除了关注内部主体,也开始关注外部主体;除了学术标准,也衍生出了新的标准。

20世纪60年代至21世纪初,随着新的高等教育价值观形成,高等教育更加关注、适应、满足外部主体需要,开始从学术领域向应用领域拓展,以社会需求和市场需求为导向的高等教育质量观更加凸显。这个时期,美国的高等教育机构开始分化形成两种类型:一种是适合少数精英学者探究高深学术学问,以成为研究生层次的教学机构;另一种是"任何人都可以获得任何方面教学的机构",以成为一种大众化的教育机构。这种分化类型也影响到了西方国家,并被西方国家广泛接受,这为高等教育大众化的推进奠定了基础。随着高等教育大众化的不断推进,高等教育逐步走向社会的中心,社会上各行各业对高等教育的需求空前高涨,在一些发达国家,进入职业生涯前必须接受高等教育,[1]"无数青年人逐渐觉得上大学是一种责任……对美国青年(尤其是少数民族)来说,高等教育取代西部边疆成为他们的机会之乡"[2]。为培养适应社会需要的多类型人才,大学迅速增加,高等教育的入学率也迅速提高。其中,美国提高的速度最快,在20世纪40年代,美国适龄青年接受高等教育的比例达到了15%,率先进入高等教育大众化阶段。这期间,高等教育形成了以社会需求为基本导向的价值观,市场发挥了重要的作用,但并不是决定作用。

20世纪90年代开始,全球化、市场化、信息化成为推动经济发展的新力量。

---

[1] 戚业国.论大众化时代的高等教育质量观[J].南华大学学报(社会科学版),2002(02):84-87.

[2] 约翰·S.布鲁贝克.高等教育哲学[M].王承绪,等译.杭州:浙江教育出版社,2001:4.

面对如此多变的社会和经济环境,以前建立在社会需要基础上的大众化高等教育质量观已经不能满足大部分人的期待,以实现个人需要和价值、市场需求等角度考虑的质量观占据了主要部分。1995年,《联合国教科文组织关于高等教育的变革与发展的政策性文件·高等教育的趋势》中指出:"高等教育在即将进入二十一世纪之际所面临的各种复杂的挑战,要求各方面的力量的参与并需要多种多样的观点与方法。"1998年联合国教科文组织在巴黎召开的首届世界高等教育大会,标志着精英阶段单一的教育质量观向大众化阶段多元化的质量观转变。在此之前,各国的高等教育质量观是传统意义上的;在此之后,各国普遍认同"高等教育的质量是一个多层面的概念,应包括高等教育的所有功能和活动,如各种教学与学术计划、研究与学术成就、教学人员、学生、校舍、设施、设备、社区服务和学术环境等";"高等教育的质量还应包括国际交往方面的工作,如知识的交流、互联网、教师和学生的交流以及国际研究项目等,当然也要注意本民族的文化价值和本国的情况"。① 进入21世纪后,随着高等教育大众化的发展,高等教育随市场需求的变化分化为具有多种组成形式和职能特征的复杂系统,在这样的高等教育系统中,以单一的质量观进行评价,无法满足不同群体的需求,更不能有效指引高等教育的良性发展。因此,满足多元利益主体需求的多样化质量观应运而生,并成为共识。

(二)国外学者关于高等教育质量观的主要观点

国外学者对高等教育质量的关注,是从20世纪80年代开始逐渐增多的,此后对高等教育质量观的研究和理解也日渐丰富。② 在查阅相关的文献资料后,将国外部分学者的观点总结如下:

一是部分学者从高校自身层面讨论高等教育质量观的内涵。如,美国学者Seymour指出,高等教育质量与学校掌握"丰富的资源"密切相关,衡量其高低

---

① 联合国教科文组织.二十一世纪的高等教育:展望和行动世界宣言[J].教育参考资料,1999(03).

② Don F. Westerheijden. Where Are the Quantum Jumps in Quality Assurance? Developments of a Decade of Research on a Heavy Particle[J]. Higher Education,1999(2):233-254.

的指标主要包括专业开设数量、图书馆藏书量、知名学者的数量等。①。高校层面的质量观不仅需要体现在高校的"硬质量"资源上,更要体现在高校是否具有明确的办学方向和发展目标,以及发展目标能否有效地达成"软质量"建设。"软质量"也是学者提出特色化质量观的依据。即:学校办学类型和层次的差异,其办学目标和评价准则应该有所区别,不能用教学型大学的标准评判研究型大学,也不能用综合性大学的标准来衡量专科性大学,否则,有些学校永远不能达到"高质量"的目标,这样会严重影响学校办学的积极性。

二是部分学者从多元利益相关者角度来探讨高等教育质量观。例如,美国学者 Astin A.W.打破过去用大学的声望、资源、教育内容和教育结果来衡量高等教育质量的方法,倡导从微观的学生群体来进行评价,提出了以促进学生心智发展为目的的高等教育质量观。② 其在发表的《追求教育卓越》一书中指出:"大学的卓越、本科教育的高质量,应当直接以教育本科生所产生的影响作为根本的评判尺度。"美国学者菲利普·库姆斯在其名著《世界教育危机》中,以学习者需要的角度,并结合社会环境提出:教育质量的评价标准不能仅依据课程标准和学生学习成绩,还要包括教和学之间的问题,即"教育如何适应在特定环境下学习者当前及将来的需要,涉及教育体系本身及构成教育的要素(教师、学生、资金、设施和设备等)的重要变化,目标、课程和教育技术以及社会经济、文化和政治环境等"③。在他看来,教育质量是一个动态的概念,其质量和水平的高低要依据特定的地点和时间,以及高等教育的学习者和他们当时所处的环境的差异而进行针对性评价。

三是部分学者从外部发展环境及外部需求来探讨高等教育质量观的内外规定性。如,英国学者 Green 以适应市场化竞争需要为前提,突出强调高等教育质量不仅是合乎规定的质量,更应该是满足社会需要的质量。他将高等教育

---

① 施晓光.西方高等教育全面质量管理体系及对我国的启示[J].比较教育研究,2002(02):32-37.

② Astin A. W. Achieving educational excellence[M]. San Francisco: Jossey Bass Publishers,1985:58-59.

③ 菲利普·库姆斯.世界教育危机[M].赵宝恒,等译.北京:人民教育出版社,2001:23.

质量分为五种,包括优秀品质或特色、与预定的规格和标准相一致、适合高等教育的目的、实现本学校目标的效果、满足消费者规定的和潜在的需要程度。① 此后,英国学者 Harvey 和 Knight 继承和发展了 Green 的学说,同样将高等教育质量观分为五类(参见图 2.1.1):第一是传统质量观,即高等教育质量代表着卓越和一流,与传统的精英教育相符。② 第二是完美主义质量观,即高等教育质量是为达成既定的教育目标,这种观点是遵循了英国政府在 1991 年关于高等教育的白皮书《高等教育:一个新框架》中所强调的内容,即"政府的期望是去保证在新的有关教学资金的安排上维护那些有效完成院校发展目标的私立院校"③。第三是适用主义质量观,即高等教育质量是适应顾客(雇主和学生)的需要程度。第四是绩效质量观,突出高等教育的质量要效益和效率并重,强化投入产出等值。第五是发展质量观,注重高等教育要适应未来社会变化,培养与之相适应的学生,主张高等教育是为未来的未知社会服务,要持续改革和创新人才培养的方式和理念,以使培养的人才不仅要适应未来社会,而且要能引导和改造未来社会。国外还有学者从质量观发展角度,提出多元化、持续性发展的高等教育质量观,认为高等教育质量观应时代的发展而发展,应其所处的环境不同而相应改变,多样性的高等教育衍生出多元化的质量观。多样性的高等教育质量观也为不同层次、不同类型的高等学校提供了追求质量的机会。④

---

① Green. What is quality in higher education[M]. SRHE & Open University Press,1994.

② Harvey L., Knight P. T. Transforming Higher Education[M]. The Society for Research into Higher Education & Open University Press,1996.

③ Green.What is quality in higher education[M].SRHE & Open University Press,1994:13-18.

④ 熊志翔.欧洲高等教育质量保障模式的形成及启示[J].高等教育研究,2001(05):99-103.

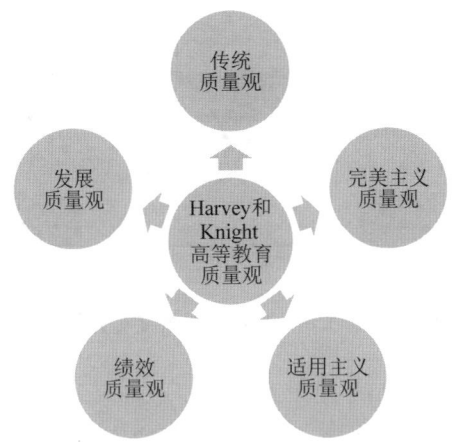

图 2.1.1　英国学者 Harvey 和 Knight 的五种高等教育质量观

二、1949 年以来高等教育质量观的变迁及主要观点

我国高等教育质量观的形成和发展与政府关于高等教育发展政策息息相关,由于高等教育发展阶段不同,高等教育质量观所呈现的核心观念有所不同,最终形成多元化高等教育质量观。

(一)1949 年以来高等教育质量观的变迁

高等教育同社会的生产力、科学技术、经济活动、政治制度的关系是直接而密切的。政局变化、教育政策的调整对学校有所影响,影响较大的往往是高等教育。[①] 我国 1949 年以来高等教育质量观的变迁主要分三个阶段(图 2.1.2):首先是新中国成立至"文化大革命"时期,这时期形成了政治为主的政治质量观;第二阶段是"文化大革命"结束后至 20 世纪 90 年代形成的以政治和经济价值并举的质量观;第三阶段即 20 世纪 90 年代至今的以政治价值、经济价值、主体价值合一的多元化质量观。

第一阶段,1949 年新中国成立到 1976 年,这一期间我国高等教育质量观主要通过政府政策来体现,以政治为主体,以政治为诉求。1949 年通过的《中国人民政治协商会议共同纲领》,其"文化教育政策"确定新中国文化教育是民族的、科学

---

① 刘海峰.中国高等学校的校史追溯问题[J].教育研究,1994(05).

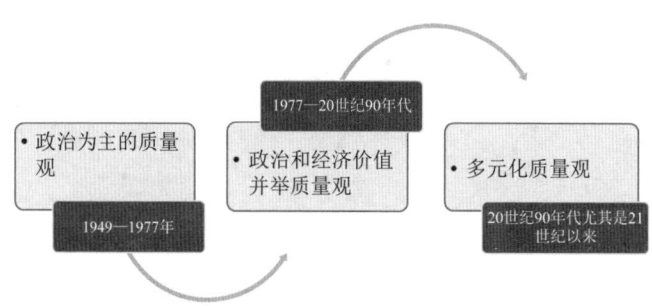

图 2.1.2　1949 年以来高等教育质量影响的变迁

的、大众的,提高文化水平,培养建设人才,为人民服务。1950 年《高等学校暂行规定》指出培养文化和技术水平高、为人民服务的人才是高等教育的办学宗旨。1957 年毛泽东同志提出的"德智体"全面发展教育方针是我国的高等教育人才培养质量标准。此阶段高等教育重视思想的改造、人才的培养。1958 年,《关于教育工作的指示》提出教育要为无产阶级政治服务。可见,这一时期高等教育质量观主要强调为社会主义政治服务,其价值取向以政治为主,相应的规定与政策更倾向政治价值,如"为工农服务""社会主义觉悟""教育为无产阶级的政治服务""又红又专"等。

第二阶段,1977 年恢复高考至 20 世纪 90 年代,这一时期,我国开始重视高等教育质量,高等教育质量观开始以政治为主的价值观转向政治和经济价值并举。1977 年,我国高等教育制度实现了重生。1978 年《中华人民共和国宪法》第 13 条提出教育同生产劳动共同为无产阶级政治服务。同年 4 月 22 日,教育部在北京召开全国教育工作会议,提出教育事业必须同国民经济发展的需求相适应,提高教育质量。同年 12 月,十一届三中全会强调多出人才为经济建设服务。1981 年,党的十一届六中全会通过的《关于建国以来党的若干历史问题的决议》指出坚持德智体全面发展的教育方针。1985 年《关于教育体制改革的决定》提出,教育为社会主义服务,为我国经济社会的发展提供人才,这一决定概括了新时期人才培养目标,提出高校要坚持"以学习者为中心"。20 世纪 90 年代中期,随着市场经济的不断发展,我国高等教育人才培养与市场经济产生了不适应、不协调。在这种形势下,1993 年的《中国教育改革和发展纲要》要求高校为经济、科技和社会发展培养人才,实现社会主义现代化建设,这是我国20世纪90年代高等教育发展的纲领性文件,也是新中国成立后首次在高等教育方针政策中突出强调教育人才培养的经济价值取向。20世纪80年代末一直至20世纪末,我国始终坚持走"严格控制"的内涵式发展道路,但这一时期的内涵式更多是规模控制、内部挖潜、提升效益,从而促使高等教育质量提升。1993年《中国教育改革与发展纲要》要求坚持走内涵式发展道路,努力提高质量。1996年《全国教育事业"九五"计划和2010年发展规划》要求把提高教育质量放在突出位置。自此,高等教育质量观开始关注社会需求和市场需求,高校积极迎合经济发展需要和市场需求,进行升级合并、调整科系、重设专业课程、与企业联合办学等产学研合作活动,对经济价值和学术价值的追求引领了这一时期的高等教育质量观的价值取向。

第三阶段,21世纪我国高等教育质量观开始向多元化转变。1999年第三次全国教育工作会议后,我国在科教兴国战略、深化教育改革、全面推进素质教育等政策的推动下,不断扩招,到2002年我国高等教育毛入学率达到15%,高等教育进入大众化阶段。从精英到大众化阶段,不仅是量的增长,同时也发生了质的变化,高等教育的理念观念、培养目标、课程设置、教学方式、治理方式、教育与社会关系等都发生了相应变化。与此同时,随着高等教育大众化的不断深入,我国高等教育理论界提出"观念转变是大众化高等教育质量保证的先导性工程,质量观的转变就是这个工程的核心部分"。[①] 这一阶段的多元化高等教育质量观关注"人"的价值,强调人性需求和人的全面发展,并实现多元价值的统合。1999年《关于深化教育改革全面推进素质教育的决定》要求高校培养学生的创新、实践能力,提高科学素质、素养。2004年3月3日,国务院批转《2003—2007年教育振兴行动计划》,2007年5月《国家教育事业发展"十一五"规划纲要》要求高校培养学生的创新创业、就业、实践能力,这些政策体现了我国高等教育对人的全面发展的关注。十八大以来,关注人的高等教育价值观更

---

① 王碧艳.观念转变:大众化高等教育质量保证的先导性工程[J].高等教育研究,2003(04):103-105.

加凸显。2017年的《国家教育事业发展"十三五"规划》(国发〔2017〕4号)提出以学生为主体,培养德智体美全面发展人才。2018年9月17日,《教育部关于加快建设高水平本科教育全面提高人才培养能力的意见》(教高〔2018〕2号)强调坚持"以本为本",培养高素质人才。这一时期,高等教育价值观开始注重多元价值观的统一。习近平总书记在全国高校思想政治工作会议上强调,我国高等教育实现"四个服务",它是新时代高等教育的使命,也是以政治价值、经济价值以及人的价值为核心的多元化高等教育价值观的集中体现。

(二)我国学者关于高等教育质量观的主要观点

从国内学者关于高等教育质量以及高等教育质量观的研究数量来看,20世纪90年代以来,我国开始扩招之后,国内学者对高等教育质量的研究如雨后春笋,CNKI收录的以"高等教育质量"为关键词的论文发表数量也一路飙升,从1988年的47篇增加到2008年历史最高的2034篇,20年间的增长率达到4227.66%;2008年到2016年间发表数量有所减少,但维持在1500篇以上。这期间可以看出学者对高等教育质量观的研究非常广泛和深入,且出现了"一类论""三类论""五类论""八类论"等论述,从不同维度对高等教育质量观进行了解读,相关的研究趋于成熟状态。此后,即2016年之后,发表数量呈下降态势,目前,每年发表的数量在1000篇左右。从现有文献研究可以看出,我国学者形成的高等教育质量观如下:

一是高等教育质量观的"一类论"。① "一类论"的代表人物从人本或社会价值单一角度出发对高等教育质量观进行解读。如,叶澜教授认为:"教育是直面人的生命、通过人的生命、为了人生命质量的提高而进行的社会活动,是以人为本的社会中最体现生命关怀的一种事业。"②黄济教授认为:"教育的根本任务就是要不断提高受教育者的主体意识,并能成为进行自我教育和自求发展的社会主体。"③张楚廷教授认为:"教育是人类最具良心的事业,最纯洁、最壮美的事业,就因为她始终不忘记自己的第一使命:让人像人,让人更高大。"④以受教育

---

① 郭垒.当前我国高等教育质量观综述[J].国家教育行政学院学报,2008(08):65-70.
② 叶澜.教育理论与学校实践[M].北京:高等教育出版社,2000.
③ 黄济.教育哲学通论[M].太原:山西教育出版社,2004:2-4.
④ 张楚廷.教育哲学[M].北京:教育科学出版社,2006.

者为教育主体和目的,必然会得出上述的高等教育质量观。这些学者关注到高等教育自身的学术价值及内在价值,认为高等教育要以启迪人的精神世界和实现人的价值为发展方向。

"一类论"中还有部分学者从社会本位的层面,基于社会价值取向对高等教育质量观进行了解读。他们认为高等教育质量观应立足于社会本位,偏重于高等教育外在工具性的价值。如,侯怀银等提出高等教育就是满足社会和经济的发展,并"从经济学、管理学、政治学等视角出发,论证高等教育对社会政治、经济、文化等外在需求的适应和满足,并以此作为衡量、判断高等教育质量的依据与标准"。① 刘俊学等认为,高等教育的三大基本职能衡量的标准都应该是满足社会文化、政治、经济发展和进步的需要程度,主张高等教育质量"是教育服务水平的高低和教育效果的优劣程度,主要体现在培养对象和为高等教育利益相关者所提供的服务的质量上"②。

二是一些学者认为高等教育质量观是多元的。"多样化是实现高等教育大众化的前提,没有多样化,就不可能有高等教育大众化。同时,多样化也是大众高等教育的典型特征。"③大众化阶段的高等教育质量观体现多样化、多元化特征得到很多学者的共识。如,龚放在《高等教育多样化与质量观的重构》一文中提出,目前需要在三个维度重构高等教育质量观,"其一是受教育者身心全面、和谐发展的要求和规律;其二是学科发展的内在逻辑与相关性;其三是社会,特别是用人单位对高等学校毕业生知识、技能和素质的要求"。④ 邱梅生认为,我国高等教育在办学形式、办学主体、培养目标等方面呈现多样化的形式。所以,多样化的高等教育质量观也是必要的。⑤ 戚业国在《论高等教育大众化时代的质量观》中指出:"我国高等教育需要一种多元的质量观,即研究型大学必须坚持学术质

---

① 侯怀银,阎震普.高等教育质量概念探究[J].江苏高教,2007(05):9-12.
② 刘俊学,袁德平.高等教育质量是服务质量与产品质量的辩证统一[J].江苏高教,2004(04):23-25.
③ 张应强.高等教育质量观与高等教育大众化进程[J].江苏高教,2001(05):8-13.
④ 龚放.高等教育多样化与质量观的重构[J].中国高等教育,2001(02):26.
⑤ 邱梅生.大众化高等教育质量研究综述[J].江苏高教,2002(01):29.

量观;一般本科院校必须树立社会需要导向的高等教育质量观;普通专科教育应当坚持个人选择导向的高等教育质量观;社会办高等教育可以坚持市场需要导向的质量观,以及终身教育的个人质量观。"①柏昌利等提出整体性质量观,将多元的质量观进行整合,认为高等教育系统的整体质量"取决于系统的组织结构、法定任务或特定学科的条件及标准,所以质量问题一定会涉及高等教育的所有职能和活动"②。孙金玉等学者提出了内适性、外适性和个适性质量观,他们认为,内适性质量观反映的是知识本位价值观,以学生进行某一知识、学科与阶段学习时知识准备的充分程度以及为以后阶段的学习提供准备的充分程度,来衡量高等教育的质量,强调学术价值;外适性质量观是高等教育的质量要与目的一致,强调高等教育追随市场需求的重要性,相应的衡量质量的标准主要是满足外部社会需求的程度或者说外部目标达成度;个适性质量观从学生个体出发,强调教育对学生个体的个性品质的发展方面,如意志、特长、认知、情感、兴趣等的满足程度,以及在个性完善和自我实现方面的铺垫的充分程度,即高等教育在学生个性生长中要最大限度促进,同时要主动弘扬和提升主体性。③

三是有些学者提出特色化高等教育质量观。如,蔡克勇提出特色化教育质量观,强调"在需求日益多样化的社会,各个学校办出特色,是提高整个高等教育系统整体效益的要求。在竞争日趋激烈的社会,办出特色是学校求生存、求发展的必由之路。因为特色就是质量,特色就是水平,特色就是生命"④。蔡真亮认为我国高等教育应持"特色化质量观",主要体现在如下三个方面:第一,办学上的特色;第二,人才规格上的特色;第三,学科专业上的特色。一所学校要办出水平,必须有特色或优势的学科。⑤

---

① 戚业国.论高等教育大众化时代的质量观[J].高等师范教育研究,2002(02):43-44.
② 柏昌利,崔文顿.不同视角的高等教育质量观透视[J].中国电子教育,2007(02):30.
③ 孙金玉.高等教育质量相关概念的阐释及质量保证[J].经济与社会发展,2007(01):206-207.
④ 蔡克勇.大众化的质量观:多样性和统一性结合[J].高等教育研究,2001(04):7-9.
⑤ 蔡真亮.大众化条件下高等教育质量观的构建[J].辽宁教育研究,2005(05):16.

三、高等教育质量观的主要特征

纵观国内外高等教育质量观的发展历程,高等教育质量观随着经济社会的发展和利益主体的不同而发生变化,同时会因为客体、地点、时间和环境的差异而不同,最终因利益相关者的多样性以及需求的复杂性,形成目前多元化高等教育质量观,这一点已经成为政府、社会及学界的共识。本书认为,高等教育质量观具有以下特征。

(一)高等教育质量观具有多元性

多元化高等教育质量观可以从不同维度来看,从而体现多样化:一是从高校本身来看,不同办学主体、办学形式、办学类型、办学层次、办学目标具有不同的高等教育质量观。二是从多元利益主体来看,高等教育质量观需要满足多元利益主体需求,即满足人的发展需求、政治需求、经济需求,实现多元价值统一。其中,人的发展需求是核心,政治需求和经济需求决定人的发展需求内容。三是从治理层级来看,高等教育质量观可以从宏观、中观和微观三个方面来探究,不同层次具有不同的高等教育价值观。

(二)高等教育质量观具有稳定性

在高等教育大众化阶段,高等教育各利益主体高度关注和重视高等教育质量,新时代高等教育质量观在价值取向和诉求需要方面均要考虑并符合各利益相关者的价值倾向。同时我们也要注意,自中世纪大学开始,发展到如今的高等学校,大学在类型和层次、结构和组织形式,甚至专业等诸多方面都改变了,但其背后的主线一直未变,即大学发展的内在逻辑未变,发展规律未变,本质精髓未变。故此,大学要在坚守其本质和本性,以及发展规律的基础上去为各利益主体对高等教育的需求做出最大化的满足。大学要适应社会,但不能过分取悦社会,不能"社会要什么,大学就给什么;政府要什么,大学就给什么;市场要什么,大学就给什么。大学不知不觉地社会化了,政治化了,市场化了"[①]。正如弗莱克斯纳所指出的:"大学不是风向标,不能什么流行就迎合什么。大学应不

---

① 金耀基.大学之理念[M].北京:生活·读书·新知三联书店,2001:23.

断满足社会的需求,而不是它的欲望。"①这说明高等教育质量观具有相对稳定性,其使命和职责的内容随着时代的变化而变化,而其本质并未变化。

(三)高等教育质量观具有发展性

高等教育质量观所蕴含的哲学意蕴和价值取向在不断发生变化,高等教育从中世纪"单纯的人文教育机构"发展成为"关注所有领域的知识高深学问的专门机构",尤其是二战后,大学从单一走向多维;高等教育的服务定位也从"满足教会需求"发展成为"满足社会需求和市场需求"甚至"更广泛的多元化需求";高等教育的职能从"闲逸的好奇"发展为"满足发展需求"和"学以致用"②,高等教育利益相关者从"仅是教师和学生"发展为"不仅包括师生以及高等教育内部人员,还包括高等教育的外部利益相关者"。这些都说明了高等教育质量是一个发展的概念,是一个相对的概念,不同时期高等教育质量观所蕴含的内涵有所不同,其质量和水平的高低也具有相对性。

第二节 国内外高等教育质量管理的发展历程及主要模式

一、国外高等教育质量管理的发展历程和主要模式

(一)发展历程

在早期中世纪大学时代,高等教育领域并没有"质量管理"的概念,只有类"质量管理"的活动,那是一种传统的自发的质量管理。迄今为止,关于高等教育质量管理的界定并没有明确,国外一些学者对这一概念有各种各样的解释。如:日本学者古烟友三提到"质量管理"就是"管理""质量",等于"存在的质量"加上"管理

---

① 亚伯拉罕·弗莱克斯纳.现代大学论:美英德大学研究[M].徐辉,陈晓菲,译.杭州:浙江教育出版社,2001:3.

② 约翰·S.布鲁贝克.高等教育哲学[M].王承绪,等译.杭州:浙江教育出版社,2001:13-14,32.

方法",而"管理"就是"维持现状的方法"再加上"改进现状的方法"。① 约翰·布伦南和特拉·沙赫认为,我们用"质量管理"(quality management)这个较为广义的概念描述对高等教育质量的判断、决策和行动的整个过程,人们也用质量保证、质量控制表达同一意思;质量管理涵盖保证高等教育质量所涉及的一切内部和外部的结构与过程,其中对"质量评估"的安排就构成了"质量管理"的一个重要部分。② 弗兰克·格里纳认为,"质量管理"包含了高等教育质量的"评价"和"管理"两个行为,单纯的评价评估只是质量管理中的"必要条件",并不是"充分条件"。从以上概念可以看出,高等教育质量管理涉及高等教育的全过程全方位。③

高等教育质量管理缘于西方国家的高等教育质量危机。第二次世界大战以后,随着高等教育作用的日益凸显,世界各国特别是发达国家通过各种方式介入高等教育领域,开始对高等教育倾注高度的重视。这一时期,有学者指出:"大学已成为知识工厂和现代社会的思想库,大学就必须为此付出代价。大学已失去了它的清廉,失去了对自身命运的控制。"④加之,伴随着西方发达国家先后进入高等教育大众化甚至普及化阶段,高等教育质量危机之说日益高涨,不绝于耳,逐渐成为一个不可回避的话题,高等教育"质量问题几乎到处蘑菇似的增长为高等教育政治日程上的一个优先考虑的问题"⑤。

为了能够有效应对高等教育的质量危机,在进行实践探索的同时,人们也创造了质量评估、质量评价、质量检查、质量认证、质量保证、质量审核、质量控制、质量改进、质量监控等关于高等教育质量的术语。在高等教育机构内部,这些概念也被随意地混用起来。为了尽量避免这种由于概念的模糊而导致的误解,西方发达国家开始借鉴企业质量管理的理论,并提倡高等教育质量管理。

---

① 古烟友三.五项主义:质量管理实践[M].上海:上海人民出版社,1999:7.
② 约翰·布伦南,特拉·沙赫.高等教育质量管理:一个关于高等院校评估和改革的国际性观点[M].上海:华东师范大学出版社,2005:7.
③ 弗兰克·格里纳.质量策划与分析:第4版[M].何侦,译.北京:中国人民大学出版社,2005:10.
④ 詹向阳.高等教育质量管理:问题与审思[J].华南师范大学学报(社会科学版),2011(03):61-64.
⑤ 詹向阳.高等教育质量管理:问题与审思[J].华南师范大学学报(社会科学版),2011(03):61-64.

　　现代意义上的"高等教育质量管理"是从工商界引入而来的。20世纪60年代起,美国企业界开始了对质量运动的关注与追求,有些著名的管理大师也陆续提出了质量管理的一系列理论和开创了管理的一系列方法,这些理论和方法逐步由企业界延伸至高等教育等领域。

　　20世纪70年代,西方许多国家保守派主掌政府大权,结束了多年实行政府对高等教育无条件拨款政策,高等教育改革开始推行"物有所值"政策。同时,为满足战后经济恢复及各类人才的需求,加上适龄人口的高速增长和高等教育民主化,西方各国普遍采用扩张高等教育规模的政策。依据美国著名社会学家马丁·特罗所提出的高等教育三阶段论,美国、英国、法国等一些西方国家在较短时间内实现了高等教育由精英化向大众化甚至是向普及化阶段的跨越。有学者依据联合国教科文组织《世界教育报告》的数据,发现"美国由大众化跨越到普及化用了29年的时间(1941—1970年),英国用了25年的时间(1970—1995年),法国用了26年的时间(1970—1996年)"[①]。

　　然而,随着高等教育规模的迅速扩大,人才培养质量下降凸显。20世纪80年代后期,源于工商界领域的质量管理理论逐步在高等教育领域里渗透,并直接影响着高等教育质量管理,为高等教育质量管理奠定了理论基础。与此同时,西方各国对于高等教育质量高度重视,并采取了多种方式加强对高等教育质量的评价评估,形成了各具特色的高等教育评估体系。[②] 西方高等教育质量研究开始逐步成为热点,覆盖面越来越广,涉及高等教育质量观、质量评价、质量控制、质量改进、质量监控等多个方面,成为一个综合的系统工程。

　　20世纪90年代以前,西方发达国家通过评估来管理大学,政府加强对大学的干预,大学同时开展内部质量评估工作。21世纪以来,社会公众越来越关注高等教育质量。大学资金的资助者、毕业生的雇主——工商界,以及学生、教师,希望了解教育质量,参与学校管理。随着行业协会、社会团体、专业组织等多种力量参与到高等教育中来,使高等教育质量管理的主体实现了多样化,而在西方国家更加突出了社会第三方的评价。如,美国《美国新闻与世界报道》

---

① 胡德鑫,王漫.2016—2032年我国高等教育规模的趋势预测[J].教育学术月刊,2016(06):3-7.

② 黄启兵,毛亚庆.从兴盛到衰落:西方高等教育中的全面质量管理[J].比较教育研究,2008(03):56-60.

US News 世界大学排名,英国国际高等教育信息咨询机构 QS 的世界大学排名(QS World University Rankings)以及英国泰晤士高等教育(Times Higher Education)的 THE 世界大学排名。

进入 21 世纪,世界各国的高等教育都以提高质量为目标。"加强质量监控"成为西方发达国家此时高等教育政策的强势话语。① 2003 年,国家高等教育质量保障机构联合会(INQAAHE)的统计显示,建立了教育质量保障机构的国家至少已经有 47 个。② "各国政府和一些世界联合组织已经普遍将高等教育的质量当作需要关注的事情,并且已经开始实施控制。这变化开始于英、美两国,并逐步对世界高等教育产生影响。"③

国外高等教育质量管理模式不断进行演变和发展。有学者从时间划分出发,认为高等教育"质量管理"的活动分为专家评判式、质量测量、质量评估、质量保障四个模式的演变,认为质量管理的含义变迁是从等同于"专家评判",到"质量测量",到"质量评估",再到现在的"质量保障"。④ 有学者从管理主体出发,对世界各国的高等教育质量管理模式进行归纳,认为高等教育质量管理模式大致可以分为"自我管理模式"、"政府管理模式"和"市场管理模式"三种,并分别具有自愿性、强制性和自发性。⑤ 也有学者根据国内外高等教育的发展轨迹,将高等教育质量管理模式的发展分为"点、线、面、体、网"5 个阶段,即认为高等教育质量管理模式的发展是遵循着由点到面的发展规律,分为对应课堂教学质量管理模式、全过程专业教育管理模式、全面质量控制模式、全面质量管理模式和教育质量链管理模式。⑥ 详见表 2.2.1。

---

① 许杰.对西方国家加强高等教育质量监控的政策分析——新公共管理理论的研究视角[J].教育科学,2007(03):78-83.

② 约翰·布伦南.高等教育质量管理——一个关于高等院校评估和改革的国际性观点[M].陆爱华,译.上海:华东师范大学出版社,2005:195.

③ 李雪飞.高等教育质量话语权变迁——从内部到外部的历史路径探析[J].清华大学教育研究,2006(04):89-94.

④ 张会敏.基于指数的高等教育质量管理方法研究[D].华东师范大学,2012:26.

⑤ 彭江.德国高等教育质量的混合管理模式分析[J].重庆高教研究,2014,2(06):87.

⑥ 黄旭辉,乐为,易荣华.基于"大质量"观的高等教育质量管理模式嬗变:理论与实践[J].现代教育管理,2012(05):36-40.

表 2.2.1　国外高等教育质量管理的发展历程

分析维度	模式	主要观点内容
时间划分	专家评判式	中世纪大学时期,采取"专家评判式"质量管理阶段,这是一种主要依靠学校内部专家、学者、教授等的权威和主观经验对某一对象进行判断,以此对质量进行把关的管理方式。
	质量测量	19世纪末到20世纪30年代,是以"质量测量"作为高等教育质量管理模式的阶段,该模式即认为高等教育质量是可测量的,通过教育测量所获得数据,反馈教育质量的真实情况。在这一时期,人们不再仅仅依靠专家、教授的权威和经验作为学生学业成绩的衡量标准,而是有专门的组织参与到质量判断中来,不断探索使考试更客观化、教育测量更标准化的方法。对教育的评价从学生成绩发展到学校的教师工作,并且在此期间英美国家高校开始盛行考试改革运动。
	质量评估	20世纪30年代末,高等教育质量进入"质量评估"阶段,人们认为除了测量与测试,对高等教育的质量还应采取观察、调查等多种方法,并试着通过多方面对教育目标的达成情况进行评估,从而反馈高等教育活动的成效,以从中发现高等教育活动中存在的问题,该阶段一直持续到80年代。在六七十年代以后,评估的功能在"鉴定"的基础上加入了"诊断"。相比"质量测量"阶段,该阶段提出了高等教育质量与价值的密切关系,价值开始受到人们的重点关注。但人们对多元价值的关注是在70年代以后才开始的,此前都是以"教育目标"这一唯一确定的价值而进行质量管理活动。教育质量管理活动经历了与价值无关、唯一确定的价值、多元价值三个阶段的转变,这无疑是取得了一个大的进步,是大学与社会之间关系逐渐加深并向复杂和多元化方向发展的必要结果。
	质量保障	20世纪50年代起至70年代,各国政府持续增加对高等教育的经费投入,但到了70年代后期,政府部门削减了高等教育经费,开始关注高等教育办学质量,注重高等教育经费的使用效率。20世纪80年代,全面质量管理理念和ISO 9000质量管理标准进入高等教育领域,促进确立了高等教育质量管理意识,同时高等教育质量管理更注重系统化与多元主体协调发展。 质量保障运动由西方工业化国家率先开始,至今,高等教育处于"质量保障"阶段。欧洲的一些国家在此期间逐渐形成了混合的质量保障体系。"利益相关者"的概念也是在这一阶段出现的。有学者综合多个学者论述,给出了高等教育质量的几个核心要点:"举证、证明质量、保持和改进质量。"也有学者指出:"高等教育质量管理的基本要素是质量目标、主体、过程相互联系、相互制约而形成的有机整体。"由此可见,高等教育质量保障阶段,相比此前每个阶段,不同在于其不仅对教育质量的结果进行鉴定与评估,同时还开始注重教育质量的保持与提升,并且开始关注多方面的影响因素。

续表

分析维度	模式	主要观点内容
管理主体划分	自我管理模式	世界各国早期的高等教育质量管理多数是自我管理模式,质量保障的规则和规范均由高等教育界、高校和学术人员制定和实施,而自我质量管理的首要形式便是内部评估。自1994年起,各州对高校开展内部评估提出了要求。事实上,19世纪以前英国的大学一直是自治模式,并且在有些西方国家法律明文规定了大学具有大幅度的自治权。该模式具有自愿性。
	政府管理模式	20世纪90年代以前,西方发达国家政府对高等教育质量的干预力度较强,质量保障的规则和规范均由政府定义和实施,即教育质量管理以政府主导为主。该模式具有强制性。
	市场管理模式	21世纪以来,市场主要起到的是提供质量信息以促进高等教育的竞争与合作的作用,即以市场在高等教育质量管理中的调节和导向起主导作用,和自我管理模式一样有赖于政府功能的有效发挥。该模式具有自发性。
发展轨迹划分	点—课堂教学质量管理模式	该阶段将教育质量等同于课堂教学质量,主要以学生的考试成绩、学生评教分数作为教育质量的评判标准。而在当时,高校的教学手段还相对单一,对于其他教学环节的开发不够,人才培养过于同质化,因此仅依靠提高课堂教学质量来提高教育质量是远远不够的。
	线—全过程专业教育管理模式	该阶段开始重视学生对专业的认识,强调以不同方式在入学到毕业期间的不同阶段呈现专业教育,例如:开学初的专业讲座、期末的专业认知实习等,以提高学生的专业素养和专业认同感,并将学生的专业核心知识与技能的理解和掌握程度作为评判标准。但该阶段仍然存在不足:其他部门的教职工参与学生的教学质量控制不多,还是以专业教师为主,且高校在授课方面的拓展不足,主要还是课堂和实验室教学。
	面—全面质量控制模式	该阶段引入了ISO 9000质量认证体系,厘清了学校各部门间的职责分工,开始注重教学环节的延伸和全员参与教学质量提升的过程,并将其纳入教学质量控制中,将教学各个环节的考核指标作为评判标准。该阶段存在的不足在于学校对于专业知识的教育方面有了足够重视,但对于学生各方面的能力和素质的全面发展教育还略显不够。
	体—全面质量管理模式	该阶段学校开始由"教学质量"向"教育质量"、由"控制"向"管理"的转变,学生能力和素质的全面发展得到关注,力图实现对学生的培养起到终生的影响,使其毕业后能够适应社会的各种变化,不受所学知识体系老化的影响,因此学生的社会综合竞争力成为该阶段的主要评判标准。但同时在此阶段,人们对于其他利益相关者的考虑还有所欠缺。
	网—教育质量链管理模式	该阶段高校开始考虑权衡教育质量链上利益相关者的需要,并将满足情况作为评判的重要标准。但事实上,因涉及的利益相关者较多,且其需求不尽相同或存在矛盾,为找寻令各利益相关者均能得到满足的平衡点在实际操作上存在一定的困难。

* 张会敏.基于指数的高等教育质量管理方法研究[D].华东师范大学,2012:52.
** 冰茹.论高等教育质量的四个发展时期[J].继续教育研究,2014(12):60-62.
资料来源:根据专家学者观点提炼而成。

从表 2.2.1 可以看出，对于高等教育质量管理的模式，学者从不同角度切入分析，就有不同的模式划分，每种模式的划分均有其合理性。

（二）主要模式

纵观西方高等教育质量管理的实践过程，主要以全面质量管理（TQM）、ISO 9000 为代表的企业质量管理体系以及在此基础上完善的质量保障体系在高等教育中运用最为广泛。本书重点基于三种模式的运用实践来进行简要的说明。

1.“全面质量管理”的运用实践

20 世纪 60 年代，起源于企业管理的"全面质量管理"（Total Quality Management，简称 TQM）于美国产生，①最先由阿曼德·费根堡姆在他的著作《全面质量控制》中提出，并指出"全面质量管理是为了能在最经济的水平上，并考虑到充分满足用户要求的条件下进行市场研究、设计、生产和服务，把企业内部各部门的研制质量、维持质量和提高质量的活动构成一体的一种有效体系"②。依据国际标准化组织（ISO）关于全面质量管理的界定，认为是"一个组织以质量为中心，以全员参与为基础，以让顾客满意和本组织所有成员及社会受益为目的，组织达到长期成功的一种质量管理方法"③。20 世纪 80 年代开始，随着企业界全面质量管理的运用取得一定成效后，美、英等国家便鼓励大学广泛引入全面质量管理理论。以美国为例，美国于 90 年代开展了大规模的质量运动。1993 年 3 月，美国国会通过了"国家质量承诺法案"，鼓励大学保持 TQM 注重流程管理的重要精神，并鼓励每年对在产业合作、内部管理及推广教育中有卓越表现的大学进行表彰。到 20 世纪 90 年代初，全面质量管理在一些大规模的大学中得到广泛应用。

任何一个标准实施之前都有一个前期准备阶段，TQM 也不例外。对 TQM 的理论进行学习即前期准备阶段，主要了解 TQM 的概念、核心理念，以及在高

---

① 李明轩.以人才培养质量为中心的本科教育质量评估指标问题研究[D].河南大学，2018：17.

② A.V. 菲根堡姆.全面质量管理[M].北京：机械工业出版社，1991.

③ 刘敬严.基于服务营销视角的高等教育质量管理研究[D].天津大学，2009：21.

校实施 TQM 的可行性和必要性。各国在实施全面质量管理之前也都经历了前期的准备阶段,例如,英国的沃弗汉普顿大学在推行 TQM 的时候,1989 年到 1991 年期间主要对 TQM 的理论进行探讨,1991—1992 年间则开始实践 TQM 理论。美国俄勒冈州立大学在推行 TQM 的时候也将其分成理论学习和实践两个阶段。

可以说,全面质量管理模式在教育领域的运用,给高等教育质量管理开辟了新的天地,使其快速发展。但到了 20 世纪 90 年代晚期,全面质量管理由于在实践探索中出现问题而受到争议,运用热情也逐渐下降,逐渐成为高等教育管理一种过时的"时尚"。

2. ISO 9000的运用实践

20 世纪末,由于传统学术质量管理受到国际化和产业化绩效评估的挑战,以及市场化生存环境的关注,西方各国高等教育领域陆续引入了ISO 9000。英国是世界上最先使用ISO 9000来保障高校教学质量的国家。1991 年英国出台的《BS 5770 应用于教育与培训的指导意见》对教育与培训领域导入ISO 9000的行为进行了指导和规范。之后,出版《教育与培训中的质量保证——如何应用BS 5750(ISO 9000)标准》,这是第一本有关 ISO 9000 与教育的专著,对将ISO 9000理论导入高等教育领域并实践进行了系统的分析,展示了导入ISO 9000对质量保证以及对提升市场竞争能力的好处;同一时期,美国罗斯福大学的罗杰·G.格雷将ISO 9000应用与高等教育的设想进行了系统的描述。[①]

ISO 系列国际标准是在全面质量管理的基础上发展的。有学者指出:"ISO 9000标准是由 ISO(国际标准化组织)制定的一个国际通行的质量管理体系标准,是质量管理和质量保证的总称。它总结了各工业发达国家在质量管理方面的先进经验,主要用于企业质量管理体系的建立、实施和改进,为企业在质量管理和质量保证方面提供指南。"[②]对于高等院校而言,ISO 9000标准有助于高等院校改变教育观念、强化服务理念,有助于高等院校自我监督、持续改进,

---

① 温正胞.ISO 9000与西方高等教育质量管理:商业与学术一次邂逅[J].比较教育研究,2006(08):7.

② 秦荣,张文修.研究生教育质量管理体系的研究[J].中国高教研究,2003(04):38.

有助于质量管理体系的组织运行、提高效率。

但是像全面质量管理一样,ISO 9000在高等教育领域的使用取得一定成效之后,也逐渐成为一种过时的"时尚",在现实中逐步沉寂。

3. 高等教育质量保障体系的运用实践

20世纪80年代末,英国、荷兰、美国等西方发达国家率先开始了高等教育质量保障运动,高等教育质量保障的理论研究和实践随之全面铺开。从西方各国的高等教育质量保障体系和保障模式来看,由于国情不同,模式也不尽相同。陈玉琨等将西方各国的质量保障模式分为大陆、英国和美国三种模式,每种模式价值取向和特征均有所不同。① 国外学者认为高等教育质量保障的内涵具有共同性,如,毕卡斯·C.山亚,米卡伊尔·马丁认为,高等教育质量保证的所涉及的面虽然很广,但其中主要包含了质量审计、质量评估、质量认证这三种机制。② 毕卡斯·C.山亚,米卡伊尔·马丁与Darwin D. Hendel & Darrell R. Lewis持一致的观点。③ 因此,在国外高等教育领域,高等教育质量管理中有三个核心的关键词,即"认证""评估""问责/审计",一并构成质量保障或质量管理的机制。

二、国内高等教育质量管理的发展历程和主要模式

(一)发展历程

事实上,教育监控、测量和教育评估的萌芽最早都起源于我国。有学者发现,对学生管理和考核进行规定和要求在战国时期的《礼记·学记》中便已出

---

① 陈玉琨,代蕊华,杨晓江,等.高等教育质量保障体系概论[M].北京:北京师范大学出版社,2004(03):19-20.

② 毕卡斯·C.山亚,米卡伊尔·马丁.质量保证以及质量认证作用的总体回顾[M]//全球大学创新联盟.世界高等教育报告:高等教育的质量保证.汪利兵,译.杭州:浙江大学出版社,2009:1-17.

③ Darwin D. Hendel,Darrell R. Lewis.认证、问责和评估:转型国家高等教育的质量保证体系[J].余斌,译.国际高等教育研究,2008(3).

现;公元606年开始的科举取士也可以看成教育评价活动的萌芽。①

从理论研究来看,我国学界关于高等教育质量管理的研究主要是从1999年开始的。根据现有学者对我国高等教育质量管理的理论研究可以发现,1999年是个分割线,此前学术论文涉及质量管理和质量保障的少之又少,而在1999年高等教育扩招后,有关高等教育质量管理的系统论述和实践改革开始不断呈现。我国高等教育质量管理理论研究随着全面质量管理理论的引入而开始蓬勃发展,关于高等教育质量保障的研究明显增多。如,陈玉琨著的《发展性教育质量保障的理论与操作》一书中,介绍了其自主开发的教育质量保障体系,对其理论基础、框架、实施的步骤等进行说明,并指出这是课题组在引进、借鉴西方的基础上而建立的;②王建华著的《多视角的高等教育质量管理》一书,从知识、文化、经营、管理、话语等角度对高等教育质量进行全方位分析,并认为高等教育质量必然从"评估"走向质量管理的道路。③

国内众多学者对于高等教育质量管理的定义做了大量研究。如,有学者以管理过程为视角,将高等教育质量管理界定为"规定高等教育质量方针、目标、职责和程序,并通过建立和保持的相关体系进行过程管理、质量策划、质量控制、质量保证和质量改进使其实施和实现所有质量职能和活动"④,并指出其本质"是通过协调高等教育的各个环节降低制度的交易成本,实现利益的最大化"⑤。有学者以价值观为视角,认为高等教育质量管理是由政府、社会和高校为实现其自身的价值需求而进行的,其实质是一个价值选择的过程。⑥还有学者以方法论为视角,认为所谓的"高等教育质量管理"即对高等教育质量进行管理,质量和管理分别是高等教育水平高低的评价尺度和高等教育质量的改进方

---

① 陈玉琨,李如海.我国教育评价发展的世纪回顾与未来展望[J].华东师范大学学报(教育科学版),2000(01):1.
② 陈玉琨.发展性教育质量保障的理论与操作[M].北京:商务印书馆,2006.
③ 王建华.多视角的高等教育质量管理[M].广州:广东高等教育出版社,2010.
④ 廖浩然.我国高等教育质量管理的制度分析[D].湖南师范大学,2008:16.
⑤ 廖浩然.我国高等教育质量管理的制度分析[D].湖南师范大学,2008:16.
⑥ 郭星延.政府在高等教育质量管理中的作用研究[D].中央民族大学,2016:9.

法,质量管理说明了人们通过管理提升高等教育质量的努力。①

从实践来看,我国高等教育质量管理经过了质量评估、质量控制到质量管理的逐步成熟和深入的过程。② 关于真正意义上规范化的高等教育质量管理可以追溯到20世纪80年代。1985年5月中共中央发布的《中共中央关于教育体制改革的决定》是最早明确使用"高等学校办学水平评估"一词的,并且选择高等工程教育领域进行试点评估,这意味着我国高等教育评估的开端和高等教育质量管理意识的形成。原国家教委于1990年颁布了《普通高等学校教育评估暂行规定》,明确了中国高等教育质量评估制度的基本框架。随后,我国开始有计划、有组织地在全国范围实施对普通高等学校的本科教学工作水平的评估。21世纪初开始实行五年一次的评估制度,同时正式建立教育部高等教育教学评估中心,表明中国高等教育质量管理正在逐步地向制度化、规范化、专业化和科学化发展。

20世纪90年代,我国开始学习西方国家,关注全面质量管理,并有少数学校尝试引入TQM,而此时在西方国家对全面质量管理的热潮已经消散。我国于1992年5月召开全国质量工作会议,会议决定采用ISO 9000管理标准,而后于20世纪90年代后期教育领域引入该标准,并且最初是由航海类院校开始。与全面质量管理引入教育质量管理领域不同的是,对于ISO 9000是探索与实践早于对其理论的研究。同时相比全面质量管理,我国教育界对于ISO 9000的接受还是比较迅速的。有学者对高校建立实施ISO 9000质量管理体系的收效进行了归纳:"规范了学校管理,提高了教学质量;明确了职责权限,提高了管理水平;扩大了社会影响,提高了知名度;保证了人才规格,提高了竞争力。"③显然,ISO 9000质量标准的引入对我国高等教育各方面提供了帮助,一定程度上推动了高等教育的发展。但我国一些高校在引入ISO 9000质量标准时,多属于照搬

---

① 王建华.多视角的高等教育质量管理[M].广州:广东高等教育出版社,2010:17.
② 王丽丽,温恒福.中国高等教育质量管理研究的回顾与展望[J].学术交流,2012(09):215-219.
③ 王丽颖.建立、实施ISO 9001:2000高等教育质量管理体系的研究[D].天津工业大学,2005:43.

和盲目套用,没能结合自身的特点,随着导入ISO 9000的高等教育机构的不断增加,不可避免地出现实践与价值的冲突。这时,便有人开始质疑将ISO 9000运用于高等教育领域是否合适,而有一些学者就提出"ISO 9000在高等教育中的应用是高等教育发展的内在需要,对于大学而言,不是不能使用ISO 9000,而是如何克服自身机构中的不足来迎合ISO 9000的管理理念"[①]。

进入21世纪后,我国教育界对TQM在高等教育界的应用进行了大量研究。但事实上,在实践中采用的高校并不多,且引入TQM的高校主要是将其运用于教务管理、后勤工作等教学的辅助或边缘领域。

(二)主要模式

从我国高等教育质量管理的实践来看,随着政治、经济以及教育的改革发展,管理主体开始从单一主体主导型向多元主体参与型转变。我国高等教育质量管理的主体经历了由政府单一管理到社会参与管理和高校自主管理的转变,形成了政府、社会、高校共同参与的质量管理模式演变。也有一些学者认为,我国高等教育质量管理的模式经历了传统的政府主导、市场竞争、企业经营、全面质量管理等四个类型模式的转变。还有学者认为:"我国历史上高等教育质量管理基本沿用过程监控模式。"[②]本书认为,从主体来看,我国高等教育质量管理主要有三种模式。

1. 政府主导型

"政府主导型"质量管理即指以政府职能部门为主导,对教育质量进行方案的制定、监督和评估。1949年以来的计划经济时代,我国高等教育质量管理在很长一段时间内均由政府主导,政府同时兼任了规则的制定、执行和监督的多重身份,形成"政府主导型"质量管理模式。一般而言,我国政府在高等教育质量管理中享有的权利都是经由相应的法律程序而获得的。1998年我国《高等教育法》明确要求:"高等学校要接受教育行政部门对其办学水平、教学质量的监

---

① 温正胞.ISO 9000与西方高等教育质量管理:商业与学术一次邂逅[J].比较教育研究,2006(08):7.

② 王建华.高等教育质量管理的新趋势及我国的选择[J].中国高教研究,2008(08):21-25.

督和组织评估。"这为政府监测评价的主体地位提供了法规上的保障。不可否认,政府主导型的质量管理模式保障了质量监测评价的权威性和公信力,但从世界各国高等教育质量管理主体的演变中可以发现,由于教育质量管理所涉及的利益主体还有社会、高校等,如果政府作为唯一的质量管理主体,将导致质量管理的内容过于微观,不利于高校自我质量管理,打乱了大学质量管理的节奏,导致质量管理的周期长、管理内容局限,在一定程度上制约了质量管理的发展。

2. 自我管理型

自我管理即高等院校内部评估,政府和社会不直接介入质量管理工作。大学自诞生之日起就拥有一套适用于自身的能确保教育质量的管理机制,这是不争的事实。自我管理模式是世界各国早期高等教育质量管理的主要模式。自我管理模式,"即由高等教育界、高校和学术人员自己负责定义和实施质量保障的规则和规范,包括高校自我评估、专业协会进行的认证等"①。1992年以来,我国高等教育领域的制度安排随着社会主义市场经济体制的改革,也发生了创新性的变化,自我管理型高等教育质量管理登上历史舞台,在质量管理上强调学校的自身监测评价,开启了自我管理模式阶段。同政府主导型质量管理模式相似,单一的自我管理型质量管理过于强调大学的自我管理主体地位,将高校独立于政府和社会之外,忽视了政府和社会的需求,不利于高校的发展以及人才与社会融合。

3. 多元主体管理型

"多元主体"质量管理即指高等教育质量有多个主体共同参与协调完成管理。随着大学与社会的联系愈加密切,社会对于教育质量的关注度越来越高,高校、社会、政府等多元主体作为教育的相关利益体,它们都有权对教育进行监控和问责,高等教育质量以单一主体的管理模式同高等教育的多元化发展显然是不相适应的。1999年以来,尤其是近年来,随着高等教育的后大众化的到来,"管、办、评"分离的推进以及教育领域放管服的进一步强化,政府将部分高等教

---

① 彭江.德国高等教育质量的混合管理模式分析[J].重庆高教研究,2014,2(06):87.

育质量管理的权力下放至高校,社会上的一些中介组织也逐渐出现,高校、社会、政府等多元主体共同参与高等教育质量管理是社会及高等教育多元化发展的必然选择。

三、高等教育质量管理的特征

纵观国内外高等教育质量管理的发展历程和主要模式,可以看出,国家国情的不同以及时间、政治、经济等方面的背景因素不同,高等教育质量管理模式存在差异。但每种模式的产生都是顺应社会发展需求的必然结果,是对上一个模式的批判、继承及发展。我们可以看到,人们对于"质量"的认识会随着社会经济的进步和科技的发展而不断提高,"教育质量管理"的内涵和方法也不断发展和完善。本书认为,高等教育质量管理应具有以下几个特征。

(一)主体实现多元化

高等教育质量管理的主体具有多元化。实际上,国外各个国家在高等教育质量管理过程中都有着几个相似的阶段。早期一般都由单一机构对高等教育质量进行评估或监控,后来由几个不同性质的机构相互独立地从不同方面对高等教育质量进行评估或监控,再后来政府或中介组织介入高等教育质量评估或监控的协调,评估或监控各方面的主体逐渐开始相互配合与促进,逐步探索与完善高等教育质量管理体系。[①] 从我国来看,目前正在不断完善高等教育质量管理模式,积极推进政府、高校和社会三位一体的高等教育质量管理体系。同时,随着经济社会的发展、技术的革新、教育体制的改革,高校与其他主体之间的联系发生变化,会有更多可控或不可控的其他因素,引领我国高等教育质量管理的发展方向与趋势。

(二)标准多样化

世界各国均重视内外质量管理相结合,"一方面重视高校的自我管理与自我监测评价;另一方面还强调政府、社会等外部力量参与高校的质量管理和质

---

① 王建华.高等教育质量管理的新趋势及我国的选择[J].中国高教研究,2008(08):21-25.

量保证。目前,教育界的评估主体主要有政府、高校及专门性机构"①。同时,不同国家的高等教育质量管理没有统一标准,会关注到高等教育的各个方面。以美国为例,美国目前的认证制度关注学科、院校的达到目标,并将符合标准的给予公开认可;英国从评估高校教育质量逐渐转向监测高校内部质量保障机制的可行性和有效性;法国在教学、科研、师资、学生等方面以及国家教育政策进行评判,评估工作带有一定的政府意志。从我国来看,由于高校建校时间和学科发展方向存在差异,高校办学各具特色,如果"一刀切",势必会影响高校的办学积极性。而"多元化"的质量管理提倡用不同的标准对不同层次与不同类型的高校进行考察,同时把高校办学特色纳入评价指标体系中,使质量管理与突出特色并存。

(三)以产出为导向

世界各国的质量管理的内容走向多元化,分别对高等教育系统、政策、学校整体、学科建设、科学研究等方面进行评估,尤其是对教学与科研水平进行评估的比较多。近年来,教育界开始对学生成果产出进行评估,如:美国的"全国大学生学习性投入调查"(NSSE)"关注教学经验、学生要求、合作学习和生师互动情况、校园环境";②英国的全国大学生满意度调查(NSS)"关注课程教学、学术水平、学习条件、学生发展、教学满意度"等。③ 此外,还有国际教育成就评价协会(IEA)组织的国际学生学业成就评价(TIMSS/PIRLS)、经济合作与发展组织(OECD)组织的"国际学生评估项目"(PISA)等。④

(四)关注全过程

不同国家对各自高等教育的质量管理并不仅仅以结果为导向,而是涵盖了

---

① 苗耀祥.我国高等教育质量保证政策研究[D].东北大学,2014:57.
② Kuh GD.What We're Learning about Student Engagement from NSSE[J].Change,2003,35(02):24-32.
③ 蒋家琼,张巧玲.全国大学生调查:英国一种以学生为主体的高等教育质量评估新方式[J].湖南师范大学教育科学学报,2014,14(02):112-115.
④ 中央教育科学研究院.教育质量国家标准比较研究报告[EB/OL].(2012-03-29)[2019-05-10]. http://www.nies.net.cn/cb/bg/201203/t20120329_303284.html.

教育的全过程,包括投入、过程和产出等阶段。这其中,高校的自我管理更多偏向于教育投入和教育过程两个阶段,通过教学过程、师资队伍、教学经费、设备设施和图书馆藏书等是否符合标准与质量的要求来进行评判;政府的监测评价更多是从投入产出以及全过程质量监测评价入手,涉及质量管理的全领域、全方位。而社会的监测评价更多是产出结果,如教育教学成效、人才培养质量、科研产出和社会服务职能的达成等指标来进行评判。

(五)实现法制化

完善的教育立法是高等教育质量管理存在与发展的重要外部条件。目前,世界各国均通过法制化保障高等教育质量管理。如:英国在 20 世纪 80 年代以后,为强化对高等教育质量的保障,先后于 1985 年出台了关于公立院校学术地位认可的报告,1987 年出台了《高等教育:迎接挑战》白皮书以及 1991 年出台了《高等教育:新框架》等一系列法律文件。美国于 1952 年颁布了《士兵回归援助法》,出台了一系列的法律文件。荷兰则是在 1985 年开始关注国内高等教育质量问题,先后颁布了《高等教育:自治与质量》《大学教育法》等政策及法律文件;澳大利亚制定出台了《高等教育审批规程的全国性协议》,规定全国范围内的大学认证,必须坚持统一的标准与程序,其目的是有利于评估机构在高等院校申请"大学"时制定统一的标准。①

---

① 董垌希.中外高校本科人才培养质量保障体系比较研究[D].中国地质大学,2013.

第三章
我国本科教育质量监测评价政策变迁及现状

质量监测评价政策体现着政府、高校对高等教育质量的管理方向和质量诉求。① 本科教育质量监测评价政策是我国高等教育质量保障政策中的重要部分,其实施的核心是为了提高本科教育质量、实现本科教育持续健康地发展。本部分系统总结了1949年以来我国本科教育质量监测评价政策和实践,力求理清我国本科教育质量监测评价政策在不同阶段的不同表现以及存在的问题,这对于增进对省域应用型本科教育质量监测评价的认识以及理论架构有重要作用。

第一节 我国本科教育质量监测评价政策变迁及现状

通过研究发现,本科教育质量监测评价政策随着国家政治、经济、文化、社会需求等以及高等教育发展形势的变化而变化,经过了萌芽、发端、形成和发展四个阶段。

一、萌芽阶段(1949—1977年)

新中国成立初期,我国开始重视高等教育质量。1953年,我国开始第一个

---

① 苗耀祥.我国高等教育质量保证政策研究[D].东北大学,2014:12.

五年计划,文化教育以"整顿巩固、重点发展、提高质量、稳步前进"十六字方针为指导。1955年,教育部发布的《关于加强视察工作的通知》指出对教育进行视察指导的重要性,并安排政府教育行政主管部门负责对高校进行视察和监督,这便是比较简单的质量监测。

这一时期,我国本科教育质量监测评价及保障模式借鉴于苏联。新中国成立初期,我国高等教育学习苏联模式,通过成绩保障质量,同时改革课程建设、专业设置等方面。1960年随着中苏关系恶化,我国取消了成绩保障方法。同时,加之处于"文化大革命"时期,本科教育质量监测保障体系并未系统建立起来。这一时期我国本科教育一直处于"革命"和"建设"之间更迭变换,而前者的力量远远大于后者。

从1949年新中国成立至1977年"文化大革命"结束这一时期本科教育质量监测评价及质量保政策的政策来看(参见表3.1.1),具有几个特征:一是本科教育质量监测评价及保障政策呈现以政治为主的取向;二是本科教育质量监测评价政策出现萌芽,以政府督导的外部监测评价形式为主;三是本科教育质量监测评价的实践还未全面铺开。

表 3.1.1　我国本科教育质量监测评价及保障萌芽阶段政策汇集

发布时间	政策文件与会议讲话	建议与措施
1949年	《共同纲领》	规定新中国的教育性质为民族的、科学的、大众的文化教育,促进高等教育进行大规模院系调整,建立政府集权的大学管理制度,质量保证采用苏联的成绩考评法。
1950年	《高等学校暂行规定》	明确了中华人民共和国高等教育的办学宗旨为培养文化和技术水平高、为人民服务的人才。
1951年	全国工学院院长会议	提出全国高等院校按照分工原则进行院系调整。
1953—1957年	第一个五年计划	教育工作方针为"整顿巩固,重点发展,提高质量,稳步前进"。

续表

发布时间	政策文件与会议讲话	建议与措施
1955年	高教部制定《1955—1957年高等工业学校院系、专业调整、新建学校及迁校方案(草案)》	以重工轻文、重重工业轻轻工业为指导调整专业结构。
1955年	教育部《关于加强视察工作的通知》	由政府教育行政主管部门对高校进行的视察、监督,是一种外部质量保证。
1960年	布加勒斯特会议	中苏论战全面爆发,苏式成绩考评法被取消。
1966—1976年	"文化大革命"	本科教育质量监测评价体系并未建立起来。

二、发端阶段(1978—1984年)

"文化大革命"结束后,我国高等教育制度进行恢复。1978年到1984年这一阶段,随着我国工作重心的转移、改革开放的深化以及全国高校统一招生制度的恢复,本科教育质量监测评价政策开始逐步重建。这一期间,我国召开了一系列相关会议,并出台了一系列政策,如全国高等学校招生工作会议、《全国重点高等学校暂行工作条例(试行草案)》以及《关于高等学校学科研究工作会议的报告》等,都将高等教育质量的重要性放在重要位置,并提出高等教育是为社会主义现代化建设服务的理念。与此同时,我国不断扩大高校的招生规模,以弥补现代化建设过程中专门人才稀缺的短板。为号召党十二大的奋斗纲领,教育部、国家计委在1983年发布的《关于加速发展高等教育的报告的通知》要求教育先行,为国家培养更多、更好的人才。在相关政策的引导和鼓励下,高校数量和学生规模迅速扩大,两年的时间到1983年,我国高校新增130个,专任教师新增5.6万人,毕业生92.96人。

这一时期,我国本科教育质量监测评价工作开始引进并吸收西方的研究成果。20世纪80年代初,我国开始引入海内外教育评估研究成果。在此基础上,我国高等教育质量监测与评价工作又重新有组织地开展起来。1983年,我国加入"国际教育成就评价协会",成立"中国国际教育成就评价中心",主要对教育现状实施调查与评价。另外,部分地区也开始开展高等教育质量评估工作,如国务院学位委员会对全国高校进行的同行评议等。

综上,"文化大革命"结束后的1978—1984年这一时期,是我国本科教育质量监测评价政策的发端阶段(参见表3.1.2),主要呈现以下特点:一是开始逐渐从单一的政治价值取向转向政治价值与经济价值并存,由培养政治人才转向经济建设人才。二是我国注重引入并吸收国外的研究成果,开始重视对高等教育质量进行监测与评价,但相应的政策还没有形成统一的标准与机制,尚且处于恢复与重建阶段。三是我国本科教育质量监测评价开始大规模的现状调查评价,为下一阶段全面推开本科教育监测评价奠定了基础。但也可以看出,这一阶段的本科教育质量监测评价的意识和方向已经明确,但系统化的政策还未形成。

表3.1.2 我国本科教育质量监测评价及保障发端阶段政策汇集

发布时间	政策文件与会议讲话	建议与措施
1978年	《中华人民共和国宪法》	标志着高等教育政策从封闭、单一,开始走向恢复、重建。
1978年	《全国重点高等学校暂行工作条例(试行草案)》	提出"着力端正教育思想,提升教育质量"。
1979年	《高等学校学科研究工作会议的报告》	提出"质量第一"的原则。
1983年	《关于加速发展高等教育的报告的通知》	迫切要求教育先行,为国家造出人才、多出人才。
1983年	参加"国际教育成就评价协会",成立"中国国际教育成就评价中心"	主要开展大规模的教育现状调查评价。

三、形成阶段(1985—1999年)

随着高等教育的恢复与重建以及经济体制的深入改革,我国原有的高等教育政策与体制已不能适应发展需求。1985年至1999年这一时期,本科教育质量得到

高度重视,本科教育质量监测与评价工作开始进行试点探索并逐步全面推开,其评价制度因时制宜进行了调整,并逐步走向制度化和系统化。详可参见表3.1.3。

表 3.1.3　我国本科教育质量监测评价形成阶段政策汇集

时间	政策文件与会议讲话	建议与措施
1985年	《关于教育体制改革的决定》	提出开展教育评估,拉开了高等教育质量保证工作的序幕。
	"高等工程教育评估问题专题研讨会"——第一次全国性高等教育评估研讨会	评估高等工程学科教育,确立高等工程教育评估制度,指出客观科学地评价其办学水平,保证教育质量,为社会主义现代化服务是评估的最终目标。这标志着我国教育评估起步。
1986年	《普通该等学校设置暂行条例》	设置了学校教师、图书、经费、资源等标准,规定高校验收流程,标志着高等教育认可制度的确立。
1989年	第二次全国高等教育评估研讨会	与第一次全国性高等教育评估研讨会共同为质量评估工作的开展奠定了基础。
1990年	《普通高等学校教育评估暂行规定》——我国第一部高等教育评估法规文件	提出高校教学评估的基本任务是准确分析实际情况,对高校办学水平和教育质量作出评价,为学校教育改革提供依据,增强适应社会需求能力,提高办学质量。
	《关于加快和积极发展普通高等教育的意见》	开展教学评估,建立教学、人才培养质量评价体系,重视用人单位对人才质量的评价。
1993年	《中国教育改革和发展纲要》——20世纪90年代高等教育的纲领性文件	政府、专家和用人单位共同进行质量评估。
	《高等工业学校教学工作评估法方案(讨论稿)》	对6所本科工科学校的教学进行评估。
1995年	《中华人民共和国教育法》	在法律上保障了我国高等教育质量监测评价制度的建设。
1998年	《高等教育法》	
1998年	《关于进一步做好普通高等学校本科教学工作评价的若干意见》	教学工作评价是高等教育建设和改革的重要部分,教育部要求邀请专家、社会各界人士进行外部监督。

1985年5月颁布的《关于教育体制改革的决定》要求对高校办学水平进行评估,标志着高等教育质量监测、评价与保障工作开始开展。为贯彻《关于教育体制改革的决定》,适应经济社会发展的需要,1985年6月,教育部举办了"高等工程教育评估问题专题研讨会",提出对高等工程学科进行试点评估,发布的《关于开展高等工程教育评估研究和试点工作的通知》中提出对专业、办学水平、课程建设、教学质量进行评估。1986年3月8日,国务院要求高校对对口专业进行监测与评价。1986年12月15日,国务院发布的《普通高等学校设置暂行条例》设置了学校教师、图书、经费、资源等评估指标,规范验收流程,这标志着我国高等教育认可制度的确立。1989年8月在天津召开的第二次全国性高等教育评估研讨会也为本科教育质量监测评价打好了基础。

之后,教育部门开始通过立法及推广工作,陆续颁布了关于高等教育质量保障政策及法律法规,本科教育质量监测评价进一步得到了政策保障并初步实现了法制化。1990年颁布的第一个高等教育评估法规《普通高等学校教育评估暂行规定》要求开展合格评估、办学水平评估和选优评估,这说明教育评估由试点开始规范并走向法制化。另外,1995年的《中华人民共和国教育法》以及1998年的《中国高等教育法》,这些法律为本科教育质量监测评价提供了法律保障,标志着评估制度的正式确立,为下一阶段的全面推进提供了法律和制度依据,同时也使我国本科教育质量监测评价工作开始走向规范化、系统化与制度化。

以此为契机,我国本科教育监测与评价的一系列活动也陆续开展,上海市的"新建高等学校合格评估"为评估活动开辟了先河。1993年,我国出台了《普通高等工业学校工作评估方案(讨论稿)》,评估了6所本科工科院校,这标志着本科教育已经进入质量监督与评价阶段。根据高等教育评估相关文件,我国于1994到2001年期间陆续开展了合格评估、优秀评估、随机性水平评估活动。其中,1994年,对新建本科院校的教学工作进行合格评估;1995年起,分批次对高校进行本科教学工作评价;1996年,对29所学校进行了合格评估,对"211工程"建设高校的本科教学进行优秀评估;1997年,对64所和2所学校分别进行了合格、优选评估;1998年,对37所学校进行了合格评估;1999年,对老本科院

校的教学工作进行随机性水平评估。

这一时期,我国本科教育质量监测评价开始引入多元评价主体。1985年《中共中央关于教育体制改革的决定》强调教育部门组织高校、专家、用人单位评估高校办学水平。1990年的《普通高等学校教育评价暂行规定》提出:"在学校自我评估的基础上,以社会评估为重点,并且要鼓励学术机构、社会团体参加教育评估。"①1992年的《加快改革和积极发展普通高等教育的意见》提出社会各界要参与高校办学水平评估。1993年2月的《中国教育改革和发展纲要》提出政府、专家、用人单位共同对教育质量进行评估,学校要重视用人单位对毕业生的评价。1998年的《关于进一步做好普通高等学校本科教学工作评价的若干意见》指出评估工作由教育部门邀请专家,吸收社会各界人士进行外部监督,保证意见的多样性。从政策文本中也可以看出,国家在最初要求组织高校、专家、用人单位参与评估,到后来提出要让学术机构、社会团体以及社会各界参与评估,所要求参与监测评估的主体范围越来越广,这充分体现出国家已经认识到多元化主体参与高等教育质量监测评价的必要性和重要性。

综上,这一时期我国本科教育质量监测评价政策基本形成,并呈现几个特点:一是本科教育质量监测评价逐步走向制度化、法律化,已经在一些政策法规中实现本科教育质量监测评价的有法可依。二是政府开始逐步意识到多元利益主体参与监测评价的必要性和重要性,有意识地鼓励多元化主体参与本科教育质量监测评价实践;但同时树立了政府作为评价主体的权威,明确由政府组织多元主体。三是本科教育质量监测评价的实践活动开始由点到面,在全国本科高校中全面铺开。

四、发展阶段(2000年至今)

21世纪以来,我国本科教育质量监测评价越来越受到重视,成为社会关注热点,相关政策愈发完善成熟,监测评价活动处于发展阶段。参见表3.1.4。

---

① 国家教育委员会.普通高等学校教育评估暂行规定[Z].1990-10-31.

表 3.1.4　本科教育质量监测评价及保障发展阶段政策汇集

时间	政策文件与会议讲话	采取措施
2001 年	第二次全国普通高等学校本科教学工作会议	围绕"大力加强教学工作,切实提高教学质量",提出加大教学投入,强化教学管理,深化教学改革,完善教学政策和措施。
2002 年	《普通高等学校本科教学工作水平评估方案(试行)》	将合格评估、优选评估、随机评估合并为本科教学工作评估。
2003 年	《2003—2007 年教育振兴行动计划》	提出五年期间集中各方资源,完善学科建设、人才培养、科技创新、队伍建设及国际合作等工作,提高重点建设高校、重点学科水平,推动我国高等教育不断发展;决定实施"质量工程",启动五年一轮的普通高校评估,加强教育信息化建设工程,为深化教育改革和制度创新提供了保证。
2003 年	《关于对全国 592 所普通高等学校进行本科教学工作水平评估的通知》	加强政府宏观管理,提高人才培养质量,历经五年评估全国 592 所高校。
2004 年	国务院批转的《2003—2007 年教育振兴行动计划》(简称新一轮《行动计划》)	坚持"巩固、深化、提高、发展",成立教育部高等教育教学评估中心,主要负责根据教育部的方针政策及评估指标体系评估高校教学,引导第三方评估组织开办。
2005 年	《关于进一步加强高等学校本科教学工作的若干意见》	加强高校教学评估,完善质量保障体系,开展分类评估,建立内外评估认证机制。
2007 年	《关于进一步深化本科教学改革全面提高教学质量的若干意见》	提议将教学评估结果作为高校办学水平的重要衡量指标。同时要求高校加强监控,加强人才培养,完善质量保障机制。
2010 年	《国家中长期教育改革和发展规划纲要(2010—2020 年)》	提高人才培养质量,完善教学质量保障。

续表

时间	政策文件与会议讲话	采取措施
2012年	教育部《关于全面提高高等教育质量的若干意见》("高教三十条")	高等教育要走内涵式发展道路,出台本科教学评估新方案,加强分类评估,坚持管办评分离的原则,建立教学评估制度。
2013年	召开"普通高等学校本科教学工作审核评估试点专家培训研讨会"	指出"五位一体"本科教学评估制度在评估标准、形式、主体、结果发布渠道方面体现了多样性、系统性,加强分类评估理念。
2014年	《现代职业教育体系建设规划(2014—2020年)》(教发〔2014〕6号)	提出引导推进应用型本科高校的建设,加强培养应用型人才。
2015年	教育部、国家发展改革委、财政部联合出台《关于引导部分地方普通本科高校向应用型转变的指导意见》(教发〔2015〕7号)	
2016年	十二届全国人大四次会议审查通过了《国民经济和社会发展第十三个五年规划纲要》	
2015年	《高等教育法》	教育部门邀请专家,引入第三方机构评估高等教育。
2017年	国务院办公厅发布《关于深化产教融合的若干意见》(国办发〔2017〕95号)	指出要"大力支持应用型本科和行业特色类高校建设,紧密围绕产业需求,强化实践教学,完善以应用型人才为主的培养体系","探索符合职业教育和应用型高校特点的教师资格标准和专业技术职务(职称)评聘办法"。
2017年	《关于深化教育体制机制改革的意见》	完善教育质量监测评估体系,引入第三方评价机制,增强评价的专业性、客观性。

续表

时间	政策文件与会议讲话	采取措施
2018年	教育部发布《普通高等学校本科专业类专业建设教学质量国家标准》	设置各专业培养目标、课程体系、师资队伍等标准,对专业教学质量具有指导意义。
2019年	国务院印发的《国家职业教育改革实施方案》(国发〔2019〕4号)	提出到2022年普通本科高校向应用型转变的具体指标。
2019年	中共中央、中国国务院印发《中国教育现代化2035》	提出现代化十大战略任务,提升应用型本科高校一流人才培养能力,加强应用型、复合型、技术技能型人才培养。

这一时期,我国对于本科教育质量的重视前所未有。2004年3月,我国发布《2003—2007年教育振兴行动计划》,要求坚持"巩固、深化、提高、发展","提高"就是提高质量。2005年,高等教育的工作重心由扩大规模向提高质量转变。2007年5月《国家教育事业发展"十一五"规划纲要》提出控制高校的招生规模,提高人才质量。同年,我国出台《关于实施高等学校本科教学质量与教学改革工程的意见》,决定实施"质量工程",包括专业调整、课程建设、师资建设、人才培养等,并且明确要求收集本科教学状态数据,统计分析其现状及趋势,并公布社会。"质量工程"是本科教育领域实施"211工程"和"985工程"之后的又一项重要举措,构建了国家—省—校三级质量工程建设体系。另外,教育部在《关于进一步深化本科教学改革全面提高教学质量的若干意见》中也进一步提高本科教育质量。2010年5月出台的《国家中长期教育改革和发展规划纲要(2010—2020年)》中提及,提高高等教育质量、人才培养质量是高等教育的主要任务。①2012年,《国家教育事业发展"十二五"规划纲要》和十八大均强调高等教育必须走质量为核心的内涵式发展道路。随后,党的十八届三中全会明确提出要提高高等教育质量,走内涵式发展道路。2018年教育部陆续发布《关于狠抓新时代

---

① 国务院.国家中长期教育改革和发展规划纲要(2010—2020年)[EB/OL].(2010-07-29)[2019-05-09]. http://old.moe.gov.cn/publicfiles/business/htmlfiles/moe/info_list/201407/xxgk_171904.html.

全国高等学校本科教育工作会议精神落实的通知》（教高函〔2018〕8号）和《关于加快建设高水平本科教育全面提高人才培养能力的意见》（教高〔2018〕2号）两份关于本科教育的文件，明确指出建设高水平本科教育的重要意义、指导思想和目标原则，同时提出应用型人才培养应保持分类培养，设置特色与优势专业，培养创新型、复合型、应用型人才；应用型高校要结合自身特色开办一流专业。12月，教育部办公厅出台的《教育部高等学校教学指导委员会章程》（教高厅〔2018〕4号）要求建设高水平学校，提高人才培养质量。

  本科教育质量监测评价及保障制度进入全面推进和改革完善阶段，形成了以本科教学为主要内容的具有中国特色的教学监测评价制度。2003年教育部发布《普通高等学校本科教学工作水平评估基本工作程序》。同年，教育部公布《普通高等学校本科教学工作水平评估方案（试行）》，对评估办学思想、专业建设、教学改革、教学条件、师资队伍、特色项目等方面进一步予以明确。2004年我国出台了《2003—2007年教育振兴行动计划》，要求实施五年一期的教学质量评估制度。2005年教育部发布的《关于进一步加强高等学校本科教学工作的若干意见》进一步强调加强教学评估，完善教学质量保障体系，建立教学评估指标，实施分类监测，引导多元主体评估人才质量。2007年教育部出台的《关于进一步深化本科教学改革全面提高教学质量的若干意见》将教学评估结果列为高校办学水平的重要衡量指标，促进高校重视质量，强加监控，提高人才质量，完善质量保障机制。2010年5月出台的《国家中长期教育改革和发展规划纲要（2010—2020年）》中提及，提高高等教育质量、人才培养质量是高等教育的主要任务；同时要求"健全教学质量保障体系，改进高校教学评估工作"。① 2010年下半年，开始实施本科教学质量报告公开制度，教育部要求"985"高校首次向社会公布本科教学质量报告，此后，要求不同类型、不同层次的高校均公布本科教学质量报告。2011年教育部发布《关于普通高等学校本科教学评估工作的意见》（教高〔2011〕9号）强调以学校自我评估为基础的教学评估制度。2013年教育部发布的《关于开展普通高等学校本科教学工作审核评估的通知》（教高

---

  ① 国务院.国家中长期教育改革和发展规划纲要（2010—2020年）[EB/OL].(2010-07-29)[2019-05-09]. http://old.moe.gov.cn/publicfiles/business/htmlfiles/moe/info_list/201407/xxgk_171904.html.

〔2013〕10号)决定开展本科教学审核评估工作,完善质量监测评价及保障体系,提高人才培养质量。2018年9月教育部发布《关于加快建设高水平本科教育全面提高人才培养能力的意见》,提出对本科教学工作评估进行规范,开展专业评估。这标志着本科教育教学质量的监测评价制度全面建立,监测评价政策逐步完整配套,相关工作不断完善,进入全面铺开阶段。

本科教育质量监测评价的开展实现常态化。这一时期,针对1994至2001年相继开展的三种形式评估存在的问题,2002年教育部将三种评估形式合并为单一的本科教学工作水平评估。2003年11月,教育部出台了《关于对全国592所普通高等学校进行本科教学工作水平评估的通知》,提出此次评估加强了政府宏观管理力度。在政府的宏观管理下,本科教学质量评估工作大范围展开,截至2012年共进行了七百多次不同类型的评估活动,推动了高等教育质量监测评价及保障政策的变迁。参见表3.1.5。

表3.1.5 我国本科教学质量监测评价活动

时间	主要评估活动
1999年	对14所学校进行合格评估,6所学校进行优选评估。
2000年	对9所学校进行合格评估,6所学校进行优选评估,1所学校进行随机评估。
2001年	对10所学校进行合格评估,25所学校进行随机评估。
2002年	对13所学校进行合格评估,20所学校进行水平评估。
2003年	新一轮高校本科教学水平评估开始,对41所学校进行水平评估,1所学校进行合格评估。
2004年	对54所学校进行教学工作水平评估。
2005年	对75所学校进行教学工作水平评估。
2006年	对139所学校进行教学工作水平评估。
2007年	对209所学校进行教学工作水平评估。
2008年	对74所学校进行教学工作水平评估。
2009年12月—2010年12月	对20所新建本科院校进行合格评估。
2011年	对17所新建本科院校进行合格评估。
2012年	对249所新建本科院校完成了数据采集培训,对15所新建本科院校进行合格评估。

这一时期,我国成立了专门的本科教育质量评估机构,同时,监测评价主体多元化成为政府导向并逐步走向常态化。一方面,从国家层面成立了本科教育质量专业化评估机构。2004年8月,教育部正式成立高等教育教学评估中心,主要负责根据方针政策及评估体系评估高校教学。另一方面,教育部大力提倡社会机构参与评估。如2015年的《教育部关于深入推进教育管办评分离促进政府职能转变的若干意见》支持专业机构开展教育评价。2017年我国出台《关于深化教育体制机制改革的意见》,强调完善第三方评价机制,增强评估的客观性。2018年12月的《高等教育法》要求高校建立办学水平、教育质量评价制度,接受社会监督。这一系列文件均体现"评估主体多元化"的理念,顺应了高等教育多元利益主体参与内涵建设和质量管理的需求。

运用信息化手段开展本科教育质量监测评价成为质量管理的重要手段。教育部通过10年的努力建设了世界上规模最大的教育质量监测系统,主要用于数据统计、生成与分析,构建以教学为中心的高等教育质量保障平台。其高等教育监测评估的作用有几个特点:一是监测教育教学常态化。教育部、教育厅等主管部门通过对学生规模、教师数量与结构、教学管理、人才培养等信息进行采集,并对数据进行挖掘与分析,获得各高校教育教学的状态;高校利用平台"校级分析与应用"对数据的横纵对比,了解教育状况。二是通过数据反映教育质量,并进行研究和预测预警。三是及时反馈教育教学质量问题。高校可利用平台及时发现存在的问题,明确改进方向,采取有效措施,保证教育目标的实现。四是实现多元主体评判。高等教育监测评估主体已由单一性转向多元化,包括政府、高校、用人单位、教师、学生、家长、市场及社会其他机构等,以调动学校参与的积极性和主动性,年度质量报告发布也有利于接受社会各界的监督。[①]

综上,21世纪以来我国本科教育质量监测制度越来越成熟,具有以下几个特征:一是本科教育质量监测评价制度在实践中不断完善,形成了五位一体的具有中国特色的本科教学评估制度。二是本科教育质量监测评价主体从政府

---

① 王战军,乔刚.以新发展理念引领高等教育质量监测数据平台建设[J].中国高教研究,2016(07).

主导向多元化主体转变,正在逐步实现政府、社会、高校等多元主体共同参与的内外部质量监测评价体系。三是本科教育质量监测评价在国家层面实现了信息化,但在省级层面的实现还有欠缺。四是本科教育质量监测评价目前主要是以教学为本,未实现全过程质量监测评价,具有局限性。

第二节 我国本科教育质量监测评价中存在的主要问题

通过对我国1949年以来本科教育质量监测评价政策梳理,发现在监测评价主体、标准、分类、法规等方面存在一些问题需要予以关注。

一、质量监测评价多元化主体缺位

高等教育多元发展要求质量评估主体的多元化,政府、高校、社会、教师和学生是高等教育监测评价主体不可或缺的组成部分。国外许多国家为保障高等教育质量,将吸纳利益相关者参与监测评价作为重要的策略,并把其列入高等教育法规当中,通过筛选涉及高等教育质量保障的相关核心利益者,构建形成多元化主体参与的高等教育质量监测评价机制。省域应用型本科教育质量监测评价是政府"高等教育绩效管理""高等教育质量保障""高等教育问责""高等教育质量管理"等治理工作的延伸,其最大的利益主体是政府,其模式是以政府为主导,其他利益相关者参与。我国的教育法律规定了教育行政部门对高校的监测评价职责,比如《教育法》中明确规定实行教育督导制度,《高等教育法》中明确高校接受教育行政部门的监督和由其组织的评估等,这些法律文件都强化了政府在高等教育质量监测评价中的主导地位。然而我国质量监测评价中多元化主体存在缺位现象,如政府作为主导主体,虽然意识到多元主体参与的重要性,但在实际过程中,对于多元主体参与指标体系构建、监测、评价以及结果分析、公布等过程实际性参与还不够,通常是遴选部分专家形成专家组参与监测评价。另外,虽然目前我国出现了广东管理科学研究院武书连、中国校友会、武汉大学中国科学评价研究中心、麦可思等一些具有影响力的第三方评价机构,但由于国家没有出台第三方监测评价机构的资质,造成某些第三方评价机构的权威性和结果的科学性受到质疑,并不具有广泛的认可性,而且在实际监测评价过程中,也并非如"理想"中起到了客观、准确监测评价的作用。高校参与监测评价的意愿不强,被动接受政府监测评价,高校教师员工排除在质量监测评价的主体之外,导致高等教育质量监测评价利益相关者的角色异化;社会用人单位对于高等教育质量不太关心,成为"看客";学生这一主体对于质量监测评价的意识不够强烈,没有意识到在质量监测评价中自己的主体地位和质量责任。

二、质量监测评价标准缺位

1949年以来,我国本科教育质量监测评价及保障政策从以政治价值为主,逐步向多元价值并举转变,在新时代呈现为多元化质量观的统合。本科教育质量观的多样化,也产生了多样化的评价标准。从国外来看,美国高等教育根据高校自身特点和定位制定不同的质量标准,高校在教育质量上也比较重视根据实际情况明确定位,追求和发展自身的特色,如针对不同类型的教育有远程教育培训委员会、职业技术院校教育质量认证委员会等,针对不同地区有地区协会负责认证各地区的高等教育质量,专业认证从医学到乐理,从新闻专业到内部装饰都有专门的认证机构。从我国来看,国家教育主管部门所制定的本科教育各类评估标准比较整齐划一,各类指标基本与研究型大学或学术型大学一致;而对于应用型本科教育质量标准还未有效建立,对于应用型本科教育标准的导向还不够明确,如若按照现有的本科教育质量标准执行,必然会忽视应用型本科高校个性化和特色化需求。

三、质量监测评价分类缺位

21世纪开始,我国逐渐意识到本科教育质量分类评估和监测评价的重要性。2005年教育部在《关于进一步加强高等学校本科教学工作的若干意见》强调实施分类监测。2007年教育部发布的"1号文件"里就明确要求了"研制高校分类指导、分类评估的政策制度"。2012年3月,教育部发布的"高教三十条"指出加强分类评估,建立院校自我评估为基础的教学评估制度。目前我国本科教育正在走向普及化,本科教育层次不一、类型不一、特色不一,再加之社会需求多样化,地区经济文化呈现不均衡性、本科教育发展基础存在差异性,政府的投入、地域文化的影响、办学历史的积淀、层次及背景的不同,学生兴趣、特长和基础的不同,采取同一标准衡量所有学校是不合理的,评估出来的结果必然有失偏颇。因而,以一把"高等教育"尺子评价各层次类别的高校,其结果难以实现公平,势必会造成高校办学性质趋同化,与当今社会倡导的高等教育个性化、当前世界高等教育的多样化发展趋势背道而驰。但是,虽然在2015年教育部等三部门出台《关于引导部分地方普通本科高校向应用型转变的指导意见》中,明确了本科高校转型发展的主要任务、配套政策和推进机制,学界对于应用型本科教育的研究也非常广泛且深入,但对于应用型本科教育的内涵、特征和基础、发展战略以及推进政策还不够系统深入持久,目前我国本科教育分类还不够明晰,国家层面本科教育质量监测评价的相关政策还是指向研究型或学术型大学,没有专门针对应用型本科教育。

四、质量监测评价法规缺位

从世界各国高等教育质量管理的发展趋势来看,西方发达国家往往通过立法保证高等教育质量管理和保障工作有法可依,如美国高等教育虽然在行政管理上分散,但是社会对高校进行的评估相对统一,高校定期接受审查,符合要求才被认可,并加强对后续改进工作的监督。这种非官方的评估制度主要得益于其完备的法律、监督机制,值得我们借鉴。目前,我国正在不断加快教育法制进程,持续修订并不断完善本科教育质量监测评价制度,尤其是20世纪90年代以来,以法治来推进高等教育事业改革发展,得到社会越来越广泛的认可,良好的法治体系中法律所具有的权威性以及适用性,对于高等教育质量监测评价的信度和效度具有重要作用。但是,我国本科教育质量监测评价法规还存在一定程度的缺位。一是本科教育监测评价有法可依的局面还未完全形成。目前我国高等教育质量保障政策大多是一些原则性的规定,缺乏实施细则,现行的关

于本科教育质量监测评价的法律法规程序规范少、可诉性弱、可操作性不强。当前我国本科教育质量监测评价政策零散分布且有缺失,需要进一步系统化和综合化,而且在政策制定、政策执行和实施、质量监控和反馈、评价结论公布机制中等存在明显不足,这使省域应用型本科教育质量监测评价的政策体系科学性、系统性不足,难以实现"全面振兴本科教育"的目标。必须加强高等教育质量监测评价政策的法制化建设、程序的可行性以及实体的公正性,将质量监测评价政策制定成操作性强的"现实教育法规",真正实现省域应用型本科教育质量监测评价有法可依,否则就等于纸上谈兵。

第四章
省域应用型本科教育质量监测评价体系的理论构想

如何构建以及构建什么样的省域应用型本科教育质量监测评价体系是进行监测评价的前提。本章围绕省域应用型本科教育质量监测评价体系构建中所涉及的首要问题、基础问题、基本问题、核心问题、关键问题进行了深入探讨，最终从主体、标准、原则、指标体系、评价方法等五个方面着手，形成省域应用型本科教育质量监测评价体系的理论构想，力求为省域应用型本科教育质量监测评价的实证研究夯实理论基础。

第一节 首要问题：确立主体

省域应用型本科教育质量监测评价主体的确认是省域应用型本科教育质量监测评价的首要问题。主体的确认对于监测评价的权威性、科学性、准确性和客观性有着最为直接的影响。

一、省域应用型本科教育质量监测评价主体多元化的必然

随着高等教育逐步走上社会和市场的中心以及多元化主体的参与办学，单一的办学模式随着高等教育体制改革的不断深入而被逐渐打破，高等教育质量的高低除了与高校和政府有关外，还直接关系到个人和社会的切身利益，因而

个人和代表社会的第三方评价机构理所应当直接或间接地参与到高等教育质量监测评价之中。近年来,利益相关者理论被国内外学者广泛地引入高等教育领域。"利益相关者"这一概念最早由 20 世纪 60 年代的美国斯坦福研究所提出,主要用于对企业社会绩效的评价,他们认为企业必须依存相关利益团体才能生存和发展。在这一思想的影响下,经过几十年的孕育和发展,较为完善的利益相关者的理论框架逐步形成并开始运用于高等教育领域。我国学者胡赤弟于 2005 年撰写的《高等教育中的利益相关者分析》是最早对我国高等教育利益相关者进行研究的文章,①随后对高等教育利益相关者的关注热点持续上升。

高等教育质量监测评价领域引入利益相关者理论是高等教育质量进入大众化阶段的外部环境变化以及高校类企业的行为使然。相比企业产品的质量概念,高等教育的质量概念更为复杂,Lee Harvey 等研究者强调理解高等教育质量要从利益相关者的角度出发;②Jovana Savanovic 指出,虽然商业等各部门与高等教育部门在市场竞争以及对社区高度责任的时代存在差异,高等教育组织依旧需要对其利益相关者的影响进行综合的考虑和分析;③Emerson Wagner Mainardes 等认为:导致高等教育和利益相关者相关联的主要原因是高校间的竞争,而这又是由于近几十年来高等教育的迅速扩张所导致的。④ 如同企业一样,高等教育面临复杂的需求,加之高等教育多元主体参与办学体制的变化,高等教育被期待与政府、社会、企业、公众等参与者进行互动。

因此,本书认为,省域应用型本科教育质量监测评价应该构筑包括政府、高校、社会等多元利益相关者为主体的模式,这是我国高等教育大众化发展的必然要求,也是本科教育发展和大学治理结构多元化发展的必然结果。

---

① 胡赤弟.高等教育中的利益相关者分析[J].教育研究,2005(03):38-46.

② Lee Harvey, Diana Green.Defining Quality[J].Assessment and Evaluation in Higher Education,1993 (01):9-34.

③ Jovana Savanovic.Stakeholder Involvement in Quality Assurance of Internationalization at Higher Education Institutions in Austria[D/OL]. (2016-11-20).https://tampub.uta.fi/bitstream/handle/10024/95997/GRADU-1408624972.pdf? sequence=1.

④ Emerson Wagner Mainardes, Helena Alves, MarioRaposo.An Exploratory Research on the Stakeholders of a University[J]. Journalof Management and Strategy,2010(01):76-88.

一是省域应用型本科教育质量利益主体的多元化决定了主体评价多元化。1998年联合国教科文组织发布的《世纪的高等教育：展望和行动世界宣言》提出，高等院校应拥有自主权，但与此同时，它们必须向学生、议会、政府和社会负责，通过高质量的教学、研究和培训，以实现管理的最终目标和完成高等教育的使命。会议也指出，除了需要政府和高校，还需要所有相关人员的积极参与和承担义务与责任，才能有助于高等教育重大改革和发展的加强和质量的提高。[①]这也指明了高等教育质量应为多元利益主体负责的态度。政府、高校、公众、社会、师生群体等都是省域应用型本科教育质量的利益相关者，并且每个利益相关者的地位和作用都不同，这决定了我们应该把省域应用型本科教育质量所涉及的利益相关者纳入到监测评价主体当中来，从而保证监测评价结果的客观性、公正性和科学性。

二是省域应用型本科教育质量监测评价目标的多元性导致主体多元化。传统的高等教育质量监测评价中，常常受到某些高等教育权力以及价值观因素的干扰，再加之价值诉求、价值选择以及目标因不同的价值取向而不同，从而评价结论也不同。[②] 因此，高等教育评估目标的多元性，必然带来利益相关者对质量监测评价所体现价值的不同认识，也必然要求监测评价的主体多元化。

三是省域应用型本科教育质量监测评价结果的准确性与科学性要求主体的多元化。依据测量学观念，零误差的测量是不存在的，但通过分析误差，可以采取某些措施尽可能地将误差缩小。省域应用型本科教育质量监测评价要受到主体的价值与利益取向等因素的影响，因此，不可能实现监测评价的结果零误差。监测评价的工具、方法、主体、对象以及过程等都是影响省域应用型本科教育质量监测评价结果准确性的因素。但评价对象的择取、评价指标的建立、评价过程的实施、评价工具和评价方法的采用，都是由评价主体选择和设定的。因此，监测评价主体的选择对于监测评价具有主要的影响。

---

① 赵中建.21世纪世界高等教育的展望及其行动框架——98世界高等教育大会概述[J].上海高教研究,1998(12):4-11.

② 彭国甫.对政府绩效评估几个基本问题的反思[J].湘潭大学学报,2004(03):34.

二、省域应用型本科教育质量监测评价多元化主体的确定

对高等教育利益相关者以及优先级别进行有效识别,是高等教育质量监测评价的逻辑起点。高等教育涉及的利益相关者有许多,不同的利益相关者对高校有不同程度的影响,其重要性也有所不同。因此,对在利益诉求过程中的优先程度也就不同。由于不同的利益相关者必然对高等教育的利益关注点不一致,因此对高等教育质量的理解也就存在不同。① 欧洲大学校长会议(KPE)于1996年公布的《制度评估:质量战略》中指出质量的内涵,并认为应该以对不同侧面和标准进行分析作为高等教育质量评估的前提。质量标准因不同的关系当事人而不同,也因此得出的质量结论也就不同。②

毫无疑问,对高等教育利益相关者进行识别应考虑多种因素,才能使其更具说服力。对高等教育利益相关者进行层级划分最先需要考虑的因素是利益相关者与高校之间关系的密切程度,而依据的分类标准不同,高等教育利益相关者的层次或类别的划分也不相同。亨利·罗索夫斯基以大学不是个体独自占有或个人财产的理念为基础,提出"owner"即"大学拥有者"的概念,这与利益相关者的概念非常接近。同时,他认为大学的拥有者可以划分为四类:一是包括教师与行政管理人员、学生在内的群体;二是包括捐赠者、校友和董事在内的群体;三是包括政府等部分拥有者的群体;四是包括公众和媒体等的群体。③ 米切尔等人对利益相关者的分类是从拥有影响力、紧迫性和合法性三个特质的程度出发。④ 也有学者对高等教育利益相关者的划分借用了米切尔的属性评分

---

① Siew Fun Tang, Sufean Hussin. Quality in HigherEducation: A Variety of Stakeholder Perspectives[J].International Journal ofSocial Science and Humanity,2011(02):126-131.

② 林永柏.关于高等教育质量概念的界定[J].教育科学,2007(06):32-36.

③ Henry Rosovsky. The University: An Owner's Manual [M]. W. W. Norton & Company, 1991:13-15.

④ Mitchell A., W. Toward. A Theory of Stakeholder Identification and Salience: Defining the Principle of Who and What Really Counts[J].The Academy of Management Review,1997,22(04).

法,具体划分为确定型和潜在型两种类型的利益相关者,其中确定型包括学生、教师与研究人员、政府部门等,潜在型包括校友、中学生、家庭、社区、工商界、媒体等。①

本书依据米切尔关于利益相关者的分类法,将省域应用型本科教育质量监测评价的多元主体分为潜在型、预期型和权威型三类利益相关者合计七种主体。具体如表 4.1.1 所示:

表 4.1.1 2018 年省域应用型本科教育质量监测评价多元主体特征

利益相关者类型	种类	主体	影响力	合法性	迫切性	特征
潜在型	蛰伏型利益相关者	专业评估组或专家、第三方评价机构	较大	无	无	拥有一定的影响力,但由于缺乏权力与职责,不具有紧迫性和合法性,限制了该主体影响力的发挥。
	或有利益相关者	中学生或校友	较小	有	较小	其利益诉求权力具有合法性,但缺乏迫切性和影响力,需要通过身份转换才能体现利益要求。
	要求利益相关者	大众传媒	较小	较小	较大	其与省域应用型本科教育质量之间有迫切的关系,可以有各式各样的建议和要求,但影响力和合法性较小。
预期型	关键利益相关者	家庭、企业参与办学者	较大	较大	较大	合法性、影响力和迫切性都较大,常常在监测评价过程中,通过达成关键的联合来表达利益诉求和监测评价建议。
	从属利益主体	师生	较小	较强	较强	具有合法性和迫切性,但影响力较弱,因此在评估过程中只能依赖于其他主体的影响力。
	协同利益相关者	同级政府及同类校	较大	无	较小	具有迫切性和影响力,但缺乏合法的干预途径。

---

① 胡子祥.高校利益相关者治理模式初探[J].西南交通大学学报:社会科学版,2007(01):15-19.

续表

利益相关者类型	种类	主体	影响力	合法性	迫切性	特征
权威型	权威型利益相关者	政府	最大	最大	最大	具有最大的合法性和影响力,是关键的利益相关者。事实上,预期型利益相关者可以授权而成为权威型利益相关者的利益代表。

因此,我们可以看出,不同主体对于监测评价的合法性、迫切性和影响力是不同的,基于利益相关性大小,其价值诉求不同。根据德国著名社会学家马克斯·韦伯的理性分类,①其中,从宏观层面来看,更趋向于价值理性,即国家所秉持的高等教育教育观,重点从确保高等教育办学方向、质量标准、社会公平、提高生产力、强化人文关注和文化传承等方面予以体现并实现宏观管理和调控。从中观层面来看,更趋向于工具理性,如省域层面在遵守国家宏观导向和管理的基础上,突出地域特征和实际,重点从高等教育服务所在地域、提高区域生产力、强化特定地域文化传承等方面进行予以体现并强化中观管理和调控;社会各利益相关者则更多关注高等教育质量对于自身发展的满足性,如企业关注受教育者的实用性,强调受教育者是否能尽快融入企业文化并能为企业迅速带来价值效益。从微观层面来看,师生更趋向于个人价值的实现,即教师更多关注其自身的职业发展和成就感、获得感、幸福感,而学生关注教育投入与回报以及是否具备满足长远发展的知识能力素养。

从不同主体来看,政府注重应用型本科教育与地方经济社会发展的契合度和贡献度,社会则倾向于应用型本科教育的数量和质量、用人单位满意度等指标;高校注重学校本身的资源、条件以及政府所关注的质量指标;教师则更倾向于办学条件和资源的获取、平台、学生的认同;用人单位(企业)体现了"企业本位"的价值取向,则倾向于是否符合企业需求;学生则关注个人能力素养的提升以及发展,存在一定的盲目性;第三方评价机构是专业的评估组织,是与政府、

---

① 马克斯·韦伯.经济与社会[M].林荣远,译.北京:商务印书馆,1997:56.

高校以及社会相独立的第三方角色,它不受外在力量的左右,以中立的立场做深入独到的评估,对于监测评价存在的问题能够提出合理的解决方案,是监测评价潜在的利益相关者。

三、省域应用型本科教育质量监测评价的多元化主体与评价结果客观性的关系

在省域应用型本科教育质量监测评价中,可以确定多元化主体进行监测评价。然而,哪个主体的评价结果更具客观性和准确性,这是我们需要探讨的问题。

依据经济学中的"经济人"假设,个人在对与自己相关的事物进行评价的时候,总是基于自身利益的得失来考虑,并会以谋求自身利益最大化为原则。而同时,评价者往往会基于个人好恶对他人进行认知判断,进而再推论出认知对象的其他品牌特征,这一心理因素称之为"晕轮效应",这可能导致评价结果的不客观。省域应用型本科教育质量监测评价过程中,如若评价主体与评价对象之间的利益关系越密切,主体从自身利益出发,更多地考虑自身利益的可能性就越大,进而导致评价结果过于主观而失去客观性的可能性也就越大。由此,本书特别对多元化主体的利益相关性与评价结果的客观性和准确性进行了深入分析,以便探究出省域应用型本科教育质量监测评价中的最佳主体。

由图 4.1.1 可以看出,根据利益相关性的理论,当监测评价主体与省域应用型本科教育质量的利益相关性大或较大时,主体会考虑自身利益,同时受到"晕轮效应"的影响,以至于评价结果呈现弱客观性;当监测评价主体与省域应用型本科教育质量有较小的利益相关性时,在监测评价过程中,主体虽然不用考虑自身利益,但仍然会受到"晕轮效应"的影响,进而获得客观性不够理想的评价结果;当监测评价主体与省域应用型本科教育质量的利益相关性和"晕轮效应"在最大程度地减少,才能得出更为客观公正的评估结果。由此,要想取得理想的省域应用型本科教育质量监测评价的效果,主体的多元化是必然的,同时为使监测评价结果公正,还应尽量提高主体的合法性、影响力和紧迫性,地方政府在省域应用型本科教育质量管理时对于其他利益相关者的要求也要有更多的

关注。

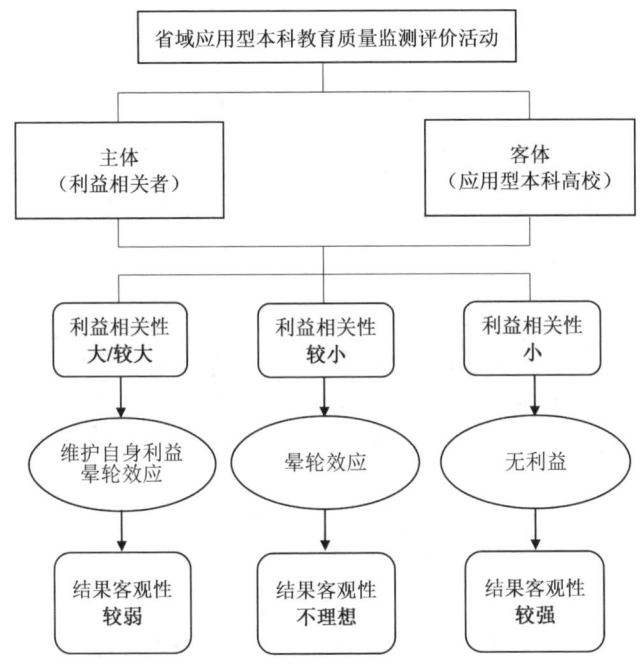

图 4.1.1 多元化主体与评价结果客观性的关系

通过评价结果客观性与主体利益相关性的关系,我们发现利益相关性可以作为判定省域应用型本科教育质量监测评价的主体构成是否合理与是否科学的重要依据。在省域应用型本科教育质量监测评价过程中,为使主体多元结构更加合理,就需要找出所有有资格参与省域应用型本科教育质量监测评价工作的利益相关者,并要划分好评价主体的类别,理清各评价主体与对象之间的利益相关的大小程度。

根据表 4.1.2 比较结果,本书将政府为主导主体,其他主体为参与主体作为省域应用型本科教育质量监测评价主体。理由为:一方面,政府作为监测评价的主体地位有法律依据和保障,最具权威性,将在很大程度上提升监测评价结果的可信性和有效性。另一方面,省域应用型本科教育质量监测评价以省级政府作为主导主体地位并非是指主体的单一化，而是将多元利益主体的利益诉求和取向综合化、融合化，尤其将潜在型利益主体上升至权威性利益主体的代表，便可以用公正客观的态度进行监测评价，从而得出客观性最强和准确性最高的评价结果。

表 4.1.2　多元主体利益相关性与评价结果关系表

利益相关者类型	种类	主体	与监测评价对象的利益相关性大小	评价结果的客观性	评价结果的准确性
潜在型利益相关者	蛰伏型利益相关者	专家以及第三方评估机构	最小	强	高
	或有利益相关者	中学生	一般	一般	一般
	要求利益相关者	大众传媒	最小	强	高
预期型	关键利益相关者	家庭、企业、校友、参与办学者	较大	较弱	较低
	从属利益主体	教师和学生	较大	较弱	较低
	协同利益相关者	同级政府及同类校	较小	较强	较高
权威型	权威型利益相关者	政府	大	最弱	最低

注：

1. 利益相关性大小由大到小分五个等级：大、较大、一般、较小、最小；
2. 评价结果的客观性由强到弱分五个等级：强、较强、一般、较弱、最弱；
3. 评价结果的准确性由强到弱分五个等级：高、较高、一般、较低、最低；
4. 几个等级只在相对范畴之内的比较，并非绝对。

第二节 基础问题:明确标准

高等教育质量是一种价值追求,也是一种实然判断。高等教育质量的高低不能凭主观去判断,需要用一个客观的尺度去衡量,这个尺度就是"标准"。进行高等教育质量监测评价的基础问题就是要有明确的高等教育质量标准,这是规范各项高等教育质量活动的有效工具。应用型本科教育质量标准的明确对于省域应用型本科教育质量监测评价有着极为重要的作用。

一、应用型本科教育质量标准

(一)高等教育质量标准

《辞海》与《现代汉语词典》均认为"标准"即"衡量事物的准则",此外《现代汉语词典》中,还将"标准"定义为"本身合于准则,可供同类事物比较核对的事物"[1]。《辞海》中将"标准"又解释为"引申为榜样、规范"[2]。1991年第六版《标准化与相关活动的基本术语及其定义》中,将"标准"定义为"由一个公认的机构制定和批准的文件,它对活动或活动的结果规定了规则、导则或特征值,供共同和反复使用,以实现在预定结果领域内最佳秩序的效益"[3],这是从制定主体、作用、目的角度更深层次地对"标准"进行了解释,该定义被称为"国际标准定义"。我国国家标准(GB/T 3935.1—83)对"标准"的定义是"是对重复性事物和概念所做的统一规定,它以科学、技术和实践经验的综合为基础,经过有关方面协商一致,由主管机构批准,以特定的形式发布,作为共同遵守的准则和依据"。国家标准(GB/T 3935.1—1996)把"标准"定义为"在一定范围内获得最佳秩序,对

---

[1] 中国社会科学院语言研究所词典编辑室.现代汉语词典[Z].北京:商务印书馆,1983.
[2] 夏征农.辞海[Z].上海:上海辞书出版社,1989.
[3] 何玉海.试论《教师教育标准》的构成与结构要素[J].教师教育研究,2007(01):37.

活动或其结果规定共同的和重复使用的规则、导则或特性的文件。该文件经协商一致制定并经一个公认机构的批准。它以科学、技术和实践经验的综合成果为基础,以促进最佳社会效益为目的"①。很明显,标准可以用来衡量某一事物是否达到一定的要求或水平,因其制定的场合不同而不同,有其特定的适用范围,并且对该适用范围内的活动或活动结果具有导向作用。另外,标准还需经协商或公认机构批准,形成共识或具有权威。

标准如此重要,那么何谓"高等教育质量标准"? 学界对此众说纷纭。有学者强调质量标准是一种规格或程度,可测性强。有学者认为高等教育质量的标准"有狭义和广义的含义之分。狭义的高等教育质量标准仅指最终产品的质量标准,即学生的质量和规格;广义的教育质量标准是教育制度、教育体系、教育过程、教育结果等多方面内容的水平程度"②。有学者认为有什么样的管理体制以及有什么样的评价主体,就决定了什么样的质量观和什么样的质量标准。③有学者从高等教育质量的多维性视角出发,认为"高等教育质量是个多维的复合概念,其标准应是适应性(本质属性)、多样性(第二属性)和发展性(第三属性)的统一"④。还有学者指出,传统的高等教育质量标准主要是对于静态质量的判定,是一种横向的标准,并指出"传统的高等教育质量标准具体的表现即进一步规定了范围、基线、指标等质量要素"⑤。有学者从高等教育适需性视角出发,指出"高等教育质量标准是指用来衡量高等教育质量好坏以及满足个人、群众和社会需求程度的相关准则"⑥。

---

① 唐立民.喀左县农机化标准应用现状及发展探讨[J].农业科技与装备,2017(04):77-78.

② 张男星.高等教育质量标准与评价[J].大学(学术版),2010(05):15-16.

③ 王洪才.论均衡的高等教育质量观的构建[J].教育与现代化,2002(02):1.

④ 韦洪涛.我国高等教育大众化进程中的高等教育质量评估指标体系研究[D].苏州大学,2002:11-12.

⑤ 徐霞.成熟度评价下的高等教育质量标准构建分析[J].中小企业管理与科技(下旬刊),2017(12):117.

⑥ 顾永安.试论应用型本科院校教学质量标准制定的依据与要求[J].中国大学教学,2010(06):12-16.

对于高等教育质量标准的类型也意见不一,具体有三种观点:一是一些学者从高等教育的职能出发,认为高等教育某一功能的质量和规格就是高等教育质量标准。如人才培养的质量及规格,体现为"一维标准""两维标准"和"三维标准"等观点。如,潘懋元先生认为:"高等教育大众化的发展前提是多样化,多样的高等教育应有各自的培养目标和规格,从而也应当有多样化的教育质量标准。"①他还将"我国高等教育的质量标准分为两个层面:一个是一般的基本质量要求;另一个是具体的人才合格标准"②。有学者指出:"人才培养是高等教育的根本任务,从人才培养入手来设计高等教育质量标准,对于促进高等教育质量的提高有重要意义。"③也有学者指出:"虽然衡量大学教育质量的具体标准是历史地变化的,但根据大学的基本职能,衡量大学教育质量至少包括学术和社会两个标准。"④还有学者认为:"可以从人才培养层次、规格和学科类型三个维度来构建多样化的高等教育质量标准结构体系。"⑤

二是一些学者从高等教育质量的内容出发,对高等教育质量标准的多维性进行了分析。如,韩先芹更加具体地提出高等教育质量的评价标准应该包括8个方面:"一是招生量,二是就业率,三是考研率,四是学生身心健康程度,五是学生与环境和谐相处能力,六是学生终生学习能力、积极向上的精神,七是个人发展潜能,八是学生创新能力及学生素质拓展程度等方面。"⑥刘榕认为,高等教育质量标准包括"发展的质量标准、适合目标的质量标准、需求性的质量标准、多元化的质量标准、特色性的质量标准",都是高等教育质量标准,并具体列举出高等教育质量标准应该包括"科研能力、师资队伍与生源;积极自由的学术氛

---

① 潘懋元.高等教育大众化的教育质量观[J].中国高教研究,2000(01):11-15.
② 潘懋元.高等教育大众化的教育质量观[J].中国高教研究,2000(01):11-15.
③ 田健.从人才培养模式的视野分析高等教育质量标准建设[J].山东社会科学,2011(11):227-228.
④ 杨桂华.大学教育质量的学术标准和社会标准[J].中国大学教学,2008(01):17.
⑤ 周泉兴.高等教育质量标准:特征、价值取向及结构体系[J].江苏高教,2004(03):8-10.
⑥ 韩先芹.大教育观下高等教育质量的内涵及评价探析[J].重庆文理学院学报(社会科学版),2008(05):88-89.

围;从事学术活动的足够设施;充足的经费;学科建设;社会服务功能;国际化程度;动态性、可持续发展性"等关键性指标。① 刘榕还提出"动态性与可持续发展性、社会服务功能、学科建设、从事学术活动的足够设施、充足的经费、科研能力、师资队伍与生源、积极自由的学术氛围、国际化程度等",都是高等教育质量标准的关键性指标。② 王春春认为高等教育质量标准由办学标准、教学标准、科研标准、学校管理标准、社会评价等5个部分构成:"办学标准即质量保障标准,主要指师资、经费、设施设备等办学条件;教学标准包括专业课程设置、教材建设、人才培养模式、学生就业状况、参与社会实践等;科研标准包括课题立项、研究成果、实验室建设、科技人力资源状况、科研与教学结合情况、学生参与科研情况等;学校管理标准包括办学目标与定位、管理机制与制度建设、学生参与民主管理、校园文化等;社会评价包括招生、毕业、就业、社会服务等。"③

三是一些学者从高等教育质量管理出发,把管理标准纳入质量标准其中。如,美国教育学家约翰·布伦南提出英国高等教育界的质量标准包括:以传统的学术标准为基础的质量标准、注重行政的标准、注重教育学的标准和注重就业的标准等4种类型。④

四是有些学者认为高等教育质量标准是发展的。如,柏昌利认为高等教育在不同发展时期的发展主题有其特色之处,而质量标准的确立在不同时期都是与高等教育发展时期的主题相呼应的,"质量标准中存在优先性原则,针对不同时期的不同发展主题,在兼顾质与量的同时,高等教育质量观的确立往往要优先考虑质量标准中的某一方面"。高等教育质量观不是固定不变的,而是动态发展的,是历史的、具体的、有现实针对性的发展观,高等教育质量标准随着时代的变化而变化,不存在一个既定的、永恒的质量标准。⑤

---

① 刘榕.关于现阶段高等教育质量标准确立的思考[J].科技经济市场,2009(08):95-96.
② 刘榕.关于现阶段高等教育质量标准确立的思考[J].科技经济市场,2009(08):95-96.
③ 王春春.高等教育质量标准与评价[J].大学(学术版),2010(05):21.
④ 约翰·布伦南.高等教育质量管理——一个关于高等院校评估和改革的国际性的观点[M].陆爱华,译.上海:华东师范大学出版社,2005:17-18.
⑤ 柏昌利,崔文顿.不同视角的高等教育质量观透视[J].中国电子教育,2007(02):29.

综上,本书认为,要关注高等教育质量标准以下几个问题:一是后大众化阶段的高等教育质量标准多样化和统一性是一种必然。高等教育后大众化阶段,高等教育层次的不同、院校类型的不同、专业方向的不同、社会不同群体对高等教育的要求不同,决定了高等教育质量标准的多样化。统一性的高等教育质量标准是国家标准,是质量底线,而多样化的质量标准是特色要求,这两者是相互联系、相互区别的,同时又是相辅相成、互相促进的辩证关系。

二是不能简单套用精英阶段质量标准或是学术型大学的质量标准来衡量后大众化阶段应用型本科教育质量。在高等教育大众化背景下,潘懋元[1]、张应强[2]、杨德广[3]等一批专家和学者指出:简单地套用精英教育阶段的质量标准来衡量高等教育质量是不可取的。

三是高等教育质量标准的涵盖范围要随着新时代高等教育的价值观、质量观和高等教育形势任务要求的转变而有所扩展。同时,基于高等教育质量是投入、过程和产出三部分质量的综合,因而,高等教育质量标准的内容要涵盖投入、过程、产出整个过程和涉及人才培养、科学研究、社会服务和文化传承创新四大功能。

四是从高等教育质量标准的制定主体来看,政府、高校、社会团体等利益相关者都有决定高等教育质量标准制定的权力。有学者指出:"只有基于不同水平、可操作的目标,其制定的标准才有规范化的办法、规范化的指标及参数、规范化的程序及步骤。"[4]有学者也指出:"由教育行政部门牵头制订应用型本科的特色标准是引导和推动应用型本科院校健康发展的关键。"[5]不同的主体考虑的利益不同,决定了其制定的标准适用范围也不同。根据制定主体的不同,可以

---

[1] 潘懋元.高等教育大众化的教育质量观[J].江苏高教,2001(01):6.

[2] 张应强.高等教育质量观与高等教育大众化进程[J].江苏高教,2001(05):8.

[3] 杨德广.高等教育的大众化、多样化和质量保证[J].高等教育研究,2001(04):3.

[4] 翁伟斌.应用型本科人才培养质量标准:基本特性和推进策略[J].四川师范大学学报(社会科学版),2018,45(03):63.

[5] 朱科蓉.应用型本科教育质量标准与质量评估体系[J].教书育人,2010(09):56-58.

将应用型本科教育质量标准分为国家标准、社会标准、学校标准。① 一般来说，国家制定相关质量标准后，各省、市、自治区会相继出台与之呼应的标准，形成国家及省级的高等教育质量标准。

（二）应用型本科教育质量标准

由于应用型本科教育质量是一个比较抽象的概念，在具体监测评价省域应用型本科教育质量的实践中，质量的高低一定要有一个可供遵循并相对可靠的"标尺"。基于高等教育质量标准的思考，结合应用型本科教育的内涵特征，本书认为，应用型本科教育质量标准具有多维性，主要体现在以下三个方面：

一是从应用型本科教育质量内涵来看，应用型本科教育质量标准应该考虑"投入—过程—产出"过程中的一系列因素，包括办学理念和定位、人力、资源、财力的投入，教学、实践、科研等各个环节，以及人才培养、科学研究、服务社会、文化传承与创新等产出方面的成果，从而使应用型本科教育质量的监测评价从关注某些"局部"或某个"环节"发展到"整体"和"全过程"，从关注"单一价值"转变为关注"多元价值"，从"物"或"资源"发展到"多元价值"。因此，本书认为，应用型本科教育质量标准应包括三维质量，即投入质量、过程质量和产出质量，其中投入质量涉及资源、条件、财力的投入；过程质量涉及四大职能的履行，尤其是人才培养所涉及的全过程；产出质量中涉及人才培养、科学研究、社会服务和文化传承创新四方面的产出质量。

二是从应用型本科教育质量的价值取向来看，应用型本科教育既要接受"学术性"价值标准的评判，同时也要遵循"职业性"价值标准，不能简单地套用学术型质量标准来衡量，即应用型本科教育既要传授知识，进行科学研究，又要满足社会的需求，对其质量的评判标准便要两者兼顾。有学者认为，"应用型本科院校必须把学术性价值与职业性价值有机地融合在一起"，又通过分析应用型本科院校所培养的人才去向，指出"虽然学术性价值与职业性价值同时并存

---

① 陈磊,肖静.我国高等教育质量的控制与保证——对OECD《报告》的思考[J].高等工程教育研究,2006(03):95.

于应用型本科院校当中,但职业性价值要更突出一些"。① 本书认为,应用型本科教育质量的价值取向要兼具学术性和职业性,突出地方性导向。

三是从应用型本科教育质量标准的制定主体来看,虽然目前国家以及教育部出台了本科办学质量的相关标准,在大范围上给出的是基本标准,并未对应用型本科教育这一类型进行明确的质量标准设定。因此,应根据国家关于本科教育的国家标准以及统一标准,制定本省关于应用型本科教育质量的省级标准。省级标准要体现统一性和特色性,不仅应体现国家关于本科教育质量的统一标准,并基于本省应用型本科教育特征和问题,突出目标导向和战略导向,明确本省应用型本科教育质量的特色和差异性标准。

二、国家层面的本科教育质量标准

质量标准是世界各国高等教育改革发展的主题之一。1998年,在巴黎召开的首届世界高等教育会议所通过的《21世纪高等教育展望和行动宣言》指出:"高等教育质量是一个多层面的概念,要考虑多样性和避免用一个统一的尺度来衡量高等教育质量。"②新加坡、澳大利亚等国家建立了不同领域的标准,而且不同国家的标准不同。

从我国来看,早在1993年颁布的《中国教育改革和发展纲要》中便要求:"建立各级各类教育的质量标准和评估指标体系,各地教育部门要把检查评估学校教育质量作为一项经常性的任务。"③20世纪90年代颁布的《中华人民共和国高等教育法》中明确了高等教育的三个标准:一是学业标准:指出专科、本科、硕士研究生教育应当使学生掌握本学科、专业必备的知识与技能,具备从事本专业实际工作和研究工作的能力,针对不同学历给出的要求程度不同;二是学位标准:学位分为学士、硕士和博士三级;三是人才培养标准:培养的高级专门人才应具备创新精神、实践能力以及社会责任感等一系列的标准。可以看

---

① 朱科蓉.应用型本科教育质量标准与质量评估体系[J].教书育人,2010(09):56-58.
② 刘凤云,高长江.高职工学结合教学模式质量评价及其策略探索研究[J].江苏教育研究,2013(21):70-73.
③ 中国教育改革和发展纲要[J].人民教育,1993(04):4-11.

出,我国高等教育标准主要围绕着人才培养标准及各类评估引申出来的教学标准。2010年,在《国家中长期教育改革和发展规划纲要(2010—2020)》中指明高等教育要"培养信念执着、品德优良、知识丰富、本领过硬的高素质专门人才和拔尖创新人才",并明确要求"树立科学的质量观,把促进人的全面发展、适应社会需要作为衡量教育质量的根本标准",这时提出了高等教育质量标准要涉及"人的全面发展"和"适应社会需要"两个方面。[①]

我国对于本科教育质量标准的设置早已有之并不断完善。1998年8月颁布和2018年修正后的《高等教育法》指出:"本科教育应当使学生比较系统地掌握本学科、专业必需的基础理论、基本知识,掌握本专业必要的基本技能、方法和相关知识,具有从事本专业实际工作和研究工作的初步能力;大学或者独立设置的学院还应当具有较强的教学、科学研究力量,较高的教学、科学研究水平和相应规模,能够实施本科及本科以上教育。高等学校应当以培养人才为中心,开展教学科学研究和社会服务,保证教育教学质量达到国家规定的标准。"[②] 2004年12月,第二次全国普通高等学校本科教学工作会议指出:"中国高等教育已进入了'大众化'阶段,不能简单地用'精英教育'的质量来苛求'大众化'阶段的教学工作,形势发生了根本性的变化,质量标准也要与时俱进。"另外,大会还要求各高校在坚持党和国家的教育方针以及《高等教育法》规定的学业标准的前提下,要"根据不同的社会需求来进行科学、准确的定位,确立各自的发展方向,建设不同类型的学校,同时形成自己有特色的人才培养模式、培养目标、培养方法和质量标准"。[③] 2011年7月,教育部联合财政部印发了"本科教学工程"实施意见,启动了"高等学校本科教学质量与教学改革工程",并把"以质量标准建设为基础,探索建立中国特色的人才培养国家标准"作为重点建设的方

---

① 国务院.国家中长期教育改革和发展规划纲要(2010—2020年)[EB/OL].(2010-07-29)[2019-05-09]. http://old.moe.gov.cn/publicfiles/business/htmlfiles/moe/info_list/201407/xxgk_171904.html.

② 中华人民共和国高等教育法[N]. 人民日报,2016-03-30(16).

③ 周济.大力加强教学工作切实提高教学质量——在第二次全国普通高等学校本科教学工作会议上的讲话[J].中国高教研究,2005(01):2-7.

面之一。教育部于2018年发布的《普通高等学校本科专业类教学质量国家标准》是我国高等教育领域首个教学质量国家标准,它对适用专业范围、培养目标、培养规格、师资队伍、教学条件、质量保障体系建设都作了明确要求。至此,我国对于本科教育的培养规格、培养目标、学业标准、教学质量等都有了明确的标准设置,涵盖了学术标准、能力标准与品德标准等方面,成为应用型本科教育人才培养质量的底线标准。

应该说,本科教育质量观的多样化,也产生了多样化的评价标准。从不同主体来看,大体可分为三类:一是以国家及省级政府为代表的宏观或中观管理部门突出高等教育的社会工具价值,同时强调其政治价值、经济价值以及回归大学本质,多元价值成为高等教育质量的评价标准;二是以学术发展为主体的综合型大学将学术水平作为高等教育质量的评价标准,而以应用型转型为主体的应用型大学将服务地方或经济价值作为高等教育质量的评价标准;三是以就业市场和企业、产业、行业为代表的社会将人才掌握的职业技能作为高等教育质量的评价标准,顺应社会行情与经济发展的就业市场,将人才掌握的职业技能作为质量的评价标准。

然而,虽然国家层面对于高等教育不同层次的培养规格及标准进行了制定,但并没有对于不同类型的高等教育进行多样化、区别化的标准设定。而且各省域经济社会发展基础不一、需求不同,高等教育质量标准在不同省域应该有不同的尺度。因此,在国家标准的基础上,各省、市、自治区应形成本省域的高等教育质量标准;在高校层面,各高校需以国家标准和省域标准为准则,结合自身办学条件,确立适合自身的办学定位,制定自己的教育标准。

三、省域应用型本科教育质量监测评价要素的确定

在明确了省域应用型本科教育质量标准的内涵,掌握了国家层面对于本科教育质量标准后,对省域应用型本科教育质量标准内容要素的择取是进行理论探索及实践研究的关键一步。本书基于"投入—过程—产出"3个维度,涵盖人才培养、科学研究、社会服务和文化传承与创新,对省域应用型本科教育质量进行监测评价。

（一）省域应用型本科教育投入质量

资源投入是应用型本科教育正常运行的重要条件及应用型本科教育质量的重要保障。本书认为，省域应用型本科教育投入质量包括人力资源投入质量（师资队伍）、办学资源投入质量（办学条件、设施设备、财政拨款）等要素。

1. 人力资源投入质量

师资队伍是应用型本科教育质量体系正常运行的基石，人力资源投入水平对于省域应用型本科教育质量至关重要。2014年教育部在应用型高校转型发展的征求意见中指出"双师双能型"教师队伍建设达到50%，高校转型过程中必须在师资队伍的数量、结构以及水平上予以优化和提高。2015年10月，教育部等三部门联合发布《关于引导部分地方普通本科高校向应用型转变的指导意见》，明确要求"加强'双师双能型'教师队伍建设"。基于此，省域应用型本科教育质量监测评价对人力资源投入质量的监测评价重点：一是专任教师的规模是否达到国家本科教育标准；二是专任教师队伍的职称、学历、"双师双能型"等比例结构是否符合办高质量应用型本科教育的结构要求；三是高层次人才的数量是否达到高质量应用型本科教育的水平要求。

2. 办学条件投入质量

本书将办学资源侧重于除人力资源之外的硬件资源，如校园面积以及教学实验场所面积、设施设备、办学经费等方面的投入。办学资源投入质量是省域应用型本科教育质量的物质保障，其投入质量直接影响省域应用型本科教育质量。随着我国以及各省份对高等教育的投入力度加大，应用型本科教育的财政投入、设施设备、办学条件等均有了明显提高，但由于各省份经济社会发展及各地重视程度、财政投入力度、治理水平等方面有所差异，造成各省份应用型本科教育办学资源投入质量不一，甚至差距较大。因此，省域应用型本科教育质量监测评价对办学资源投入质量的监测评价重点：一是鉴于教学设施是高校进行教学和科研活动的条件保障，其完善程度直接决定应用型本科教育质量的教学和科研水平，对教学设施条件进行监测评价；二是对高校的生均图书量和信息化程度进行监测评价，体现省域应用型本科教育质量的现代化程度；三是对省域应用型本科教育生均占比面积、生均教学行政用房占地面积进行监测评价，

考察政府对省域应用型本科教育发展的办学用地重视程度；四是应用型本科高校的资金投入大多来源于财政拨款，它是促进应用型本科教育质量发展的动力源泉，只有资金投入到位，才能改善教育环境、设施设备和科研条件，所以应对省域应用型本科教育的财政拨款进行监测评价。通过以上四个方面，监测评价省域应用型本科教育质量的办学资源发展状况及投入质量。

（二）省域应用型本科教育过程质量

省域应用型本科教育过程质量涉及教师、学生、人才培养方案的执行、课堂教学、教材选用、实习实训体系等等众多要素，本书通过师生两个主体对于教育教学等过程性质量因素的反馈来监测评价省域应用型本科教育的过程质量。

1. 教师专业能力及专业发展保障质量

教师是直接影响应用型本科教育质量的主体，提升高校教学研究质量并长远发展的关键是教师专业能力和专业发展。教育部于2012年发布的《关于全面提高高等教育的若干意见》中，指出要"推动高校普遍建立教师教学发展中心"，"提升中青年教师专业水平和教学能力"，要求从教师培训和专业发展、教学能力等方面，提高高等教育质量。因此，省域应用型本科教育质量监测评价对教师专业能力专业发展保障质量的监测评价重点：一是教师敬业度，二是教师专业能力及保障情况。

2. 学生成长质量

人才培养是省域应用型本科教育质量的根本内涵，是省域应用型本科教育质量的关键所在。学生成长质量是指应用型本科高校以应用型人才培养定位、规格和目标为依据，学生通过教育教学所产生的变化状态，体现在校生在德、智、体、美、劳等方面的综合发展变化情况，主要涉及不同年级在校生知识、能力、素养等方面的增值情况，是反映应用型本科教育质量的软指标，是应用型本科教育运行过程中的过程性质量。因此，省域应用型本科教育质量监测评价对学生成长质量的监测评价重点：一是适应性，二是专业认同度，三是大学生学习投入等情况，四是德育、知识、能力、素养的增值。

（三）省域应用型本科教育产出质量

应用型本科高校的四大职能人才培养、科学研究、社会服务和文化传承与创新的实现情况反映了省域应用型本科教育的产出质量,因此本书在产出方面,主要对这四个职能方面的质量进行监测评价。

1. 应用型人才培养产出质量

人才培养成效质量中的硬指标即在校生对于质量的反馈以及毕业生质量,这些指标体现省域应用型本科教育人才培养的质量水平,也体现省域应用型本科教育对所在地区或区域教育、经济社会发展做出的贡献水平。因此,省域应用型本科教育质量监测评价对应用型人才培养产出质量的监测评价重点:一是在校生专业知识以及创新创业能力的成果产出和提升情况;二是毕业生质量,分析毕业生对教学质量满意度反馈、学生最终的能力养成和就业情况;三是随着当今人才培养质量向"用户过渡"转变,监测用人单位的满意度情况。

2. 应用性科学研究质量

科学研究对于推动省域应用型本科教育发展具有重要作用,尤其是对于夯实应用型学科建设基础、提升应用型师资队伍水平、提高应用型专业教学水平和应用型人才培养质量和获得一定的资金补充,赢得良好的外部发展环境发挥重要作用。2001年7月26日教育部关于印发《全国教育事业第十个五年计划》的通知(教发〔2001〕33号)中强调,高等院校科学研究取得丰硕成果,是推动科技进步的重要方面军。教育部等三部委于2015年在《关于引导部分地方普通本科高校向应用型转变的指导意见》中也强调,地方高校要提升以应用为驱动的创新能力,"广泛开展科技服务和应用性创新活动,努力成为区域和行业的科技服务基地、技术创新基地"。[1] 省域应用型本科教育的科学研究质量重点关注应用研究和开发研究上。[2] 目前国内学者对于应用型本科高校开展应用性研究达成共识,认为要在积极申报各级基金和计划项目的基础上,以应用性研究为主。因此,省域应用型本科教育质量监测评价对应用性科学研究产出质量的监测评价重点:一是应用型本科高校承担省、国家科研重点项目的能力;二是省部

---

[1] 教育部,国家发展改革委,财政部.关于引导部分地方普通本科高校向应用型转变的指导意见[Z]. 2015-10-21.

[2] 张宝秀.地方高校开展应用型科研的主要途径与措施[J].北京教育(高教版),2010(01):63-65.

级科研平台情况;三是发表高水平论文情况。

3. 服务地方及社会产出质量

服务地方及社会质量是指省域应用型本科教育以人才培养为核心,以科学研究为依托,以学科专业以及人才为优势,服务所在区域社会发展的质量和水平。省域应用型本科教育要特别强调树立"服务地方""服务社会"的意识。事实上,要求高校服务地方和服务社会的要求由来已久。早在1950年新中国第一个《高等教育暂行规程》中就指出,"高等教育要为人民服务,要理论联系实际,要培养工农出身的知识分子",在中国历史上要求高等教育走出校门并面向社会、生产和实践这是第一次。此后,在1998年颁布的《中华人民共和国高等教育法》中规定,"高等学校应以培养人才为中心,开展教学科研和社会服务,保证教育教学质量达到国家规定的标准"。自此,高校的社会服务职能有了法律和政策上的保障。①

21世纪以来,国家更是强调高校要服务社会并提高服务社会能力。《国家中长期教育改革和发展规划纲要(2010—2020年)》中明确要求:"高校要牢固树立主动为社会服务的意识,全方位开展服务,推进产学研用相结合,加快科技成果转化;开展科学普及工作,提高社会公众科学素养和人文素质,积极推进文化传播,弘扬优秀传统文化,发展先进文化;积极参与决策咨询,充分发挥智囊团和思想库的作用。"②2012年3月16日,教育部印发的《关于全面提高高等教育质量的若干意见》(教高〔2012〕4号),即"高教三十条",其中第16条为"增强高校社会服务能力",具体要求为"(高校要)主动服务经济发展方式转变和产业转型升级,加快高校科技成果转化和产业化,加强高校技术转移中心建设,形成比较完善的技术转移体系。支持高校参与技术创新体系建设,参与组建产学研战略联盟。开展产学研合作基地建设改革试点,引导高校和企业共建合作创新平

---

① 黄瑞.高校社会服务职能的发展及实现形式[J].经管研究(教育经济研究),2015(10):144-145.

② 国务院.国家中长期教育改革和发展规划纲要(2010—2020年)[EB/OL].(2010-07-29)[2019-05-09]. http://old.moe.gov.cn/publicfiles/business/htmlfiles/moe/info_list/201407/xxgk_171904.html.

台。瞄准经济社会发展重大理论和现实问题,加强与相关部门和地方政府合作,建设一批高水平咨询研究机构。支持高校与行业部门(协会)、龙头企业共建一批发展战略研究院,开展产业发展研究和咨询"①。

十八大以来,党中央明确提出"四个服务",即"我国高等教育发展方向要同我国发展的现实目标和未来方向紧密联系在一起,为人民服务,为中国共产党治国理政服务,为巩固和发展中国特色社会主义制度服务,为改革开放和社会主义现代化建设服务"②。"四个服务"指明了应用型本科教育的服务方向。"新时代高教40条"中也强调"坚持服务需求,成效导向。主动对接经济社会发展需求,优化专业结构,完善课程体系,更新教学内容,改进教学方法,切实提高高校人才培养的目标达成度、社会适应度、条件保障度、质保有效度和结果满意度"③。

从以上国家导向可以看出,省域应用型本科教育质量监测评价对服务地方及社会产出质量的监测评价重点:以"应用"为核心,重视服务地方成效,鼓励应用型本科高校服务的区域聚焦到学校所在的城市,融入城市的创新体系,学科专业主动对接所在城市的主导产业和新兴产业,深度融入区域对接产业创新发展需求,与企业深度合作开展技术攻关和人才培养,使学校成为地方创新发展的核心主体和人才来源,只有这样,学校才能获得应有的价值和地位,并在产出性指标中突出满足省域及区域的需求,重点涉及应用型本科高校服务和贡献地方经济社会产业发展的有关情况。

4. 文化传承与创新质量分析

文化传承是体现民族凝聚力和创造力的源头,也是一个国家经济社会发展的主要支撑,也被称为软实力。2011年,国家将文化传承与创新作为高等教育的一个新职能提出来,并提出,提高高等教育质量的四个"必须"中包括"全面提

---

① 中华人民共和国教育部.关于全面提高高等教育质量的若干意见[Z].2012-03-16.
② 郑未怡.思想政治教育学科"四个服务"目的的理论逻辑[J].思想政治教育研究,2018,34(06):62-66.
③ 教育部.关于加快建设高水平本科教育全面提高人才培养能力的意见[Z].2018-09-17.

高高等教育质量,必须大力推进文化传承创新。高等教育是优秀文化传承的重要载体和思想文化创新的重要源泉"①。明确了文化传承与创新是高等教育质量的一个重要衡量标准。因此,本书将文化传承与创新产出质量作为省域应用型本科教育质量的标准之一,对应用型本科高校在实现文化传承与创新功能过程中所采取的活动成效进行分析,主要体现在学生对文化的了解情况和态度以及对高校在文化传承与创新中采取的一系列活动包括:校园文化的建设、文化服务、与文化相关课程的设置、价值观的培养等方面的满意度。

第三节 基本问题:明确原则

原则是省域应用型本科教育质量监测评价的基本问题,只有这个问题解决了,才能提纲挈领地解决好整个理论架构以及具体的实践。本文认为,省域应用型本科教育质量监测评价应坚持五个原则。

一、坚持外在价值与内在价值合一的原则

"评价作为一个哲学问题,是19世纪末伴随着价值论的诞生而确立起来的。"②"评价与价值有密切关系。"③"评价在本质上是一种价值判断活动,是对客体满足主体需要程度的判断。"④王战军提出:"多元判断是监测评估的观念倡导,事实判断是价值判断的基础,价值判断是事实判断的归宿。"⑤从在国内外高等教育评价的实践来看,经历了与价值无关、一元价值、多元价值等阶段的转

---

① 胡锦涛.在庆祝清华大学建校100周年大会上的讲话[J].清华大学教育研究,2011,32(03):6.
② 李雁冰.教育评价学[M].上海:上海教育出版社,2002:25.
③ 唐华生,唐炜.高等教育大众化进程中的发展质量评价[J].衡水学院学报,2009,11(05):93-95,118.
④ 陈玉琨.高等教育监测评估理论与方法[M].北京:人民教育出版社,1999:7.
⑤ 王战军.高等教育监测评估理论与方法[M].北京:科学出版社,2017:22.

变,无疑是逐步走向尊重规律、遵循规律的巨大进步,也是大学从象牙塔走向社会,并逐步加深大学与社会之间关系的必然结果。潘懋元先生提出的"两条规律论",决定了省域应用型本科教育质量监测评价必须坚持自身价值与外在价值的统一。省域应用型本科教育质量监测评价的目的就是对现实的或潜在的内在价值和外在价值作出判断,是达到应用型本科教育价值增值的过程。

二、坚持静态评价和动态评价合一的原则

通过对目前高等教育质量监测评价研究发现,大部分监测评价体系都是静态的评价,是对某一区域或各校历史积淀的评价。从省际来看,这种评价对于那些高校数量多、办学基础好、办学成果多的省份来说,具有评价优势;从高校来看,这种评价对于那些办学历史悠久、办学基础好、成果积累多的高校也存在着天然的评价优势。因此静态评价不能体现省域应用型本科教育质量的发展变化情况,特别是随着省域应用型本科教育发展战略的不断调整,省级统筹和治理能力的差异化体现,单纯的静态监测评价不能体现省际以及省内各校的发展潜力和态势。因此,本书在构建省域应用型本科教育质量监测评价指标时,尝试打破静态评价方式,将静态与动态结合起来,凸显潜力和态势,使结果更为科学。

三、坚持过程监控和持续改进合一的原则

省域应用型本科教育质量监测评价强调关注系统变化,强调及时反馈,强化持续改进。省域应用型本科教育质量时刻处于变化的环境之中,重视应用型本科教育质量的过程监控,重点是对涉及应用型本科教育质量指标数据的常态监测、直观呈现基本状态。同时,系统关注并长期跟踪投入指标、过程指标和产出指标,因为这三个维度的指标都能够反映教育质量长期的变化趋势。因此,在构建福建省应用型本科教育质量评价指标体系时,需要将状态指标与过程指标相结合。在过程监控的同时,要重视应用型本科教育质量的状态预警,基于国家和省级质量标准及时提醒省级政府及教育主管部门、高校采取措施修正偏差;要通过长期持续采集和更新数据,长期跟踪和深度挖掘应用型本科教育质

量常态运行数据背后的实质,通过开展多维度的分析以及纵向、横向比较,分析省际以及省内各校状态,准确了解自身定位,分析诊断问题,回应社会关切、科学诊断决策,更重要的是,使省域和省内应用型本科高校可以发现异常、预测态势、持续改进。

四、坚持多元协商和分类引导合一的原则

在传统的高等教育评价中,政府是唯一的主体,所有活动都以政府的价值观和利益为导向。随着高等教育管理体制和投资体制的不断改革,政府不再是高等教育质量管理的唯一权力中心,并逐步形成政府、社会、高等学校为高等教育质量管理的三大主体。省域应用型本科教育质量监测评价涉及多元利益主体,须建立政府为主导及多元利益主体参与的监测评价体系。我们知道,评价主体不同,就会引起利益相关性、目标和评价结果的不同。因此,省域应用型本科教育质量监测评价应为多元利益主体提供多维视角,尊重多元利益主体的多样化利益需求,使各类主体均能从监测评价中获得自己关注的真实状况,促进其对省域应用型本科教育质量的知情权和参与权。同时,在评价分析中,强调分类引导。即使在省域内,应用型本科高校也有不同的办学历史、办学基础和办学水平,为全面、系统、深入了解省域应用型本科教育质量的整体情况,须从省际以及省内应用型高校不同区域、不同性质、不同水平、不同类型等维度,进行分类分析。

五、坚持数据驱动与专家评价合一的原则

我们要注意,无论是理论上还是实践中,省域应用型本科教育质量都非常复杂,很难直接监控和测量。在具体的监测评价中,我们只能有选择地监控或评价那些代表或影响省域应用型本科教育质量的某些"关键点"。[①] 省域应用型本科教育质量监测评价主张在国家标准和省级标准的基础上,从涉及应用型本

---

① 田恩舜.从一元控制到多元治理:世界高等教育质量保证发展趋势探讨[J].学位与研究生教育,2006(01):57.

科教育质量的关键性要素中,选取定量指标进行监测。要建立统一的省级监测评价平台,在常态收集、长期跟踪、相对稳定的海量数据采集基础上,借助统计分析等方法,帮助省级政府和高校掌握应用型本科教育质量的实际状态,让数据和事实说话。利用监测评价平台对应用型本科教育质量进行监测评价,可以减少人为干预、降低评价成果、提高评价成效。但同时要注意,数据说话并不是否认专家评价的作用,而是使专家脱离长期经验判断,基于数据、深挖数据,通过数据分析来揭示省域应用型本科教育质量的发展状态和潜在情况。

第四节 核心问题:建构指标体系

省域应用型本科教育质量监测评价指标体系是指由表征省域应用型本科教育质量各方面特征及相互联系的多个指标形成的系统化有机整体,这是开展质量监测评价的逻辑基础和基本依据。如何构建和构建一个什么样的质量监测评价指标体系对研究极为重要。

一、监测评价指标体系构建原则

事物的遵循原则,对于事物的发展起到一定的导向作用。本书认为,省域应用型本科教育质量监测评价指标体系的构建应遵循以下几个原则。

(一)系统性

在一定的价值观以及科学的理论的指导下,科学构建省域应用型本科教育质量监测评价指标体系,要明确反映目标与指标间的支配关系。省域应用型本科教育质量是一种特殊产品,涉及投入、过程和产出,指标体系要从多个维度选择反映省域应用型本科教育质量的代表性指标,选取的指标要能够监测投入、过程和产出变化趋势的指标,并使指标间既有密切的动态联系,又保证同一层次的各个指标具有明显的差异性,不存在交叉重叠,保持独立,从而汇集融合成系统完整的指标体系,以满足监测评价的需求。

（二）发展性

省域应用型本科教育质量监测评价指标体系要建立在发展性评价的基础上。指标体系中的指标内容要在一定的时期内保持相对稳定，这样能够比较、剖析高等教育质量开展的纵向过程并预测其发展态势。同时，要注意省域应用型本科教育质量监测评价是一个持续改进的过程，指标体系将随着时间推移与情况的变化而变化，同时各指标的参考值和重要性程度将随发展状态和发展重点的改变而改变。因此，指标体系的设计应充分考虑体系的动态，能够全面科学反映省域应用型本科教育质量的现状和发展趋势，以便于预测、预警和管理。

（三）导向性

省域应用型本科教育质量监测评价指标体系要与国家、省级政府对于应用型高校转型发展的导向一致，具有鲜明的导向作用，充分反映和体现省域应用型本科教育质量的标准和内涵，从科学的角度准确理解和把握省域应用型本科教育质量的实质和发展情况，从而满足不同利益主体的需求。

（四）可行性

构建省域应用型本科教育质量监测评价指标体系过程中，需要遵循可行性原则，即指标要可衡量、可获得和可操作。可衡量是指所选指标能够通过一定的方式或标准加以测量，尽量避免无法以数值形式量化的定性或经验类指标。可获得是指所选指标其数据是能够得到的或者获取成本较低的，并且要求获取的指标数据是真实有效的。可操作即指结合现有资源、技术和工具等，能够对所选取的指标数据进行处理，以一个正确、科学的方法进行评价，这对整个评价过程和结果都起着至关重要的作用。由此，选取的指标应具有清晰、具体、明确、量化方便的特点，力求在监测评价分析中以数据和事实说话，辅之以专家评价，避免人为干扰。

二、监测评价指标选取的方法与流程

基于以上系统性、发展性、导向性和可行性四大原则，并结合前期的文献研究,本书明确了省域应用型本科教育质量监测评价指标体系的构建原理,也就是在海选指标以及教育部评估中心以及福建省教育评估研究中心高等教育质量监测平台采集数据的基础上,提取高频指标,筛选可用指标和重要指标,从而形成省域应用型本科教育质量监测评价指标体系。详见图 4.4.1。

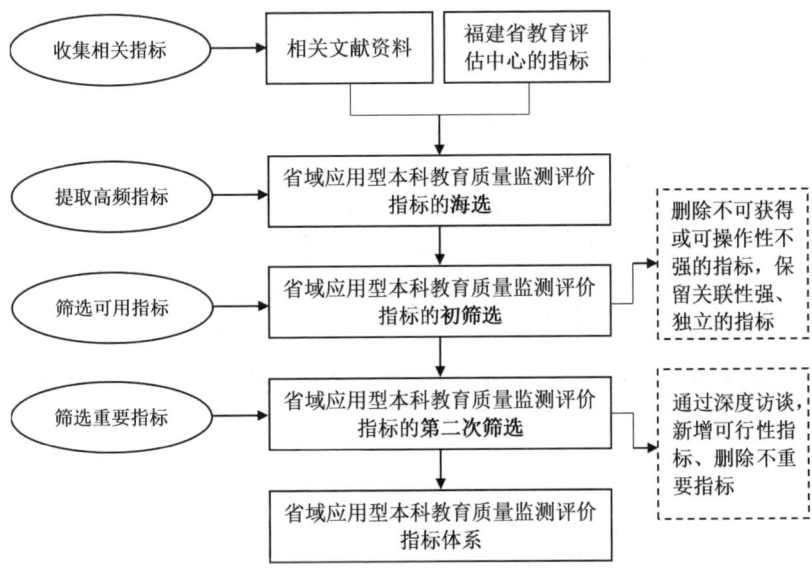

图 4.4.1 省域应用型本科教育质量监测评价指标体系的构建原理

(一)指标海选及初筛选思路

1. 评价指标海选思路

当前对于省域应用型本科教育质量的研究还较少,因此在选择评价指标时,首先,通过查找大量的文献资料,汇总众多学者用于本科教育质量或高等教育质量监测评价指标,结合学者们对于应用型本科教育的研究及研究者自身于2016 年至 2018 年连续三年参与的"福建省高等教育质量评估系列报告"中所用的指标,从中提取出高频指标,分别从投入、过程、产出三个维度出发,构建省域应用型本科教育质量监测评价的初始指标体系。详见表 4.4.1。

表 4.4.1 高频指标汇总

维度	高频指标
投入	办学理念、生师比、专任教师数、专任教师正副高级人数、专任教师中硕/博比例、双师双能型教师数量、生均教育经费支出、生均实习实验经费支出、教学性开支占经常费比重、人员性开支占经常费比重、占地面积、生均图书数量、生均教学科研仪器设备、高等教育经费总收入、国家财政性教育经费、国家财政性教育经费占地区GDP的比例、机制体制、治理体系等
过程	在校生规模、课堂教学、实践教学、学生成长、教师发展等
产出	人才培养水平、科学研究水平、社会服务水平、毕业生初次就业率、毕业率、发表科技论文数、出版科技著作、人均科研成果获奖、验收项目、发明专利、科研成果转化项目及经费、政府咨询报告、科研课题项目及经费、传承文化评价等

2. 评价指标初筛选思路

基于指标体系构建原则,参考《中国教育统计年鉴》等权威机构发布的文件以及相关领域的研究成果,统计指标情况,选取与评价目标关联性较强且指标间尽可能独立的指标,删除初始指标体系中不可获得或可操作性不强的指标,并尽可能多地保留指标体系的信息含量,以保证后续相关评价模型的构建以及具体实施过程的开展。

(二)第二次筛选方法的择取及运用

在初筛结果的基础上,本书通过深度访谈法对监测评价指标进行第二次筛选,并确定最终的监测评价指标体系。

在社会科学的定性研究中,深度访谈受到广泛的使用,其方式一般是半结构式访问,具体流程包括访谈抽样(预访谈)、正式访谈、对访谈内容进行转录与编码、整理访谈资料、对访谈结果进行分析等环节。深度访谈要求研究者在访谈进行之前,需要依据研究的目的来设计访谈大纲,并以此作为访谈的基本框架。在访谈期间,依据访谈大纲,访谈者可以对访问的顺序和重点进行调整。这种方法可以充分发挥访谈双方的主动性和创造性,在一定程度上可以保证访谈结果的真实与客观性。因此,通过深度访谈法对省域应用型本科教育质量监测评价指标进行确定是必要和可行的。

对省域应用型本科教育质量指标的择取和了解,主要从应用型本科教育质量的多元利益主体为切入点,重点涉及政府、高校、社会、企业、第三方评价机构等代表,对他们展开深度访谈,可以基于应用型本科教育质量标准和要素,挖掘省域应用型本科教育质量监测评价的具体指标。

1. 确定访谈主题,设定调查问卷

对省域应用型本科教育质量进行监测评价的首要步骤是要找出并确定教育质量的影响因素。因此,本书围绕省域应用型本科教育质量设计了调查问卷,对省域应用型本科教育质量涉及的多元利益主体进行了深入访谈,通过对访谈文字内容的处理和分析,确定了关键维度,这为省域应用型本科教育质量监测评价指标体系的建立做了初步的准备。

2. 确定抽样代表,设计访谈提纲

Strauss & Corbin 提出,深度访谈研究注重的不是访谈的数量而是质量,要求取得详细、丰富且深入的访谈资料。本书为保证受访对象不会拒绝访谈,以获得省域应用型本科教育质量最大量信息,采用了目的性的非概率抽样。根据这一标准,本书的访谈对象结合省域应用型本科教育质量涉及的多元利益主体,重点选择政府(其中,省级政府1人;省级教育主管部门高教处代表2人)、高校(其中校长2人、高校教育科研管理者2人、学院院长3人、教师代表2人、学生代表2人)、企业(高管2人)、第三方评价机构(管理者2人)等18人,如表4.4.2所示。

表4.4.2 省域应用型本科教育质量监测指标评价体系深度访谈对象一览表

利益主体代表	人员类别	人数	百分比
政府	省级政府办公厅	1	5.56%
	省级政府高教处	2	11.11%

续表

利益主体代表	人员类别	人数	百分比
高校	校长	2	11.11%
	教学科研中层管理者	2	11.11%
	学院院长	3	16.67%
	教师代表	2	11.11%
	学生代表	2	11.11%
企业	高管	2	11.11%
第三方评价机构	管理者	2	11.11%
合计		18	100%

本书依据科学的操作流程,采用半结构式的访谈方法,提出了深度访谈方案,形成访谈提纲。访谈提纲的设计主要围绕以获取省域应用型本科教育质量关键性指标这一目的,重点突出双方的互动沟通。

3. 实施深度访谈,处理受访数据

本书与被访谈者的访谈时间与地点的约定主要是通过电话、网络、面对面沟通等多种方式达成,并且事先告知对方访谈的时长大概在40~60分钟之间。本书在访谈过程中坚持知情参与原则、最小伤害原则、匿名保密原则,事先征求被访者的口头同意,确保被访者自愿参与;尽量减少潜在危害;将访谈问题信息与受访者的私人信息分开,确保被访者保持真实状态。最终面对面直接访谈15人,非直接访谈3人,在被访问者同意的前提下做了访谈的录音,访谈时间最短为40分钟,最长为80分钟,都是有效记录。详见表4.4.3。

在处理受访数据时,本书尊重被访者的隐私,将录音文件中不适合的语句,删除后转化为文字文本并进行编号,形成原始数据。然后,根据深度访谈法的编码技术对原始数据进行统一编码,对共性问题进行汇总分类,提炼统计出省域应用型本科教育质量监测评价的具体指标。

表 4.4.3 省域应用型本科教育质量监测指标评价体系深度访谈数据表

利益主体代表	人员类别	访谈时间（分钟）
政府	省级政府办公厅	45
	省教育厅厅领导	50
	省教育厅高教处	50
高校	校长	45
	副校长	45
	教学中层管理者	80
	科研中层管理者	80
	工科学院院长	60
	文科学院院长	60
	基础性学科学院院长	60
	教师代表1	40
	教师代表2	40
	学生代表1	40
	学生代表2	40
企业	高管1	50
	高管1	50
第三方评价机构	管理者1	55
	管理者2	55
合计		945

（三）访谈结果的分析

1. 访谈长度分析

统计结果显示，被访谈者回答的长度平均为 3552 字，最长的有 6532 字，最短的是 2581 字。参见表 4.4.4。

表 4.4.4 省域应用型本科教育质量监测指标评价体系深度访谈描述性统计

项目	均值	最长	最短	标准差	N
字数长度	3552	6532	2581	229	18

2. 编码分析

本书以一种开放式的态度进行编码分析,不断地提出问题,不断寻找数据间的关系,并对数据进行归类和分析。在编码过程中,本书对省域应用型本科教育质量有一个非常清醒的认知,并根据数据的可行性,首先对受访者的访谈数据进行了初步筛选。然后,通过对初筛指标与指标、指标与类属、指标与已有资料、类属与类属等的两两比较后,再通过对数据中所涵盖的涉及省域应用型本科教育质量的内容进行挖掘,将核心内容和类属从数据中提取并区分出来。最后,在初步划分类属的基础上,进一步辨明"什么代表了基本问题和过程",最后提取了省域应用型本科教育质量监测评价的关键指标。

3. 信度分析

"归类一致性是指编码人员对访谈收集到的数据资料按特点进行归类,计算出归类相同的个数占编码总个数的比重。"①依据编码归类的一致性,本书对省域应用型本科教育质量监测评价指标的信度进行考察。当编码人员数为2人时,用公式表示为:

$$CA = \frac{2 \times T_1 \cap T_2}{T_1 \cup T_2}$$

其中,T_1、T_2 分别表示每人的编码总数,$T_1 \cap T_2$ 表示的是编码归类相同的个数之和,$T_1 \cup T_2$ 指评分人员各自编码个数之和,而 CA 即表示归类一致性。

根据这个公式,本书由研究者和一名专家组成的编码小组对 18 名受访者的文本进行计算得到的归类一致性是 77.5%,说明编码一致性较好,因此可以认为省域应用型本科教育质量监测评价的编码结果是较为可信的。

---

① 高宏利. 省属高校科研竞争力评价研究[D].大连理工大学,2014:48.

三、监测评价指标的确定

(一)指标体系概况

通过调研国内外大量有关教育质量评价的研究文献,结合深度访谈法,从投入—过程—产出全过程为维度,以高校四大职能为核心,并基于数据的可行性,最后形成了省域应用型本科教育质量监测评价指标体系,包括投入性、过程性和产出性3个一级指标、8个二级指标、43个三级指标,其中投入性质量指标涉及2个二级指标、13个三级指标,过程性质量指标涉及2个二级指标、12个二级指标,产出性质量指标涉及4个二级指标、18个三级指标。参见表4.4.5。

表 4.4.5 省域应用型本科教育质量监测指标评价体系

一级指标	二级指标	三级指标(其中 * 为排名指标)
投入性质量指标	人力资源投入质量	生师比 *
		专任教师数量
		博士学历占比
		高级职称教师数量 *
		双师双能型教师数量 *
		高层次人才数量 *
		生均占地面积
		生均教学行政用房占地面积
	办学资源投入质量	生均教学科研仪器设备值 *
		生均电子图书馆藏书
		校园信息化水平及网络安全
		生均教育经费
		生均实习实验经费 *

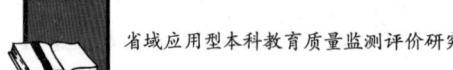

续表

一级指标	二级指标	三级指标(其中*为排名指标)
过程性质量指标	学生成长质量	在校生(大一)总体适应性
		在校生专业认同度
		在校生德育增值*
		大学生学习性投入
		大学生职业素养增值*
		大学生创新创业能力
		高校美育开展情况(选修课程数量、活动举次数、活动参与交流情况)*
	教师专业能力及专业发展保障质量	教师敬业度与胜任度*
		教师能力
		教师专业发展
		教师专业发展保障机制
		教师培训
产出性质量指标	人才培养质量	学科竞赛、创新获奖数量*
		毕业率*
		就业率*
		毕业生教育教学满意度*
		用人单位满意度*
	科学研究质量	科研项目数量(横、纵向)*
		科研经费(横、纵向)*
		ESI论文发表数量*
		省部级科研平台数量*
	社会服务质量	科研成果转化项目经费*
		科研成果转化项目数量*
		发明专利数量*
		政府咨询报告数量
	文化传承质量	文化学术讲座数量*
		本科生课外科技、文化活动项目数量*
		参加地方文化、文明建设的活动
		学校对文化的传承与创新*
		学校对学生文化自觉意识的引导

1. 省域应用型本科教育质量投入性质量指标

本书选取 13 项指标综合反映省域应用型本科教育质量投入质量。其中，反映人力资源投入的三级指标包括 6 个：生师比、专任教师数量、博士学历占比、高级职称教师数量、双师双能型教师数量和高层次人才数量；反映办学资源投入的三级指标包括 7 个：生均占地面积、生均教学行政用房占地面积、生均教学科研仪器设备值、生均电子图书馆藏书、校园信息化水平及网络安全、生均教育经费和生均实习实验经费。

2. 省域应用型本科教育质量过程性质量指标

本书对省域应用型本科教育质量过程性指标中，重点反映学生成长的三级指标包括 7 个：在校生（大一）总体适应性、在校生专业认同度、在校生德育增值、大学生学习性投入、大学生职业素养增值、大学生创新创业能力和高校美育开展情况（选修课程数量、活动举次数、活动参与交流情况）；重点反映教师专业能力及专业发展保障质量的指标包括 5 个：教师敬业度与胜任度、教师能力、教师专业发展、教师专业发展保障机制及教师专业能力培训等。

3. 省域应用型本科教育质量产出性质量指标

本书对省域应用型本科教育人才培养"产出"质量主要监测毕业生质量、创新创业能力及用人单位对毕业生综合评价等 5 个指标；对省域应用型本科教育科学研究"产出"质量主要监测科研能力和发表论文著作水平等 4 个指标；对省域应用型本科教育社会服务"产出"质量主要监测成果转化能力、发表专利数量和提供政府咨询报告数量等 4 个指标；对省域应用型本科教育文化传承"产出"质量主要监测在校生对高校开展文化传承的了解、看重程度以及高校对学生文化传承的意识引导等 5 个指标。故本书选择人才培养质量、科学研究质量、社会服务质量和文化传承质量作为反映应用型本科教育质量的产出要素。

在这里要特别注意的是，省域应用型本科教育质量监测评价体系应该结合不同省域应用型本科教育的情况适时调整优化，另外本指标体系在监测评价过程中主要选取定量指标进行实证研究及排名（"＊"的 29 项指标为排名指标）。

（二）指标权重的方法选取及权重的确定

为了确保指标体系的科学性、系统性和完整性，必须科学确定指标权重。

指标的权重体现指标系统中每个指标对监测评价对象的贡献程度,指数权重的差异最终会影响评估结果。因此,指标权重的合理性是对指标体系是否准确、客观的重要判断依据和关键因素。为科学开展监测评价,特对指标体系进行权重赋值。

1. 权重方法的选取

一般而言,确定指标权重的方法主要包括主观和客观两种权重赋值方法,每个类别中又可分为不同的具体方法。客观赋权方法主要根据指标数据本身的变化规律及其在整体数据中的贡献来指定指标权重,并结合相关的计量模型和技术方法予以赋值。客观赋权方法避免了主观判断因素对指标权重设计的影响,主要包括主成分分析、熵方法、变异系数法和方差法等常用的操作方法。通过主观赋权方法确定的指标权重主要通过基于专家经验的主观判断来获得,常用方法包括专家调查方法、层次分析法和模糊分析法。主观赋权方法容易受到各种主观因素的影响,具有一定的随机性。在正常情况下,不能准确地确定指数的权重系数。客观赋权方法可以使用统计软件在数据分析的基础上分析指标取得较为精准的赋值。①

本书在对省域应用型本科教育质量进行综合排名时,均选取定量数据。在数据采集过程中,在确保指标数据来源的真实可靠的基础上清理指标数据,并进行分析评价。因此,本书认为客观赋权法更适合,将运用因子分析法,对省域应用型本科教育质量的指标权重进行赋值。

2. 指标权重的确定

省域应用型本科教育质量监测评价的指标权重确定过程中,由于涉及的二级和三级指标数量过多,需要考虑的权重包括主要指标的二级指标权重,二级指标的三级指标权重以及三级指标的权重。由于主要指标是主要目标,因此不需要计算权重,为1。

首先,确定主要指标下次级指标的权重。次要指标权重是由因子分析从所

---

① 刘彬.基于因子分析法的绿色供应商评价指标权重的确定[J].中国商贸,2011(25):99-100.

有指标数据中提取的八个主要因子,需要根据每个主要因子中包含的变量并重新命名。因此,有必要确定目标层上 8 个主要因子的权重。在统计理论中,每个主要因子方差的贡献率代表对总体目标的贡献。因此,主要指标上的次要指标的权重由主要因子贡献率 a_i 表示,其表示次要指标层相对于主要指标层上的权重。通过归一化主要因子的贡献率,在计算之后,结果是主要因子在第一级指标层上的权重值 A_i。因此,通过使用单因子方差贡献率除以公因子方差贡献率,分别获得八个公因子的权重。其权重依次为 0.3072、0.1584、0.1255、0.1121、0.0847、0.0723、0.0704 和 0.0695。

其次,确定次级指标下的第三级指标的权重。29 个三级指标是八个主要因素中包含的具体变量,因此有必要考虑 29 个指标在次要指标中的权重。因子得分系数矩阵可以通过因子分析方法获得,该因子分析方法通过因子分析过程中的数学变换获得,并且可以通过系数矩阵,表示 8 个主要因子中的 29 个指数变量的线性组合。因此,基于因子得分系数矩阵,我们建立了八个主要因子和包含变量的线性回归方程。因子得分系数 a_{ij} 是回归方程中自变量的回归系数;它全面反映了自变量对因变量的影响。通过归一化因子得分系数 a_{ij},可以获得各个变量的主要因子的权重值 A_{ij}。具体权重值如下表 A_{ij} 所示。

最后,三级指标在主要指标上的权重。29 个三级指标变量在主要指标的权重 Z_j 是根据主要指标上次要指标的权重 a_{ij} 与三级指标在主要指标上的权重 A_{ij} 的乘积,[①]具体权重值如下表 Z_j 所示。

在省域应用型本科教育质量监测指标体系建立的因子分析模型中,提取的 8 个主因子的方差贡献率分别为 24.68%、12.725%、10.083%、9.008%、6.802%、5.809%、5.654% 和 5.587%;在因子分析过程中可以获得上述过程中所需的数据,包括贡献率和因子得分因子。具体计算结果如表 4.4.6 所示。

---

① 刘彬.基于因子分析法的绿色供应商评价指标权重的确定[J].中国商贸,2011(25):99-100.

表 4.4.6 排名指标体系中各级指标在不同层级上的权重值

一级指标	二级指标权重	三级指标	aij	Aij	Zj
省域应用型本科教育质量动态监测指标体系	0.3072	双师双能型教师数量	0.083	0.06	0.0194
		高层次人才数量	0.111	0.08	0.0259
		高级职称占比	0.078	0.06	0.0182
		生均教学科研仪器	0.101	0.08	0.0236
		创新获奖数量	0.181	0.14	0.0422
		文化学术讲座数量	0.089	0.07	0.0208
		学科竞赛获奖数量	0.165	0.13	0.0385
		科研项目数量	0.137	0.10	0.0320
		科研经费	0.104	0.08	0.0243
		省部级科研平台	0.111	0.08	0.0259
		发明专利数量	0.157	0.12	0.0366
	0.1584	发表ESI论文数	0.171	0.18	0.0293
		文化建设影响力	0.297	0.32	0.0508
		学校文化传承与创新	0.304	0.33	0.0520
		德育增值	0.154	0.17	0.0263
	0.1255	生均实习经费	0.345	0.41	0.0520
		生均实验经费	0.304	0.37	0.0459
		科研成果转化经费	0.183	0.22	0.0276
	0.1121	生师比	−0.207	−0.35	−0.0394
		毕业率	0.4	0.68	0.0761
		就业率	0.396	0.67	0.0754
	0.0847	美育活动参与情况	0.378	0.35	0.0293
		教师敬业度	0.34	0.31	0.0264
		教师胜任度	0.373	0.34	0.0290
	0.0723	教育教学满意度	0.39	0.43	0.0313
		科研成果转化项目数量	0.512	0.57	0.0410
	0.0704	课外科技、文化活动项目数量	0.618	1.00	0.0704
	0.0695	职业素养增值	0.455	0.45	0.0313
		用人单位满意度	0.555	0.55	0.0382

第五节 关键问题:择取方法及建构模型

目前,不少学者对高等教育相关领域的评价尝试使用主成分分析法、层次分析法、灰色理论、模糊数学、灰色关联分析、DEA、象限分析、聚类分析等统计方法评价,取得了较好的效果。[①] 刘海燕"运用 DEA,对中国 31 个省域高等教育资源配置均衡水平做出评价"[②]。彭怀祖和王建宏"以高等教育系统可持续发展协调理论为研究框架,运用灰色关联分析技术构建高等教育与社会经济协调发展的评价指标体系"[③]。高耀等学者"利用因子分析、相关分析、聚类分析和象限分析,以 2000 年和 2010 年的数据,实证研究了十大城市群中高等教育与区域经济的实证研究"[④]。柏雪梅"以因子分析和 DEA 分析相结合的方法对高等教育水平的综合评价"[⑤]。崔玉平,张弘"基于因果关系和效率可持续性的视角,通过投入与产出的对称与平衡,以及通过省与区域经济社会发展的高等教育发展,确定省级高等教育系统的内部协调度并反映其外部协调"[⑥]。本书将采用因子分析法和聚类分析法对省域应用型本科教育质量进行测度和分类。

[①] 张玲玲.高等教育发展的滞后与区域经济发展的困局——基于温州的实证研究[J].中国高教研究,2007(01):55 57.

[②] 刘海燕.中国各地区高等教育资源配置的 DEA 聚类分析研究[J].求索,2007(08):11-119.

[③] 彭怀祖,王建宏.高等教育与社会经济协调发展评价[J].江苏高教,2012(01):21-23.

[④] 高耀等.中国大陆十大城市群高等教育与区域经济协调度因素分析与集成评估——基于 2000 年和 2010 年的横截面数据[J].现代大学教育,2013(05):44-50.

[⑤] 柏雪梅.黑龙江省高等教育水平的综合评价研究[D].东北林业大学,2015.

[⑥] 崔玉平,张弘.我国省域高等教育协调发展水平的量化评价[J].现代大学教育,2015(05):84-91.

一、监测评价测度模型——因子分析法

20世纪就提出了初因子方法,英国心理学家查尔斯·爱德华·斯皮尔曼(Charles Edward Spearman)对相关系数概念进行延伸,推出了等级相关的计算方法,之后在1904年提出了因子分析的前身,既治理结构的"二因论"。[①] 然而,最开始的因子分析仅用于解决心理学领域的问题,并且计算操作很麻烦,没有被广泛使用,而且发展非常有限。后来,计算机的出现促进了因子分析的发展,简化了操作过程。目前,该方法的应用已被广泛应用,学者已将其应用于其他领域,并在教育、经济、生物和医学方面取得了显著成果。

(一)因子分析法对省域应用型本科教育质量评价的适用性

因子分析方法在多元统计分析中应用广泛,在不改变评价指标体系、保留大部分实际信息的前提下,找到几个具有代表性、彼此独立的公因子代替初始的指标变量所反映的信息。它的优点以较少的因子来解释原指标变量之间的相关性,减少不必要的信息和工作量,这有利于研究的进展。[②]

本书在省域应用型本科教育质量监测评价的时候,由于指标数量过多而无法直接观察,将给研究工作带来很大负担,影响研究结果的准确性。于是,对省域应用型教育质量监测评价研究工作进行之前,先对指标变量进行降维处理。因子分析是一种能够通过寻找隐藏在多种变量数据中、无法直接察看却能影响或者左右可观测变量的潜在因子,同时能估算其潜在因子对可观测变量的影响程度,以及各潜在因子之间的相关性分析的一种多元统计方法。其原理是通过线性变换的方式,把原始数据变换到一个新的因子分析和系统中,实现从多个指标到少数综合指标的转变,在降低数据集维数的同时,又尽可能保留原始变量涵盖的信息。因子分析模型还可以通过计算公共因子的得分进行排名,进一步分析研究样本间的数量比较。故本书采用因子分析,构建省域应用型本科教

---

① Charnes Spearman. To Quiz Scores Were Statistically Analyzed[J]. The Journal of High Technology Management Research,1904(11):295-319.
② 柏雪梅.黑龙江省高等教育水平的综合评价研究[D].东北林业大学,2015.

育质量监测评价指标体系,对应用型高校投入—过程—产出质量构建因子分析模型,通过实证角度进行综合评价,从而计算出省域应用型本科教育质量得分排名。

(二)因子分析模型的构建

因子分析的模型如下:

$$\chi_1 = \alpha_{11}F_1 + \alpha_{12}F_2 + \cdots + \alpha_{1n}F_n + ?_1$$
$$\chi_2 = \alpha_{21}F_1 + \alpha_{22}F_2 + \cdots + \alpha_{2n}F_n + ?_2$$
$$\chi_m = \alpha_{m1}F_1 + \alpha_{m2}F_2 + \cdots + \alpha_{mn}F_n + ?_m$$

用矩阵表示为:

$$\chi = AF + \in$$

其中,$\chi_1, \chi_2, \cdots \chi_m$,是研究样本的 m 个可观测的变量,即 m 维随机向量为:

$$\chi = (\chi_1, \chi_2, \cdots \chi_m)$$

其均值 $E(\chi) = \mu$,协方差 $Cov(\chi) = \Sigma$,$F_i (i=1,2,\cdots,n)$为不可观测的随机变量,也就是出现的各个变量间的公共因子,且 $E(F) = 0$;$\varepsilon_i (i=1,2,\ldots,m)$为特殊因子,表示含有信息量很少的残余因素不能由公共因子所解释。矩阵 $A = (a_{ij})_{mn}$为因子载荷矩阵。

上述为因子分析的历史过程及数学含义。而因子分析在实际操作中,几乎每一步都有值得探索的技术问题。如相关指标数据标准化、数据无量纲处理、提取公因子及构建因子分析模型。

如何合理、准确、科学测算运用因子分析计算省域应用型本科教育质量主因子得分矩阵尤为重要。因子分析大体上分为五个步骤:指标的无量纲化、判断是否适合因子分析、提取公因子、因子旋转和构建因子得分模型。具体步骤如下:

首先,先对省域应用型本科教育质量评价指标进行标准化和无量纲化处理。本书中所涉及的质量指标分为三种类型:正向、适度、逆向指标。基于对研究对象进行科学合理的评价,前提条件就是使我们指标原始数据处于平等的条件。因此在省域应用型本科教育质量监测评价指标因子得分时,将教育质量指标中,如生师比指标,进行同向化处理,一般是将逆向指标进行正向化处理。正向性指标无需进行任何处理；适度性指标是将适中值与原数值的差取绝对值，加 1 后取倒数，标准化公式为：

$$\chi_i' = \frac{1}{1+|\alpha_i+\chi_i|}$$

对逆向指标原始数据直接取倒数：

$$\chi_i' = 1/\chi_i$$

省域应用型本科教育质量监测评价指标体系具有不同的量纲、量级，直接使用原始指标数据将导致主要因素偏向原始数据中的较大差异或数量级。因此原始指标数据必须先进行无量纲处理，以消除差异。无量纲处理是指对指标数据的标准化处理，运用一定的数学变换，从而消除指标数据存在量纲影响的方法。对类型一致的评价指标进行无量纲化时，主要有中心化、极差化、极大化、极小化和均值化处理；本书针对福建省应用型本科教育质量监测评价指标的无量纲化处理的方法是"均值化处理"。

其次，适合度检验，即检验判断其是否适合进行因子分析。在进行因子分析之前，先确定省域应用型本科教育质量监测评价各指标之间是否存在线性相关性，一般我们采用 KMO 检验和 Bartlett 球形检验来计算变量间的相关关系，如果大部分指标变量的相关系数都高于 0.3，说明大多数指标间存在这种关系，可以使用因子分析方法；然后计算特征向量及特征值，提取公共因子。从特征值大于 1 的特征向量中提取累积解释方差超过 80% 的几个公共因子，能够较完整地解释原变量反映的全部信息，由此来构造模型中需要的因子变量。

在因子旋转中，本书采用方差极大值旋转法。将提取的因子变量进行正交旋转，使其更具有可信度，结构上更简单。

最后，根据因子成分矩阵计算出各个公共因子的独自得分和由公因子贡献率计算得到省域应用型本科教育质量监测评价的综合得分，矩阵构建因子得分模型。

数学模型为：

$$\begin{cases} F_1 = \alpha_{11}\chi_1 + \alpha_{12}\chi_2 + \cdots + \alpha_{1n}\chi_n + \epsilon_1 \\ F_2 = \alpha_{21}\chi_1 + \alpha_{22}\chi_2 + \cdots + \alpha_{2n}\chi_n + \epsilon_2 \\ F_m = \alpha_{m1}\chi_1 + \alpha_{m2}\chi_2 + \cdots + \alpha_{mn}\chi_n + \epsilon_m \end{cases}$$

矩阵表示为：
$$F = Ax$$
省域应用型本科教育质量监测评价因子的综合得分表示为：
$$F_a = \frac{\sum_{i=i}^{q} a_i F_a(i)}{\sum_{i=i}^{q} a_i} (a = 1, 2, \ldots, n)$$

其中，a_i 为第 i 个公共因子的方差贡献度，$F_a(i)$ 为第 a 个应用型高校在第 i 个公共因子的得分。

二、综合评价的归类模型——聚类分析法

在对省域应用型本科教育质量综合评价后，可以得到省域应用型本科教育综合质量评价排名；其数据结果多且复杂，各地区、各性质、各水平高校间各有异同，这对我们解读和分析数据结果造成难度，这就需要我们将最终数据划分归类，将相似或相同的部分进行归类。聚类分析是可以根据其特征的共性对样本（或变量）数据进行分类，将内部个体特征具有较大相似性的样本（或变量）分为一类，而将不同类个体特征差异较大分为一类，是一种建立分类的多元统计分析方法。

（一）聚类分析法对省域应用型本科教育质量评价的适用性

聚类分析是一种探索性分析，在分类的过程中，不必先给出分类的标准，它能够从样本（变量）数据出发，自动进行分析。聚类方法有很多，目前运用较广的有系统聚类和 K-Means 聚类。其中，系统聚类分为 Q 型聚类和 R 型聚类。Q 型聚类是对样本进行聚类，一般使用欧式、极端距离和绝对距离来衡量相似度，R 型聚类是对变量进行聚类。K-Means 聚类主要将数据视为维度空间上的一个点，在制定具体聚类数后，根据距离最近的原理，采用某种方法反复迭代样本数据，重复确定初始类中心点，直到最终达到稳定。[①] K-Means 是运用较广泛的划分聚类算法。

本书将运用因子分析对省域应用型本科教育质量综合评价后，尝试将省域

---

① 周江燕.中国省域城乡发展一体化水平评价研究[D].西北大学,2014.

所有应用型本科高校的质量评价划分为6个等级。对各类高校教育质量和同类高校间的共同特征进行分析总结,从而对影响省域应用型本科教育质量不同阶段的发展和因素进行深入分析。因此,K-Means聚类分析方法更适用于本次研究目的。

(二)聚类分析步骤

本书采用最邻近元素聚类法进行聚类,其定量样本之间亲疏关系的数学方法采用欧氏距离,得到距离矩阵D,采用最短距离作为分类统计量进行聚类,其步骤[①]为:

1.进行数据处理,将省域应用型本科教育质量指标标准差标准化,此步骤在因子分析中已经进行。

2.计算欧氏距离,本书将监测评价的应用型本科高校,用$d_{ij}(i,j=1,2,\ldots,33)$表示高校样本$\chi_i$与$\chi_j$之间的距离,利用欧氏距离计算公式:

$$di_j = \sqrt{\sum_{t=1}^{m}(\chi_{it}-\chi_{jt})^2}$$

3.计算应用型本科高校样本之间的两两距离d_{ij},通过计算得到距离矩阵$D=(d_{ij})_{nn}$;利用最短距离聚类法进行聚类:用Z_i表示类,定义类与类之间距离为两类最近样本的距离,用Z_{pq}表示Z_p与Z_q的距离,则:

$$Z_{pq} = \min_{i \in G_p, J \in G_q} d_{ij}$$

4.按照两类间最近点间的距离作为两类的距离进行分类,将相似部分或最近部分的两项,进行合并;重复步骤3直到将省域所有应用型本科高校并为6类为止。

三、监测评价相关分析——Spearman 相关分析法

"相关分析是研究一个变量与另一个变量间的相关关系,研究变量间相互

---

① 郭科,龚灏.多元统计方法及其应用[M].成都:电子科技大学出版社,2003.

关系的性质和紧密程度。"①相关关系是一种非确定性的关系。而研究两个变量间线性关系的程度,用相关系数 r 来描述,相关系数是能够刻画两个变量同时出现的某种相关性。相关系数在教育、心理学、社会学、医学、生物学和金融学中有广泛的应用。常见的相关系数有 Pearson 相关系数与 Spearman 相关系数。其中,Pearson 相关系数需满足:两个变量有线性关系、变量是联系变量、变量均符合正态分布,且二元分布也符合正态分布和两变量之间是相互独立。Spearman 相关系数,也称为秩相关系数,是使用两个变量的等级的线性相关分析。对原始变量分布没有要求,适用于离散数据。它是一种非参数统计方法,具有更广泛的应用范围。基于本书指标数据大都为离散型数据的前提下,同时,Spearman 相关系数不受量纲的影响,能够准确地测量不同量纲之间的相关性,且能较好地刻画非线性关系,因此本书将采用 Spearman 相关系数分析指标间相关关系。

在统计学中,Spearman 相关系数或称为 Spearman 的 ρ,是由 Charles Spearman 命名的,一般用希腊字母 ρ_s(rho)或是 r_s 表示。Spearman 相关系数是一个非参数的度量两个变量之间的统计相关性的指标,用来评估当用单调函数来描述是两个变量之间的关系有多好。在没有重复的数据的情况下,如果一个变量是另外一个变量的严格单调的函数,则二者之间的 Spearman 相关系数就是+1 或-1,称变量完全 Spearman 相关。Spearman 相关系数通常被认为是排列后的变量之间的 Pearson 线性相关系数,在实际计算中,有更简单的计算 ρ_s 的方法。具体计算如下:②

假设原始的数据 x_i, y_i 已经按从大到小的顺序排列,记 x'_i, y'_i 为原 x_i, y_i 在排列后数据所在的位置,则 x'_i, y'_i 称为变量 x'_i, y'_i 的秩次,则 $d_i = x'_i - y'_i$ 为 x_i, y_i 的秩次之差。如果没有相同的秩次,则 ρ_s 可由下式计算:

$$\rho_s = 1 - \frac{6\sum d_i^2}{n(n^2-1)}$$

---

① 史恩静.公路建设与"三农"发展相关性分析[J].公路交通科技(应用技术版),2013,9(06):256-257,260.

② 蒲清平.城市居住建筑能耗影响因素与预测模型构建研究[D].重庆大学,2012.

如果有相同的秩次存在,那么就需要计算秩次之间的 Pearson 的线性相关系数:

$$\rho_s = \frac{\sum i (x_i - \bar{x})(y_i - \bar{y})}{\sqrt{\sum i (x_i - \bar{x})^2 \sum i ((y_i - \bar{y}))^2}}$$

Spearman 相关系数的符号表示 X 和 Y 之间联系的方向。如果 Y 随着 X 的增加而增加,那么 Spearman 秩相关系数是正的;反之,如果 Y 随着 X 的增加而减小,Spearman 相关系数就是负的。Spearman 相关系数为 0,表示随着 X 的增加,Y 没有增大或减小的趋势。

将相关系数 ρ_s 的绝对值同 Spearman 相关系数统计表中的临界值 W_p 进行比较:$|\rho_s| > W_p$,这表明有显著意义;如果 ρ_s 为负值,则表明呈下降或反向趋势;如果 ρ_s 为正值,则表明呈上升或正向趋势;$|\rho_s| \leqslant W_p$,这表明无显著意义,说明两者之间变化不存在某种关系。

第五章
福建省应用型本科教育发展的背景分析

从本章开始,将以福建省为例对省域应用型本科教育质量进行监测评价。为科学监测评价福建省应用型本科教育质量,宏观上对福建本科教育在全国以及东部地区的发展位置以及发展态势上进行了梳理,并通过福建省教育厅近年来所开展的省级高等教育质量监测、审核评估以及涉及应用型本科教育的一些政策结论进行分析,为后续福建省应用型本科教育质量监测评价提供整体的背景分析和宏观判断。

第一节 福建省本科教育发展概况及发展位置

为科学监测评价福建省应用型本科教育质量现状及态势,本书重点从规模结构、质量效益、条件资源三个方面系统梳理了福建省本科教育整体发展概况,以及在全国和东部地区的发展位置。其中,在分析具体指标时,均采用单因素方差分析法和LSD分析法,从而了解福建省在全国以及在东部地区11个省份中的显著差异情况,以此得出福建省本科教育质量整体发展概况。

本书中专任教师数、专任教师博士学位结构、专任教师高级职称分布和生师比等涉及全国与各地区对比的指标数据以及本科高校数、特色专业评选名单

等数据,均来源于教育部官网。① 为掌握福建省本科教育发展动态,在研究过程中,全面搜集整理了来源于教育部等国家部委发布的所有年份的官方数据,如,全国专任教师数与专任教师高级职称分布情况统计2002年至2017年共16年的数据;专任教师博士学位结构统计2000年至2017年共18年的数据。但其中部分指标由于国家未发布完整的年度动态数据,因此,只体现最新公布的数据,如生师比统计各地区普通本科高校2017年的数据。

一、规模结构

(一)本科高校数

依据教育部最新公布的全国高等学校名单,截至2019年6月15日,全国高等学校共计2956所,其中本科高校1265所。②

对2019年全国各省份本科高校数量采用单因素方差分析。结果显示,F值为7.604,显著性为0.002,小于0.05,说明省域间本科高校数量存在显著差异。

运用LSD多重比较进一步分析发现,东西部区域和中西部区域均存在显著的差异,显著性水平分别为0.001和0.013,均低于显著性水平0.05。

全国各省份中,江苏省本科高校数量最多,共计77所,福建省共有39所本科高校,数量上在全国位列15名,在东部地区11个省份中居第8位。参见图5.1.1。

---

① 本章节中涉及的数据均来自教育部官方网站,并经作者整理统计,其中各年度全国教育统计数据来源于教育部规划司发布的数据,http://www.moe.gov.cn/s78/A03/ghs_left/s182/;各年度《高等学校科技统计资料汇编》统计数据来源于教育部科技司发布的数据,http://www.moe.gov.cn/s78/A16/A16_tjdc/201805/t20180522_336767.html。

② 根据教育部官方网站上公布的2019年全国高等学校名单进行统计,http://www.moe.gov.cn/jyb_xxgk/s5743/s5744/201906/t20190617_386200.html。

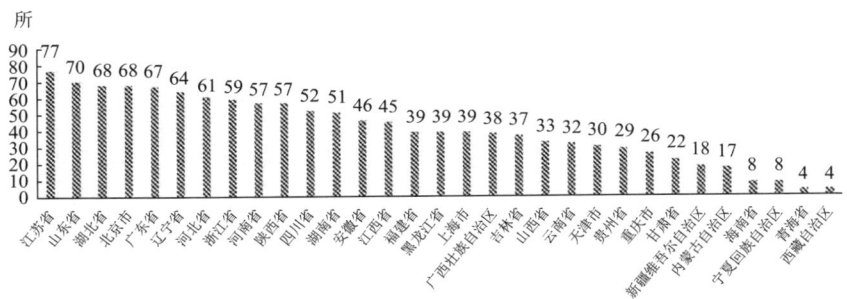

图 5.1.1 2019 年全国各地区本科高校数

数据来源：教育部发展规划司。

（二）本科学生数

1. 毕业生数

2013 年至 2017 年，全国本科高校毕业生数总体呈缓慢增长态势，从 3199716 人增加到 3841839 人，五年平均增速为 4.69%；五年来，增速均低于 10%，增速最高的为 2014 年，为 6.69%。[①]

以 2017 年全国各地区本科高校毕业生数据，采用单因素方差分析观察中东西部区域本科高校毕业生的差异。结果显示，F 值为 5.558，显著性为 0.009，小于 0.05，说明省域间本科高校毕业生存在显著差异。

运用 LSD 多重比较进一步分析发现，东西部区域和中西部区域均存在显著的差异，显著性水平分别为 0.008 和 0.009，低于 0.05，与我国东强西弱省级差异明显的教育布局相对应。2017 年，东部地区本科高校毕业生共 1668586 人。其中，福建省本科高校毕业生为 121774 人，在东部地区 11 个省份中居第 7 位。2013 年至 2017 年，福建省本科高校毕业生数平均增速达到 6.59%，高于全国平均水平 1.9 个百分点。五年中，增长最快的是 2017 年，增长率为 8.72%。2017 年，福建省毕业生人数为 121774 人，全国占比 3.17%，居全国各地区第 15 位。2013—2017 年全国和福建省本科高校毕业生人数参见表 5.1.1。

---

① 根据教育部官方网站上公布的 2013—2017 年全国教育统计数据汇总，http://www.moe.gov.cn/s78/A03/moe_560/jytjsj_2017/。

表5.1.1 2013—2017年全国和福建省本科高校毕业生人数

年份	全国			福建省		
	毕业生数(人)	增长率	平均增速	毕业生(人)	增长率	平均增速
2013	3199716	—	4.69%	94450	—	6.59%
2014	3413787	6.69%		102431	8.45%	
2015	3585940	5.04%		109789	7.18%	
2016	3743680	4.40%		112010	2.02%	
2017	3841839	2.62%		121774	8.72%	

数据来源：根据教育部发布的2013—2017年全国教育统计数据整理统计。

2. 授予学位数

2013年至2017年，全国本科高校毕业生授予学位数总体呈增长态势，五年平均增速为4.77%，增速最高的是2014年，为6.64%。

以2017年全国各地区本科高校毕业生授予学位数，采用单因素方差分析观察中东西部区域毕业生授予学位数的差异。结果显示，F值为5.663，显著性为0.009，小于0.05。运用LSD多重比较进一步分析发现，东西部区域和中西部区域均存在显著的差异，显著性水平分别为0.007和0.009，低于0.05。2017年，东部地区本科高校毕业生授予学位共1643741人。其中，福建省本科高校毕业生授予学位120823人，在东部地区11个省份中居第7位。2013年至2017年，福建省本科高校毕业生授予学位数从93714人增加到120803人，五年平均增速为6.59%，高于全国平均水平1.82个百分点。五年中，增长最快的是2017年，增长率为9.01%。2017年，福建省本科高校毕业生授予学位人数为120803人，全国占比3.20%，居全国各地区第15位。2013—2017年全国和福建省本科高校毕业生授予学位数人数参见表5.1.2。

表 5.1.2　2013—2017 年全国和福建省本科高校毕业生授予学位数人数

年份	全国			福建省		
	授予学位数(人)	增长率	平均增速	授予学位数(人)	增长率	平均增速
2013	3130415	—		93714	—	
2014	3338323	6.64%		101708	8.53%	
2015	3503230	4.94%	4.77%	109028	7.20%	6.59%
2016	3659686	4.47%		110819	1.64%	
2017	3771039	3.04%		120803	9.01%	

数据来源:根据教育部公布的 2013—2017 年全国教育统计数据统计整理。

3. 招生数

2013 年至 2017 年,全国本科高校招生数共计 19704208 人,总体呈较平缓稳定趋势,五年平均增速为 1.88%。

以 2017 年全国各地区本科高校招生数据,采用单因素方差分析观察中东西部区域招生的差异。结果显示,F 值为 4.608,显著性为 0.019,小于 0.05,说明省域间本科高校招生存在显著差异。

运用 LSD 多重比较进一步分析发现,东西部区域和中西部区域均存在显著的差异,显著性水平分别为 0.014 和 0.018,低于 0.05,与我国东强西弱省级差异明显的教育布局相对应。

2017 年,东部地区本科高校共招生 1764626 人。其中,福建省本科高校招生 119024 人,在东部地区 11 个省份中居第 8 位。2013 年至 2017 年,福建省本科高校招生数波动较大。五年平均增速为－0.53%,2014 和 2016 年均为负增长。2017 年,福建省本科高校招生数 119024 人,占全国 2.90%,居全国各地区第 17 位。2013—2017 年全国和福建省本科高校招生数参见表 5.1.3。

表 5.1.3　2013—2017 年全国和福建省本科高校招生数

年份	全国			福建省		
	招生数(人)	增长率	平均增速	招生数(人)	增长率	平均增速
2013	3814331	—		121637	—	
2014	3834152	0.52%		120555	−0.89%	
2015	3894184	1.57%	1.88%	121701	0.95%	−0.53%
2016	4054007	4.10%		117999	−3.04%	
2017	4107534	1.32%		119024	0.87%	

数据来源:根据教育部公布的 2013—2017 年全国教育统计数据统计整理。

4. 在校生数

2013 年至 2017 年,全国本科高校在校生数总体呈增长态势,从 14944353 人增加到 16486320 人,五年平均增速为 2.49%;但五年来,增速均低于 5%,增速最高的为 2014 年,为 3.12%。

以 2017 年全国各地区本科高校在校生数据,采用单因素方差分析观察中东西部区域在校生的差异。结果显示,F 值为 4.969,显著性为 0.014,小于 0.05。

运用 LSD 多重比较进一步分析发现,东西部区域和中西部区域均存在显著的差异,显著性水平分别为 0.011 和 0.014,低于 0.05,与我国东强西弱省级差异明显的教育布局相对应。2017 年,东部地区本科高校在校生共 7135101 人。其中,福建省本科高校在校生为 497440 人,在东部地区 11 个省份中居第 8 位。

2013 年至 2017 年,福建省本科高校在校生数平均增速为 2.14%,低于全国平均水平 0.35 个百分点。五年中,增长最快的是 2014 年,增长率为 4.49%。2017 年,福建省在校生人数为 497440 人,全国占比 3.02%,居全国各地区第 16 位。2013—2017 年全国和福建省本科高校在校生人数参见表 5.1.4。

表 5.1.4　2013—2017 年全国和福建省本科高校在校生人数

年份	全国			福建省		
	在校生数(人)	增长率	平均增速	在校生数(人)	增长率	平均增速
2013	14944353	—		457241	—	
2014	15410653	3.12%		477753	4.49%	
2015	15766848	2.31%	2.49%	491779	2.94%	2.14%
2016	16129535	2.30%		499185	1.51%	
2017	16486320	2.21%		497440	−0.35%	

数据来源：根据教育部公布的 2013—2017 年全国教育统计数据统计整理。

(三)专任教师数量结构

1. 专任教师数及生师比①

从全国来看,我国自 2000 年以来越来越重视教师队伍建设,普通本科高校专任教师数量呈现逐年递增,从 454882 人到 1150467 人,15 年共计增加 695585 人。详见图 5.1.2。其中,增速最快的是 2008 年,增长率为 19.36%。在 2009—2017 年,本科高校专任教师增长率低于 5%,呈现较平缓稳定的增长。

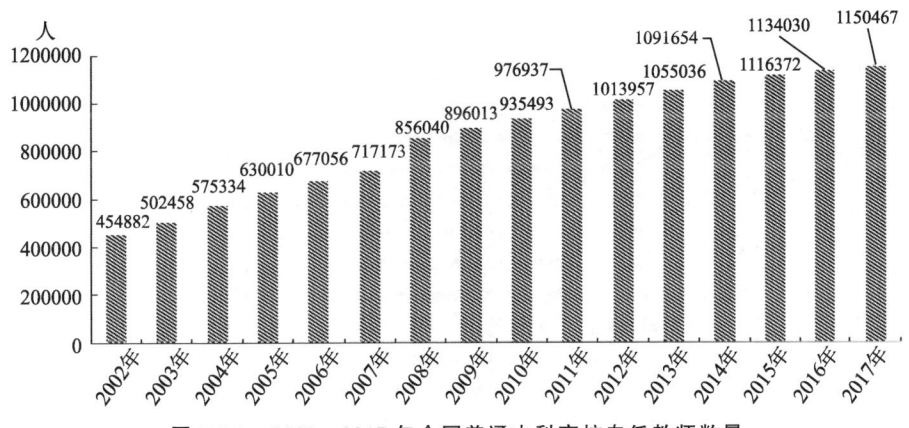

图 5.1.2　2002—2017 年全国普通本科高校专任教师数量

数据资料来源：根据教育部公布的 2002—2017 年全国教育统计数据整理统计。

---

①　根据教育部官方网站上公布的 2002—2017 年全国教育统计数据汇总,http://www.moe.gov.cn/s78/A03/moe_560/jytjsj_2017/。

从省际比较来看,2017年福建省普通高校专任教师总数为45398人,全国占比2.78%,较上年增加647人,居全国第16位。从2017年全国各地区普通高校生师比来看,各地区生师比均有所下降,福建省本科高校生师比为15.79,居全国第六。详见图5.1.3。

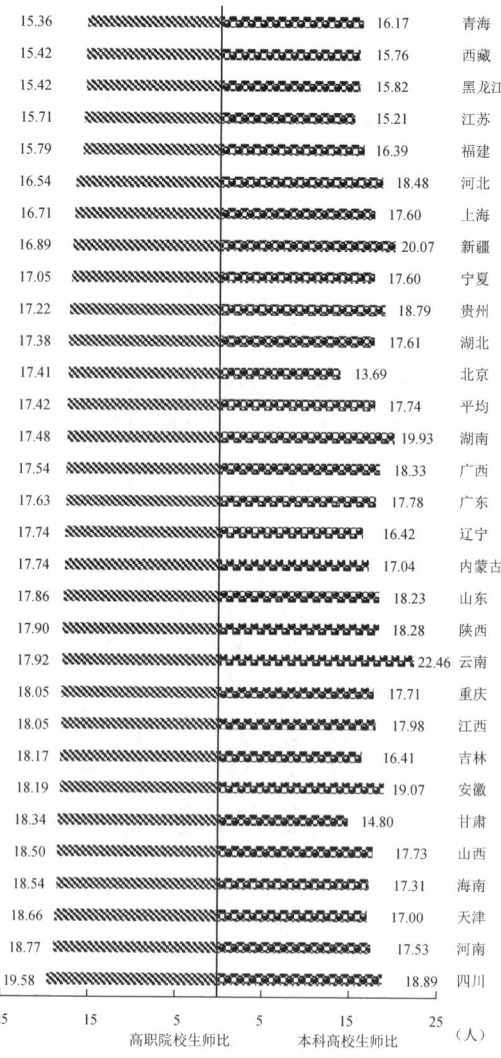

图5.1.3 2017年全国各地区普通高校生师比

数据资料来源:教育部2017年全国教育统计数据。

以 2017 年全国各地区专任教师数据,采用单因素方差分析观察中东西部区域各省份专任教师的差异。结果显示,F 值为 4.753,显著性为 0.017,小于 0.05,说明省域间专任教师存在显著差异。

运用 LSD 多重比较进一步分析发现,东西部区域和中西部区域均存在显著的差异,显著性水平分别为 0.009 和 0.025,低于 0.05,与我国东强西弱省级差异明显的教育布局相对应。

2017 年,东部地区本科高校专任教师共 725739 人。其中,福建省本科高校专任教师为 45398 人,在东部地区 11 个省份中居第 8 位。详见图 5.1.4。

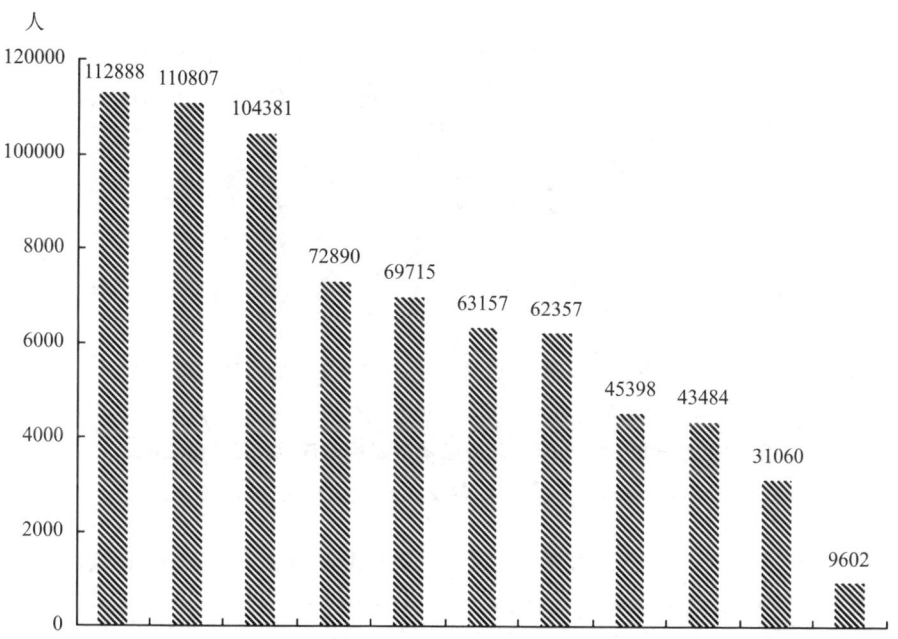

图 5.1.4　2017 年东部地区本科高校专任教师分布情况

数据资料来源:2017 年全国教育统计数据。

2. 博士占比

从 2000—2017 年全国专任教师博士学位占比来看,[①]从 2000 年的 6.10%到 2017 年的 24.37%,专任教师博士学位占比逐年上升,这也侧面反映了 2000 年以来,我国高校对具有高学历专任教师的重视程度逐年递增。详参图 5.1.5。

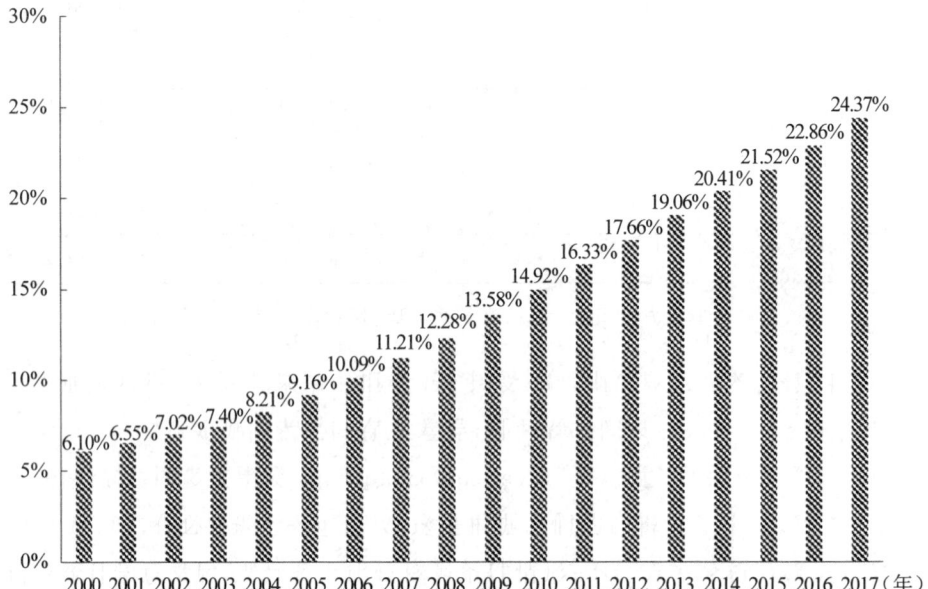

图 5.1.5　2000—2017 年全国普通本科高校专任教师博士学位占比

数据来源:根据教育部公布的 2000—2017 年全国教育统计数据整理统计。

从 2016—2017 年全国普通本科高校专任教师博士学位结构来看,2017 年福建省专任教师博士总数为 11183 人,较上年增加 1133 人,全国占比 2.81%,居全国第 12 位。与排名首位的北京市相比差距较大,相差 37.33 个百分点。详参图 5.1.6。

---

① 根据教育部官方网站上公布的 2000—2017 年全国教育统计数据汇总,http://www.moe.gov.cn/s78/A03/moe_560/jytjsj_2017/。

第五章 福建省应用型本科教育发展的背景分析

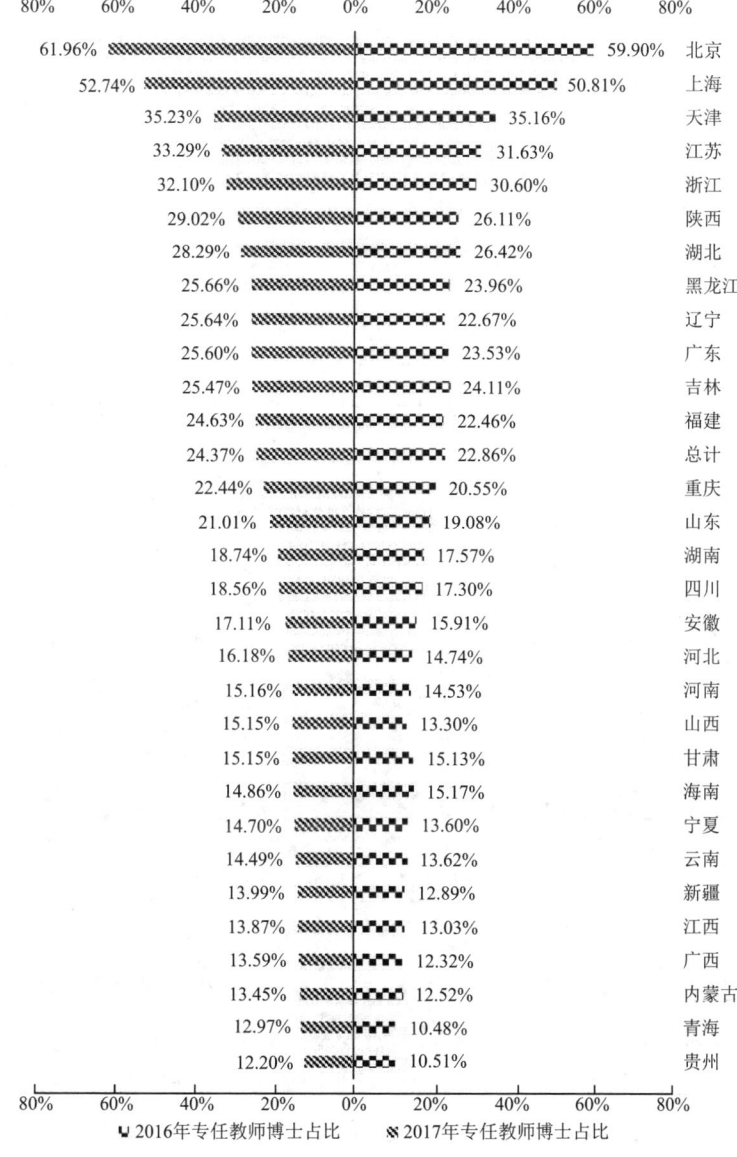

图 5.1.6 2016—2017 年全国各地区普通高校博士学位占比情况

数据来源：2016—2017 年全国教育统计数据。

3.高级职称占比①

从全国来看,我国自2002年开始,普通本科高校专任教师中高级职称比例均高于40.0%;从变化趋势来看,整体上先减后增,呈现U型曲线变化。尤其是在2008年以后,其高级职称占比逐年递增;2017年,全国本科高校高级职称占比达到48.14%。2002—2017年全国普通本科高校专任教师高级职称占比如图5.1.7所示。

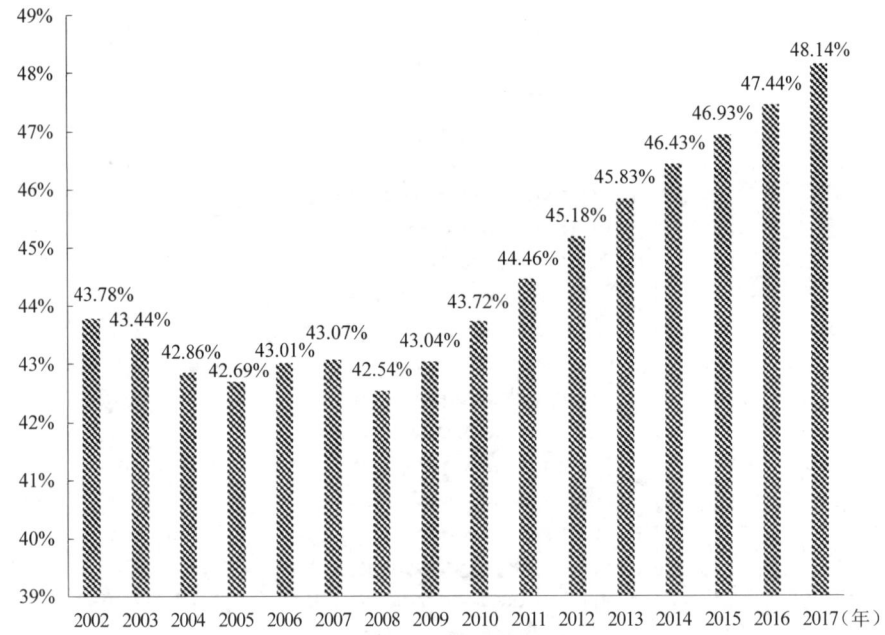

图5.1.7 2002—2017年全国普通本科高校专任教师高级职称占比

数据资料来源:根据教育部公布的2002—2017全国教育统计数据整理统计。

从省际来看,福建省专任教师高级职称占比居全国中游水平。2017年福建省专任教师高级职称总数为19070人,较上年增加1084人,居全国第16位。高级职称占比低于全国平均水平0.78个百分点,与排名首位的北京相比差21.63个百分点。2016—2017年全国各地区普通本科高校专任教师高级职称占比如图5.1.8所示。

---

① 根据教育部官方网站上公布的2000—2017年全国教育统计数据汇总,http://www.moe.gov.cn/s78/A03/moe_560/jytjsj_2017/。

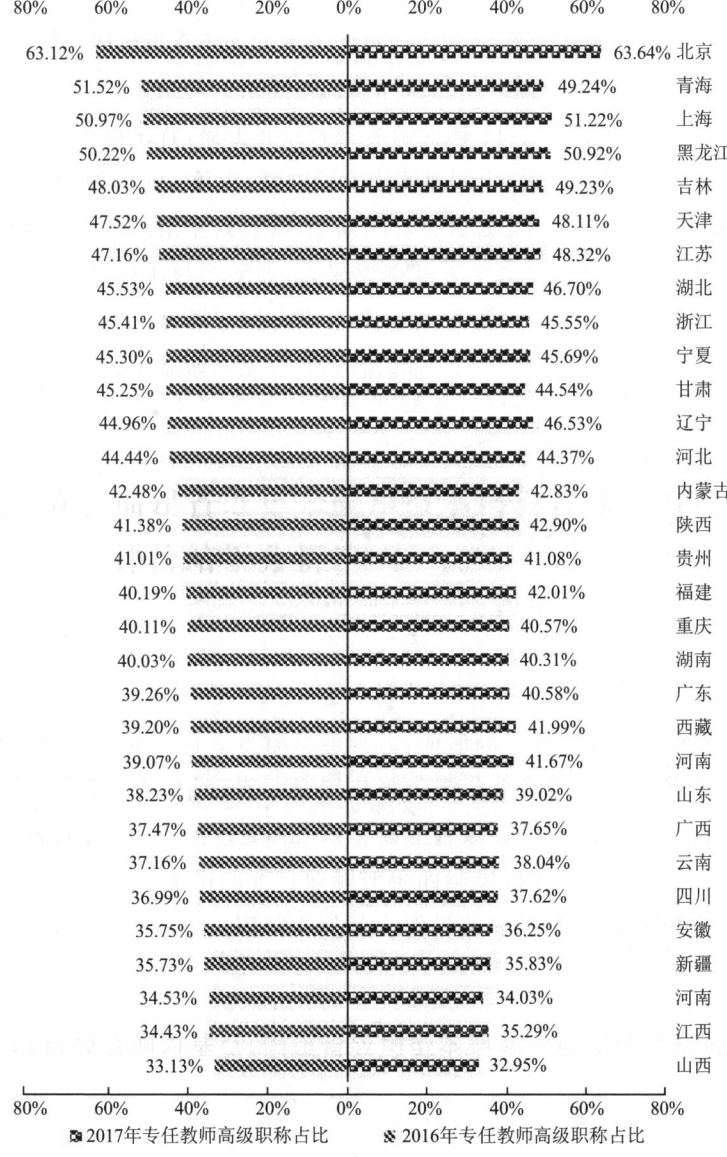

图 5.1.8　2016—2017 年全国各地区普通本科高校专任教师高级职称占比

数据资料来源:2016—2017 年全国教育统计数据。

以2017年全国各地区专任教师高级职称占比数据,采用单因素方差分析观察中东西部区域各省份高级职称占比的差异。结果显示,F值为2.82,显著性为0.077,大于0.05,说明省域间专任教师高级职称占比不存在显著差异。

2017年,福建省本科高校专任教师高级职称占比为42.01%,在东部地区11个省份中居第8位。2017年东部地区本科高校专任教师高级职称占比情况如图5.1.9所示。

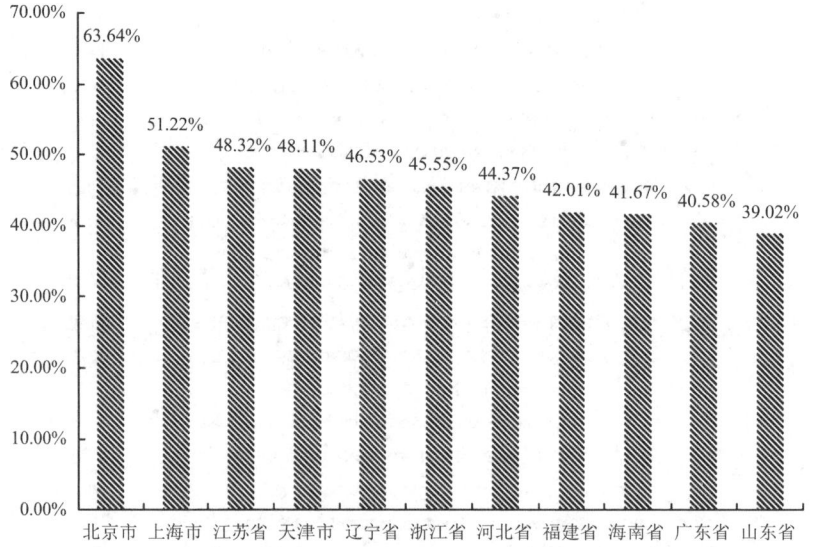

图5.1.9　2017年东部地区本科高校专任教师高级职称占比分布情况

二、质量效益

（一）本科教学质量效益情况

1. 高等学校特色专业建设点

从全国来看,2007年至2011年,全国高校特色专业建设点数量呈降低态势,[①]从244个减少到46个,降低81.15%。其中,2007年从472个高校中评选

[①]　根据教育部官方网站上公布的2007—2011年全国教育统计数据整理统计,http://old.moe.gov.cn/publicfiles/business/htmlfiles/moe/s3842/201103/115832.html。

出244个特色专业,2008年从475个高校中评选出185个特色专业,2009年从493个高校中评选出213个特色专业,2010年从529个高校中评选出216个特色专业,2011年从41个高校评选46个特色专业。如图5.1.10所示。

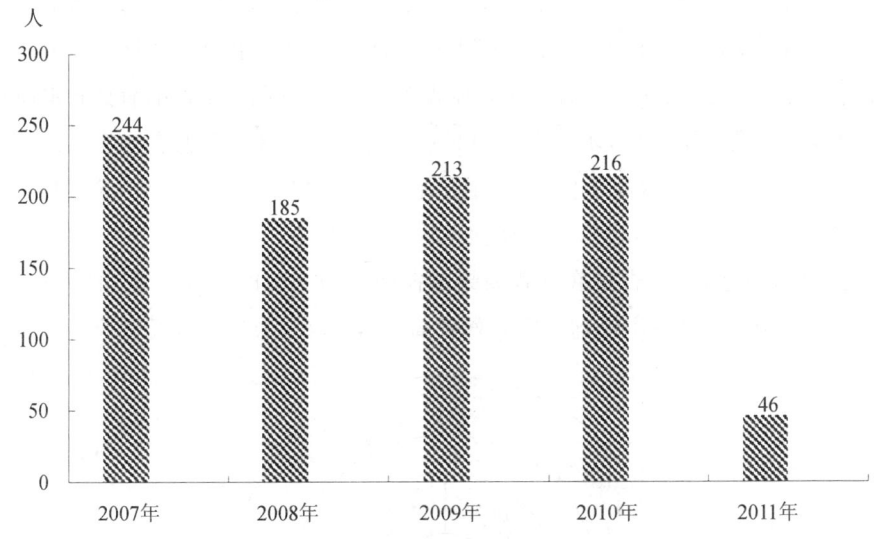

图5.1.10　2007—2011年全国高校特色专业建设点数量

以2007—2011年全国各地区特色专业建设点数据,采用单因素方差分析观察中东西部区域高校占地面积的差异。结果显示,2008年和2011年满足进行方差分析的条件。其中,2008年的F值为9.132,显著性为0.001,小于0.05;2011年的F值为4.212,显著性为0.025,小于0.05。这说明2008和2011年省域间特色专业建设点数量存在显著差异。

运用LSD多重比较进一步分析发现,2008年东西部区域和中东部区域的特色专业建设点存在显著的差异,显著性水平分别为0和0.038,小于0.05,这与我国东强西弱省级差异明显的教育布局相对应。

运用LSD多重比较进一步分析发现,2011年东西部区域的特色专业建设点存在显著的差异,显著性水平为0.007,小于0.05,这与我国东强西弱省级差异明显的教育布局相对应。

从省际来看,2007—2011年期间北京市评选的特色专业建设点评选数量最多,为 305 个;其次是江苏省,为 196 个;福建省有 70 个,排名第 19 位。具体如表 5.1.5 所示。

表 5.1.5　2007—2011 年全国各地区特色专业建设点数量

省份	2007 年	2008 年	2009 年	2010 年	2011 年	合计
北京市	106	62	68	57	12	305
江苏省	53	43	48	43	9	196
湖北省	53	32	37	36	6	164
上海市	55	30	34	34	7	160
陕西省	49	27	29	40	7	152
山东省	46	31	28	36	4	145
四川省	43	35	31	31	3	143
辽宁省	42	30	32	31	4	139
广东省	38	30	30	32	2	132
浙江省	38	24	29	24	2	117
黑龙江省	42	23	25	25	0	115
湖南省	32	22	29	28	4	115
吉林省	39	18	26	24	2	109
天津市	36	16	20	22	4	98
安徽省	24	24	22	25	2	97
河南省	24	22	21	30	0	97
河北省	20	20	22	20	0	82
重庆市	22	16	18	16	3	75
福建省	18	13	16	23	0	70
江西省	15	14	15	19	0	63
云南省	17	11	15	18	0	61
广西壮族自治区	18	13	13	15	0	59
甘肃省	16	12	14	11	2	55
山西省	13	11	10	16	0	50

续表

省份	2007年	2008年	2009年	2010年	2011年	合计
内蒙古自治区	13	8	12	11	0	44
贵州省	14	8	8	11	0	41
新疆维吾尔自治区	10	6	9	15	0	40
宁夏回族自治区	6	4	3	5	0	18
青海省	4	2	4	4	0	14
海南省	4	3	3	3	0	13
西藏自治区	3	2	3	3	0	11

数据来源：教育部官网公布文件通知。

2007—2011年期间东部地区评选的特色专业建设点共1457个。其中，福建省有70个，在东部地区11个省份中居第10位。具体分布如图5.1.11所示。

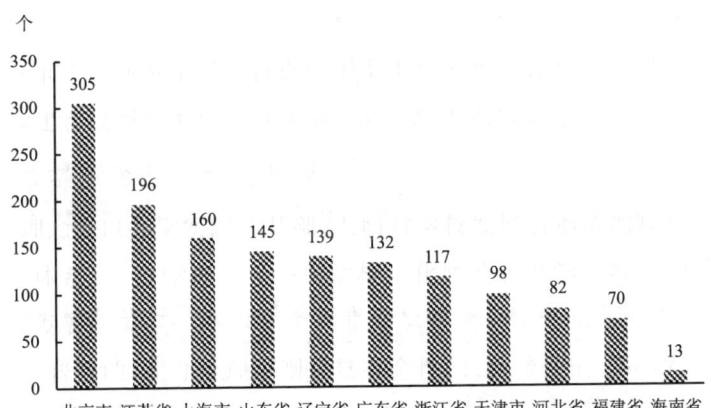

图5.1.11 2007—2011年东部地区特色专业建设点数量分布情况

数据来源：教育部官网。

2007年至2011年，福建省特色专业建设点的数量整体上呈U字下降趋势（如图5.1.12）。五年中，2010年最多，为23个；2011年未进行评选。

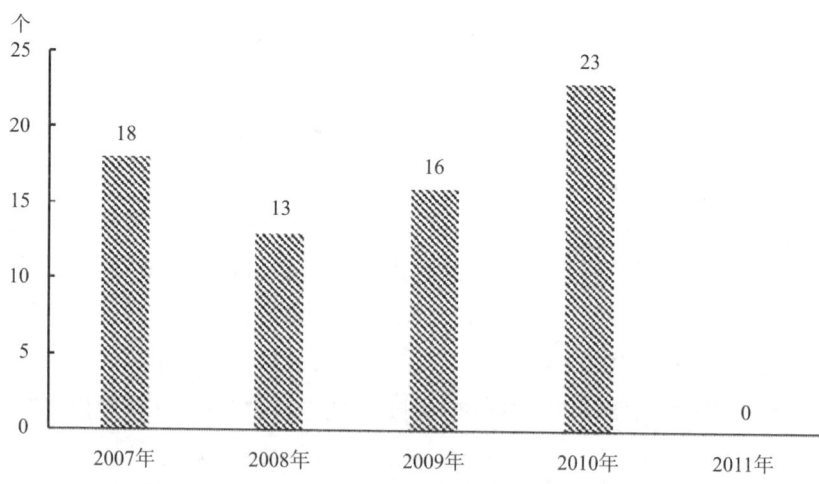

图 5.1.12　2007—2011 年福建省特色专业建设点数量

数据来源：教育部官网。

2. 国家精品在线开放课程[①]

截止到 2018 年，国家精品在线开放课程共认定两批，2018 年，共批准国家精品在线开放本科教育课程 690 项，较上年增加 122 项，涵盖 177 所大学。其中，2018 年福建省国家精品在线开放本科教育课程 35 项，较上年增加 16 项；居全国第 7 名。2017—2018 年全国各地区国家精品在线开放本科课程数量如表 5.1.6 所示。

表 5.1.6　2017—2018 年全国各地区国家精品在线开放本科教育课程数量

地区	2017 年(项)	2018 年(项)
江苏省	27	129
北京市	124	117
湖北省	50	56

---

① 根据教育部官方网站上公布的 2017—2018 年全国教育统计数据汇总，http://www.moe.gov.cn/jyb_xxgk/s5743/s5745/201712/t20171215_321429.html。

续表

地区	2017年(项)	2018年(项)
上海市	42	45
辽宁省	12	43
四川省	42	36
福建省	19	35
陕西省	29	34
黑龙江省	26	26
河南省	3	24
广东省	9	22
湖南省	18	20
江西省	4	18
山东省	22	16
浙江省	18	15
吉林省	8	13
天津市	1	13
云南省	2	6
安徽省	2	5
重庆市	7	5
广西壮族自治区	0	3
甘肃省	1	2
河北省	2	2
海南省	0	1
青海省	0	1
山西省	0	1
新疆维吾尔自治区	0	1
合计	468	690①

数据来源：教育部官网。

① 因陆军边海防学院在陕西省、新疆维吾尔自治区、云南省都建有分校，因此未将它纳入省份中，而在合计中列入。

3. 国家虚拟仿真实验教学项目名单

截止到 2018 年,国家虚拟仿真实验教学项目共认定两批。① 其中,2018 年,共批准第二批国家虚拟仿真实验教学项目 296 项,较上年增加 191 项;涉及教育学、化学类、临床医学类等 21 个学科门类。

2018 年,东部地区获得国家虚拟仿真实验教学项目认定 178 项。其中,福建省国家虚拟仿真实验教学项目 13 项,与辽宁省、天津市并列居东部地区 11 个省份中的第 7 位。

2018 年福建省国家虚拟仿真实验教学项目 13 项,较上年增加 9 项;在全国与辽宁省、天津市并列第十名。与排名第一的江苏省相比,相差 26 项。2017—2018 年全国各地区国家虚拟仿真实验教学项目数量变化如表 5.1.7 所示。

表 5.1.7　2017—2018 年全国各地区国家虚拟仿真实验教学项目数量

地区	2017 年(项)	2018 年(项)
江苏省	9	37
北京市	6	23
广东省	7	23
湖北省	8	18
陕西省	5	18
山东省	6	16
河南省	1	15
上海市	5	15
浙江省	8	15
福建省	4	13
辽宁省	7	13
天津市	2	13

---

① 根据教育部官方网站上公布的 2017—2018 年全国教育统计数据汇总,http://www.moe.gov.cn/s78/A08/A08_gggs/s8468/201804/t20180419_333664.html。

续表

地区	2017年(项)	2018年(项)
黑龙江省		
河北省	0	10
湖南省	6	10
四川省	4	9
安徽省	1	8
重庆市	3	5
吉林省	5	4
内蒙古自治区	1	4
山西省	1	4
广西壮族自治区	1	3
江西省	1	3
新疆维吾尔自治区	1	2
甘肃省	1	1
贵州省	2	1
宁夏回族自治区	0	1
云南省	2	1
合计	105	296

数据来源：教育部官网。

4. 学科竞赛获奖

由中国高等教育学会"高校竞赛评估与管理体系"专家工作组发布的普通高校学科竞赛排行榜，[①]自2017年首次发布以来，对进一步规范管理、推动和发挥学科竞赛类活动在教育教学、创新人才培养等方面，提供了规范和引导的作用。

---

① 根据中国高等教育学会公布的2018全国普通高校学科竞赛排行榜汇总，http://www.hie.edu.cn/news_12577/20190222/t20190222_994032.shtml。

2019年2月22日,中国高等教育学会发布了"2014—2018年中国高校创新人才培养暨学科竞赛评估结果"(参见表5.1.8)。在"普通本科高校竞赛评估TOP300"的榜单中,北京市和江苏省均有24所学校上榜,在各地区中位列首位,而获奖数量方面,北京地区普通本科高校累计获奖数量达3230项,远高于全国其他地区。福建省共有10所高校上榜,上榜学校数量和累计奖项数量均位列全国第14位,

表5.1.8 2014—2018年全国各地区普通本科高校竞赛评估TOP300分布情况

序号	地区	上榜学校数量(所)	奖项数量*(项)
1	北京市	24	3230
2	江苏省	24	2649
3	浙江省	20	2461
4	湖北省	17	2420
5	山东省	19	2261
6	上海市	14	1999
7	广东省	17	1923
8	辽宁省	13	1765
9	湖南省	13	1688
10	陕西省	12	1633
11	四川省	13	1622
12	安徽省	11	1394
13	河南省	11	1227
14	福建省	10	1222
15	黑龙江省	8	1201
16	广西壮族自治区	5	1192
17	重庆市	9	1136
18	吉林省	7	1097
19	江西省	10	963

续表

序号	地区	上榜学校数量(所)	奖项数量(项)
20	天津市	9	862
21	河北省	6	775
22	山西省	6	650
23	甘肃省	4	433
24	云南省	3	396
25	新疆维吾尔自治区	3	299
26	内蒙古自治区	3	246
27	海南省	2	200
28	贵州省	2	168
29	宁夏回族自治区	2	159
30	青海省	2	95
31	西藏自治区	1	46
合计		300	37412

数据来源：中国高等教育学会官网。

*此处的奖项包括：中国"互联网＋"大学生创新创业大赛、"挑战杯"全国大学生课外学术科技作品竞赛、"挑战杯"中国大学生创业计划大赛、ACM-ICPC国际大学生程序设计竞赛、全国大学生数学建模竞赛、全国大学生电子设计竞赛、全国大学生化学实验邀请赛、全国高等医学院大学生临床技能竞赛、全国大学生机械创新设计大赛、全国大学生结构设计竞赛、全国大学生广告艺术大赛、全国大学生智能汽车竞赛、全国大学生交通科技大赛、全国大学生电子商务"创新、创意及创业"挑战赛、全国大学生节能减排社会实践与科技竞赛、全国大学生工程训练综合能力竞赛、全国大学生物流设计大赛、"外研社杯"全国英语演讲大赛、全国大学生创新创业训练计划年后展示、全国大学生机器人大赛RoboMaster、"西门子杯"中国制造挑战赛、全国大学生化工设计竞赛、全国大学生先进成图技术与产品信息建模创新大赛、全国三维数字化创新设计大赛(大学生组)、中国大学生计算机设计大赛、全国大学生市场调查与分析大赛、中国大学生服务外包创新创业大赛、两岸新锐设计竞赛"华灿奖"、长江钢琴•全国高校钢琴大赛、中国高校计算机大赛——大数据挑战赛共计30类。

以2014—2018年全国各地区普通本科高校学科竞赛累计获奖数量数据，采用单因素方差分析观察中东西部区域高校奖项数量的差异。结果显示，F值为 7.49，显著性为 0.002，小于 0.05，这说明 2014—2018 年省域间普通本科高校学科竞赛累计获奖数量存在显著差异。运用 LSD 多重比较进一步分析发现，2014—2018 年全国各地区普通本科高校东西部区域和中西部区域的学科竞赛累计获奖数量存在显著的差异，显著性水平分别为 0.001 和 0.037，小于 0.05，这与我国东强西弱省级差异明显的教育布局相对应。2014—2018 年东部地区普通本科高校学科竞赛评估累计获奖总数为 19347 项。其中，福建省累计有 1222 项，在东部地区 11 个省份中居第 8 位。东部地区本科高校学科竞赛评估累计获奖数量分布情况如图 5.1.13 所示。

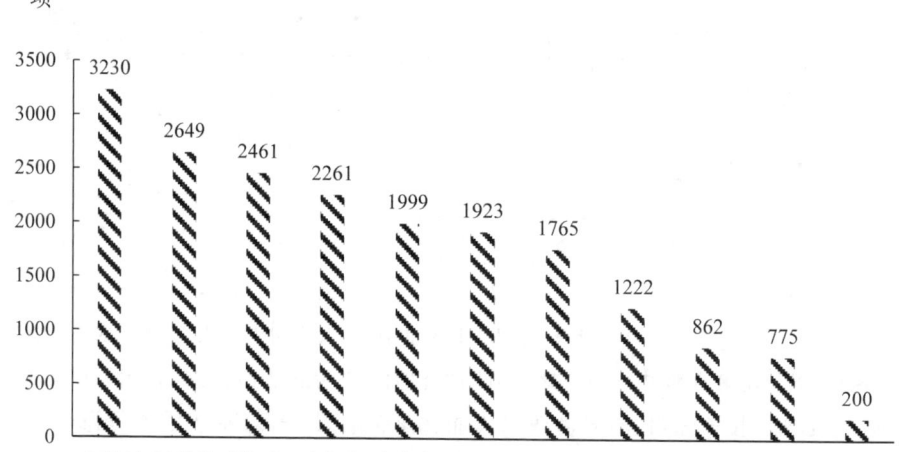

图 5.1.13　2014—2018 年东部地区本科高校学科竞赛评估累计获奖数量分布情况

数据来源：中国高等教育学会官网。

2014—2018 年福建省普通本科高校在学科竞赛评估 TOP300 的榜单中，占据了 10 个席位。其中，厦门大学位列全国第 20 位，学科竞赛获奖数量为 277 项；其次是福州大学，位列全国 22 位，学科竞赛获奖数量为 257 项。此外，福建农林大学、华侨大学和福建师范大学竞赛获奖数量均过百。2014—2018 年福建省普通本科高校学科竞赛获奖情况如表 5.1.9 所示。

表 5.1.9　2014—2018 年福建省普通本科高校学科竞赛获奖情况

排名	学校名称	奖项数量(项)	总分
20	厦门大学	277	89.55
22	福州大学	257	89.46
71	福建农林大学	135	72.5
90	华侨大学	133	69.62
132	福建师范大学	129	65.01
155	厦门理工学院	63	62.8
179	厦门大学嘉庚学院	64	59.93
184	集美大学	63	59.37
210	福建工程学院	66	56.9
215	集美大学诚毅学院	35	56.2

数据来源：中国高等教育学会官网。

(二)高等学校科技活动情况

1. 教学与科研人员数[①]

2015 年至 2017 年,全国本科高校教学与科研人员数总体呈增长态势,从 832493 人增加到 884733 人,三年平均增速为 3.09%。[②] 将 2017 年全国本科高校教学与科研人员数量采用单因素方差分析观察中东西部区域的差异。结果显示,F 值为 8.319,显著性水平为 0.001,小于 0.05,说明省域间教学与科研人员数量存在显著差异。运用 LSD 多重比较进一步分析发现,东西部区域和中西部均存在显著的差异,显著性水平分别为 0 和 0.047,均低于 0.05,与我国东强西弱省级差异明显的教育布局相对应。2017 年,东部地区本科高校教学与科

[①] 教学与科研人员指高等学校在册职工在统计年度内,从事大专以上教学、研究与发展、研究与发展成果应用及科技服务工作人员以及直接为上述工作服务的人员,包括统计年度内从事科研活动累计工作时间一个月以上的外籍和高教系统以外的专家和访问学者。

[②] 根据教育部官方网站上公布的 2015—2017 年高等学校科技统计资料汇编数据汇总,http://www.moe.gov.cn/s78/A16/A16_tjdc/201805/t20180522_336767.html。

研人员数 456727 人,分布情况如图 5.1.14 所示。其中,福建省教学与科研人员数 23166 人,在东部地区 11 个省份中居第 10 位。

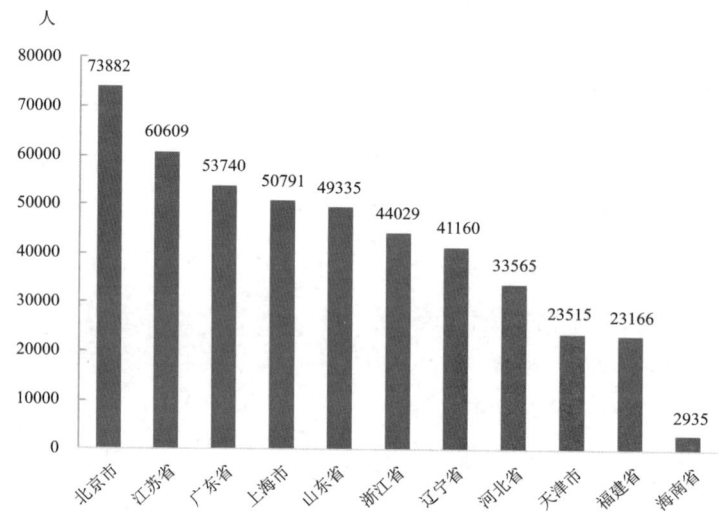

图 5.1.14　2017 年东部地区本科高校教学与科研人员数分布情况

数据来源:2017 年《高等学校科技统计资料汇编》。

2015—2017 年,福建省教学与科研人员数平均增速达到 10.54%,高于全国平均水平 7.44 个百分点。2017 年,福建省教学与科研人员总数为 23166 人,全国占比 2.62%,居全国各地区第 19 位。2015—2017 年全国和福建省本科高校教学与科研人员数如表 5.1.10 所示。

表 5.1.10　2015—2017 年全国和福建省本科高校教学与科研人员数

年份	全国			福建省		
	教学与科研人员(人)	增长率	平均增速	教学与科研人员(人)	增长率	平均增速
2015	832493	—	3.09%	19010	—	10.54%
2016	862741	3.63%		22089	16.20%	
2017	884733	2.55%		23166	4.88%	

数据来源:2015—2017 年《高等学校科技统计资料汇编》。

2. 研究与发展人员①

2015—2017年,全国本科高校研究与发展人员数总体呈增长态势,从356980人增加到371827人,三年平均增速为2.06%。②

2015—2017年,福建省本科高校研究与发展人员数平均增速达到14.20%,高于全国平均水平12.14个百分点。2017年,福建省教学与科研人员总数为9737人,全国占比2.62%,居全国各地区第18位。2015—2017年全国和福建省本科高校研究与发展人员数如表5.1.11所示。

表5.1.11 2015—2017年全国和福建省本科高校研究与发展人员数

年份	全国			福建省		
	研究与发展人员(人年)	增长率	平均增速	研究与发展人员(人年)	增长率	平均增速
2015	356980	—		7467	—	
2016	363776	1.90%	2.06%	8632	15.60%	14.20%
2017	371827	2.21%		9737	12.80%	

数据来源:2015—2017年《高等学校科技统计资料汇编》。

3. 科技经费当年拨入

2015—2017年,全国本科高校科技经费当年拨入金额总体呈增长态势,从116571357千元增加到146623397千元,三年平均增速为12.16%。③

2015—2017年,福建省本科高校科技经费当年拨入金额平均增速达到25.63%,高于全国平均水平13.46个百分点。2017年,福建省科技经费当年拨入金额为3495965千元,全国占比2.38%,居全国各地区第16位。2015—2017年全国和福建省本科高校科技经费当年拨入金额如表5.1.12所示。

---

① 研究与发展人员指统计年度内,从事研究与发展工作时间占本人数学、科研总时间10%以上的"教学与科研人员"。
② 根据教育部官方网站上公布的2015—2017年高等学校科技统计资料汇编数据汇总,http://www.moe.gov.cn/s78/A16/A16_tjdc/201805/t20180522_336767.html。
③ 根据教育部官方网站上公布的2015—2017年高等学校科技统计资料汇编数据汇总,http://www.moe.gov.cn/s78/A16/A16_tjdc/201805/t20180522_336767.html。

表 5.1.12　2015—2017 年全国和福建省本科高校科技经费当年拨入金额

年份	全国			福建省		
	科技经费当年拨入(千元)	增长率	平均增速	科技经费当年拨入(千元)	增长率	平均增速
2015	116571357	—		2217255	—	
2016	128778966	10.47%	12.16%	2871638	29.51%	25.63%
2017	146623397	13.86%		3495965	21.74%	

数据来源：2015—2017 年《高等学校科技统计资料汇编》。

4. 成果授奖数

2015—2017 年，全国本科高校成果授奖数总体呈下降态势，三年平均增速为 −3.83%。[①]

将 2017 年全国本科高校成果授奖数采用单因素方差分析观察中东西部区域的差异。结果显示，F 值为 5.512，显著性为 0.01，小于 0.05，说明省域间成果授奖数量存在显著差异。

运用 LSD 多重比较进一步分析发现，东西部区域存在显著的差异，显著性水平为 0.003，低于 0.05，与我国东强西弱省级差异明显的教育布局相对应。

2017 年，东部地区成果授奖数 2348 项。其中，福建省本科高校成果授奖数 119 项，在东部地区 11 个省份中居第 9 位。2015—2017 年，福建省本科高校成果授奖数平均增速达到 68.75%，高于全国平均水平 72.58 个百分点。2017 年，福建省成果授奖数为 119 项，全国占比 2.56%，居全国各地区第 19 位。2015—2017 年全国和福建省本科高校成果授奖情况如表 5.1.13 所示。

表 5.1.13　2015—2017 年全国和福建省本科高校成果授奖情况

年份	全国			福建省		
	成果授奖(项)	增长率	平均增速	成果授奖(项)	增长率	平均增速
2015	5044	—		100	—	
2016	4648	−7.85%	−3.83%	40	−60.00%	68.75%
2017	4657	0.19%		119	197.50%	

数据来源：2015—2017 年《高等学校科技统计资料汇编》。

---

① 根据教育部官方网站上公布的 2015—2017 年高等学校科技统计资料汇编数据汇总，http://www.moe.gov.cn/s78/A16/A16_tjdc/201805/t20180522_336767.html。

5. 技术转让当年实际收入[①]

2015—2017年,全国本科高校技术转让当年实际收入金额从2596161千元上升到2644504千元,三年平均增速为1.61%。

将2017年全国本科高校技术转让当年实际收入金额采用单因素方差分析观察中东西部区域的差异。结果显示,F值为3.171,显著性为0.057,大于0.05,说明省域间技术转让当年实际收入金额存在不存在显著差异。2017年,东部地区本科高校技术转让当年实际收入1763886千元。其中,福建省技术转让当年实际收入127165千元,在东部地区11个省份中居第6位。2015—2017年,福建省本科高校技术转让当年实际收入金额平均增速为−2.66%,低于全国平均水平4.26个百分点。2015—2017年全国和福建省本科高校技术转让当年实际收入情况如表5.1.14所示。

表5.1.14 2015—2017年全国和福建省本科高校技术转让当年实际收入情况

年份	全国			福建省		
	当年实际收入(千元)	增长率	平均增速	当年实际收入(千元)	增长率	平均增速
2015	2596161	—		168555	—	
2016	2333289	−10.13%	1.61%	90007	−46.60%	−2.66%
2017	2644504	13.34%		127165	41.28%	

数据来源:2015—2017年《高等学校科技统计资料汇编》。

6. 高等学校科技成果转化和技术转移基地认定名单[②]

为全面贯彻党的十九大精神,推进实施高等学校服务国家战略行动,完善高校促进科技成果转化的管理体系、制度体系和支撑服务体系,探索形成各具特色的科技成果转化机制和模式,2018年5月教育部研究制定了《高等学校科技成果转化和技术转移基地认定暂行办法》,并于2019年2月底公布了认定的

[①] 根据教育部官方网站上公布的2015—2017年高等学校科技统计资料汇编数据汇总,http://www.moe.gov.cn/s78/A16/A16_tjdc/201805/t20180522_336767.html。

[②] 根据教育部官方网站上公布的首批高等学校科技成果转化和技术转移基地认定名单,http://www.moe.gov.cn/srcsite/A16/s3336/201903/t20190311_372924.html。

首批名单,全国共计47所高校入选。

首批入选的47所高校,来自全国25个省份/直辖市(如图5.1.15)。各省份入选高校的数量呈5个梯次分布,其中江苏省入选高校数量在第一梯次,共计有5所;其次是北京和陕西的第二梯次,均有4所;福建省只有1所高校入选(福州大学),数量上与其他12个省份并列第五个梯次。

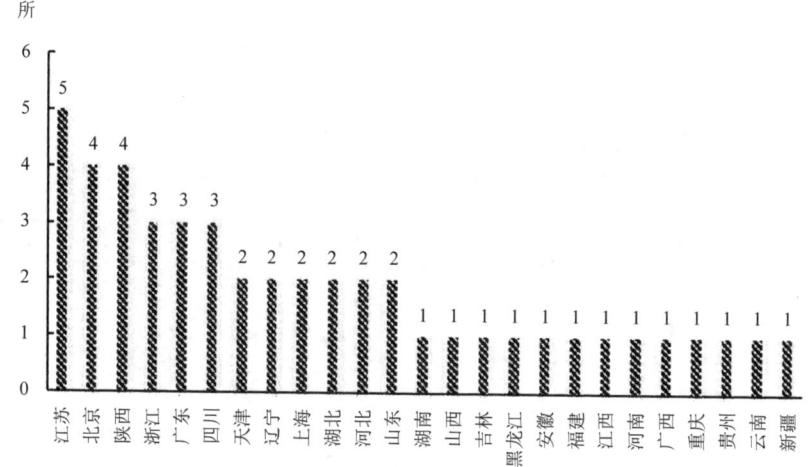

图5.1.15 首批高等学校科技成果转化和技术转移基地所在地分布情况

数据来源:教育部官网。

入选高校中,中央所属高校22所,地方高校25所。具体名单见表5.1.15:

表5.1.15 首批高等学校科技成果转化和技术转移基地名单

序号	地方高校	学校所在地	序号	中央所属高校	学校所在地
1	首都师范大学	北京	1	清华大学	北京
2	天津理工大学	天津	2	北京化工大学	北京
3	河北工业大学	河北	3	北京理工大学	北京
4	山西大学	山西	4	天津大学	天津
5	吉林农业大学	吉林	5	大连理工大学	辽宁
6	东北农业大学	黑龙江	6	东北大学	辽宁
7	上海理工大学	上海	7	上海交通大学	上海

续表

序号	地方高校	学校所在地	序号	中央所属高校	学校所在地
8	苏州大学	江苏	8	东南大学	江苏
9	江苏大学	江苏	9	江南大学	江苏
10	浙江工业大学	浙江	10	南京理工大学	江苏
11	安徽工业大学	安徽	11	浙江大学	浙江
12	福州大学	福建	12	山东大学	浙江
13	南昌大学	江西	13	中国地质大学（武汉）	湖北
14	山东理工大学	山东	14	华中农业大学	河北
15	山东科技大学	山东	15	湖南大学	湖南
16	河南科技大学	河南	16	中山大学	广东
17	武汉科技大学	湖北	17	华南理工大学	广东
18	华南农业大学	广东	18	四川大学	四川
19	桂林电子科技大学	广西	19	西南交通大学	四川
20	重庆理工大学	重庆	20	西安交通大学	陕西
21	四川轻化工大学	四川	21	西北工业大学	陕西
22	贵州医科大学	贵州	22	长安大学	陕西
23	昆明理工大学	云南			
24	西北大学	陕西			
25	新疆大学	新疆			

数据来源：教育部官网。

从以上可以看出，国家级科技转化及技术转移基地集中在一些高水平大学或研究型大学中，并未有地方应用型本科高校的"身影"，这说明应用型本科高校应用性科研能力和水平还需持续提升。

7. "中国高等学校十大科技进展"入选项目①

自 1998 年起,教育部科学技术委员会开展了"中国高等学校十大科技进展"的评选,截至 2017 年,全国各地区合计有 200 个项目入选,其中福建省共 4 个,与重庆市并列第 13 名。全国各地区"中国高等学校十大科技进展"入选项目情况如表 5.1.16 所示。

表 5.1.16　全国各地区"中国高等学校十大科技进展"入选项目情况

地区	入选项目数
北京市	67
上海市	24
湖南省	13
安徽省	11
黑龙江省	10
湖北省	9
江苏省	8
陕西省	8
广东省	6
天津市	6
浙江省	6
四川省	5
重庆市	4
福建省	4
辽宁省	3
吉林省	2

---

①　根据教育部官方网站上公布的 1988—2017 中国高等学校十大科技进展入选项目汇总,http://www.moe.gov.cn/s78/A16/s3719/s3810/。

续表

地区	入选项目数
云南省	2
甘肃省	2
河北省	2
山东省	1
合计	200

注：一个项目对应有多个学校或一个学校有两个独立办学地区时，不将其记录任一地区，只将其记录于合计。

数据来源：中华人民共和国教育部科学技术委员会官网。

从以上可以看，福建省高校科技进展数量在全国居后位，与东部省份还有一定差距。

三、条件资源

（一）高等学校资产情况（学校产权部分）

1. 占地面积

2013—2017年，全国高等学校占地面积总体呈增长态势，从1699129270平方米增加到1805535992平方米，五年平均增速为1.53%；五年来，增速均低于5%，增速最高的为2017年，为2.07%。[①]

以2017年全国高等教育学校占地面积数据，采用单因素方差分析观察中东西部区域高校占地面积的差异。结果显示，F值为3.477，显著性为0.045，小于0.05，说明省域间高校占地面积存在显著差异。运用LSD多重比较进一步分析发现，东西部区域和中西部区域均存在显著的差异，显著性水平分布为0.028和0.04，低于0.05，与我国东强西弱省级差异明显的教育布局相对应。2017年，东部地区占地面积共766276595.7平方米。其中，福建省高校占地面

---

① 根据教育部官方网站上公布的2013—2017年全国教育统计数据汇总，http://www.moe.gov.cn/s78/A03/moe_560/jytjsj_2017/。

积共49653724.56平方米,在东部地区11个省份中居第7位。

2013—2017年,福建省高校占地面积平均增速为0.1%,低于全国平均水平1.52个百分点。五年中,增长最快的是2016年,增长率为3.78%。2017年,福建省占地面积为49653724.56平方米,全国占比2.75%;居全国各地区第17位。2013—2016年全国和福建省高等教育学院占地面积如表5.1.17所示。

表5.1.17　2013—2017年全国和福建省高等教育学校占地面积

年份	全国			福建省		
	占地面积（平方米）	增长率	平均增速	占地面积（人）	增长率	平均增速
2013	1699129270	—		49622996	—	
2014	1720365904	1.25%		46212521	−6.87%	
2015	1741743250	1.24%	1.53%	47254706.7	2.26%	0.10%
2016	1768975046	1.56%		49042451.04	3.78%	
2017	1805535992	2.07%		49653724.56	1.25%	

数据来源:2013—2017全国教育统计数据。

2. 图书数

2013—2017年,全国高等学校图书数总体呈增长态势,五年平均增速为3.69%,增速最高的是2014年,为4.19%。

以2017年全国高等教育学校图书数数据,采用单因素方差分析观察中东西部区域高校图书数的差异。结果显示,F值为5.659,显著性为0.009,小于0.05,说明省域间高校图书数存在显著差异。

运用LSD多重比较进一步分析发现,东西部区域和中西部区域均存在显著的差异,显著性水平分布为0.004和0.017,低于0.05,与我国东强西弱省级差异明显的教育布局相对应。2017年,东部地区高校图书数共118103.44万册。其中,福建省高校图书数共7654.63万册,在东部地区11个省份中居第8位。

2013—2017年,福建省高校图书数从6657.18万册增加到7654.63万册,五年平均增速为3.56%,与全国平均水平相对持平。五年中,增长最快的是2015年,增长率为4.75%。2017年,福建省高校图书数为7654.63册,全国占比2.94%;居全国各地区第16位。2013—2017年全国和福建省高等学校图书数如表5.1.18所示。

表5.1.18 2013—2017年全国和福建省高等教育学校图书数

年份	全国			福建省		
	图书数(万册)	增长率	平均增速	图书数(万册)	增长率	平均增速
2013	225394	—		6657.18	—	
2014	234848.42	4.19%		6911.01	3.81%	
2015	243335.91	3.61%	3.69%	7239.54	4.75%	3.56%
2016	252753.22	3.87%		7411.5	2.38%	
2017	260505.13	3.07%		7654.63	3.28%	

数据来源:2013—2017全国教育统计数据。

3. 计算机数

2013—2017年,全国高等学校计算机数总体呈增长态势,从9720437台增加到12336917台,五年平均增速为6.14%;但五年来,增速均低于10%,增速最高的为2014年,为7.09%。

以2017年全国高等教育学校计算机数数据,采用单因素方差分析观察中东西部区域高校计算机数的差异。结果显示,F值为6.926,显著性为0.004,小于0.05,说明省域间高校计算机数存在显著差异。运用LSD多重比较进一步分析发现,东西部和中西部区域均存在显著的差异,显著性水平分别为0.001和0.044,低于0.05,与我国东强西弱省级差异明显的教育布局相对应。2017年,东部地区高校计算机数共6135211台。其中,福建省高校计算机数共353600台,在东部地区11个省份中居第9位。

2013年至2017年,福建省本科高校计算机数平均增速为5.87%,低于全国平均水平0.27个百分点。五年中,增长最快的是2015年,增长率为8.39%。2017年,福建省高校计算机数为353600台,全国占比2.87%;居全国各地区第17位。2013—2017年全国和福建省高等教育学校计算机数如表5.1.19所示。

表 5.1.19　2013—2017 年全国和福建省高等教育学校计算机数

年份	全国			福建省		
	计算机数（台）	增长率	平均增速	计算机数（台）	增长率	平均增速
2013	9720437	—		281690	—	
2014	10410006	7.09%		294325	4.49%	
2015	11067815	6.32%	6.14%	319005	8.39%	5.87%
2016	11733886	6.02%		329544	3.30%	
2017	12336917	5.14%		353600	7.30%	

数据来源：2013—2017 全国教育统计数据。

4. 教室数

2013—2017 年，全国高等学校教室数共计 3075663 间，总体呈较平缓增长趋势，五年平均增速为 3.12%。

以 2017 年全国高等学校教室数量数据，采用单因素方差分析观察中东西部区域高校教室数的差异。结果显示，F 值为 4.035，显著性为 0.029，小于 0.05。说明省域间高校教室数存在显著差异。运用 LSD 多重比较进一步分析发现，中西部区域存在显著的差异，显著性水平为 0.012，低于 0.05。2017 年，东部地区教室数共 264078 间。其中，福建省高校教室数共 16836 间，在东部地区 11 个省份中居第 8 位。

2013—2017 年，福建省高校教室数平均增速为 0.74%；2014 年，全国和福建省高校教室数均为负增长。2017 年，福建省高校教室数 16836 间，占全国 2.52%，居全国各地区第 20 位。2013—2017 年全国和福建省高等教育学校教室数如表 5.1.20 所示。

表 5.1.20　2013—2017 年全国和福建省高等教育学校教室数

年份	全国			福建省		
	教室数（间）	增长率	平均增速	教室数（间）	增长率	平均增速
2013	592115	—		16711	—	
2014	572749	−3.27%		14171	−15.20%	
2015	602486	5.19%	3.12%	14578	2.87%	0.74%
2016	640694	6.34%		16611	13.95%	
2017	667619	4.20%		16836	1.35%	

数据来源：2013—2017 全国教育统计数据。

5. 固定资产

2013年至2017年,全国高等教育学校固定资产值总体呈增长态势,从151608743万元增加到213524676.9万元,五年平均增速为8.94%;增速最高的为2016年,为9.55%。

以2017年全国高等教育学校固定资产值数据,采用单因素方差分析观察中东西部区域高校固定资产值的差异。结果显示,F值为7.425,显著性为0.003,小于0.05,说明省域间高校固定资产值存在显著差异。运用LSD多重比较进一步分析发现,东西部区域存在显著的差异,显著性水平为0.001,低于0.05。与我国东强西弱省级差异明显的教育布局相对应。2017年,东部地区固定资产值共114103520.5万元。其中,福建省高校固定资产值共6458678.43万元,在东部地区11个省份中居第9位。

2013—2017年,福建省高校固定资产值平均增速为10.09%,高于全国平均水平1.15个百分点。五年中,增长最快的是2015年,增长率为11.72%。2017年,福建省高校固定资产值为6458678.43万元,全国占比3.02%,居全国各地区第16位。2013—2017年全国和福建省高等教育学校固定资产值如表5.1.21所示。

表5.1.21　2013—2017年全国和福建省高等教育学校固定资产值

年份	全国			福建省		
	固定资产值（万元）	增长率	平均增速	固定资产值（万元）	增长率	平均增速
2013	151608743	—		4398492.93	—	
2014	164141267	8.27%		4900870.5	11.42%	
2015	179320745.7	9.25%	8.94%	5475028.7	11.72%	10.09%
2016	196438133.1	9.55%		5887779.99	7.54%	
2017	213524676.9	8.70%		6458678.43	9.70%	

数据来源:2013—2017全国教育统计数据。

(二)全国教育经费执行情况统计①

2017年,全国各地区公共财政教育支出共计2.83万亿元;其中,福建省公共财政教育支出为850.47亿元,居全国各地区16位。全国平均公共财政教育支出占公共财政支出比例为15.77%,福建省占18.02%。预算内教育拨款除黑龙江省外,均较上年有所增长;有9个省自治区直辖市预算内教育拨款本年比上年增长在10%以上,福建省比上年增长7.74%,居全国各地区16位。财政经常性收入本年增幅在5%以上的有18个省自治区直辖市,福建省比上年增长4.43%,居全国各地区21位。有21个省自治区直辖市公共财政教育支出增长幅度高于财政经常性收入增长幅度,福建省公共财政教育支出增长幅度高于财政经常性收入增长幅度3.31个百分点,居全国各地区14位。2017年全国各地区教育经费执行情况如表5.1.22所示。

表5.1.22 2017年全国各地区教育经费执行情况

地区	公共财政教育支出(亿元)	公共财政教育支出占公共财政支出比例(%)	预算内教育拨款本年比上年增长(%)	财政经常性收入本年比上年增长(%)	公共财政教育支出与财政经常性收入增长幅度比较(百分点)
北京市	955.7	14.01	8.32	9.16	−0.84
天津市	434.61	13.25	2.07	2.51	−0.44
河北省	1246.63	18.84	11.75	10.57	1.18
山西省	618.09	16.45	1.73	29.14	−27.41
内蒙古自治区	545.77	12.07	0.46	−9.69	10.15
辽宁省	647.42	13.37	2.3	18.44	−16.14
吉林省	503.8	13.52	1.59	−2.09	3.68
黑龙江省	595.07	12.82	−0.15	7.39	−7.54
上海市	835.65	11.07	4.2	3.69	0.51

---

① 根据教育部官方网站上公布的2017年全国教育经费执行情况,http://www.moe.gov.cn/srcsite/A05/s3040/201810/t20181012_351301.html。

续表

地区	公共财政教育支出（亿元）	公共财政教育支出占公共财政支出比例(%)	预算内教育拨款本年比上年增长(%)	财政经常性收入本年比上年增长(%)	公共财政教育支出与财政经常性收入增长幅度比较（百分点）
江苏省	1979.27	18.63	7.46	1.82	5.64
浙江省	1413.14	18.77	7.57	11.85	−4.28
安徽省	1012.52	16.32	11.16	2.41	8.75
福建省	850.47	18.02	7.74	4.43	3.31
江西省	939.42	18.33	11.81	5.97	5.84
山东省	1888.83	20.4	3.6	5	−1.4
河南省	1441.41	17.53	15.78	7.89	7.89
湖北省	1037.1	15.18	5.85	4.34	1.51
湖南省	1119.83	15.78	9	7.98	1.02
广东省	2522.55	16.77	12.42	9.97	2.45
广西壮族自治区	911.92	18.56	7.19	5.54	1.65
海南省	220.73	15.28	3.19	7.87	−4.68
重庆市	614.54	14.17	8.72	0.94	7.78
四川省	1397.19	16.08	9.37	5.04	4.33
贵州省	906.66	19.69	7.9	4.85	3.05
云南省	988.75	17.31	14.42	4.21	10.21
西藏自治区	216.36	12.86	23.05	11.74	11.31
陕西省	814.11	16.84	4.87	13.28	−8.41
甘肃省	567.36	17.15	3.39	7.82	−4.43
青海省	186.63	12.2	10.57	3.03	7.54
宁夏回族自治区	166.8	12.12	11.41	7.29	4.12
新疆维吾尔自治区	721.7	15.55	8.59	4.66	3.93

数据来源：中华人民共和国教育部官网2017全国教育经费执行情况公告。

四、运用方差分析法分析福建省本科教育在全国以及东部的发展位置

本书将通过对教育部、统计局等国家官方数据,对规模结构、质量效益、条件资源等3个维度的25个指标进行全国、省级两个层面的比较分析,运用单因素方差分析影响中东西部本科教育质量的差异。

(一)方差分析法的择取

"方差分析是20世纪20年代由英国统计学家R.A.Fish-er首次引入的一种统计方法,又称变异数分析或F检验,用于对两个及两个以上样本均数差别的显著性检验。它的实质是通过分析数据的误差来源,进而检验多个总体的均值是否相同,也就是给出一个或多个自变量对因变量是否独立的初步判断,根据自变量的个数可以将方差分析分为单因素方差分析和双因素方差分析。"[①]方差分析理论很简单,但计算量相对较大。随着计算机的发展和一系列统计软件的出现,方差分析有其优势,并且已经在经济学、生物学、医学、社会学、教育学等方面被广泛使用。

设单因素 A 具有 r 个水平,分别记为 $A_1,A_2,\cdots,A_r$,在每个水平 $A_i(i=1,2,\cdots,r)$ 下,将分析指标数据可以看成一个总体 $X_i(i=1,2,\ldots,r)$ 且 $X_i\sim N(\mu_i,\sigma^2)$,水平 $A_i(i=1,2,\cdots,r)$ 下,进行 n_i 次独立试验,样本记为 X_{ij},$i=1,2,\cdots,r,j=1,2,\ldots,n_i$,$X_{ij}\sim N(\mu_i,\sigma^2)$ 且相互独立。[②] 其分析步骤如下:

1.确立假设

假设检验 $H_0:\mu_1=\mu_2=\cdots=\mu_r$,备择假设 $H_1:\mu_1=\mu_2=\cdots=\mu_r$ 不全相等。

由于 $X_{ij}-\mu_i=\varepsilon_{ij}$,记 $\mu=\dfrac{1}{n}\sum_{i=1}^{r}n_i u_i$,$n=\sum_{i=1}^{r}n_i$,$a_i=\mu_i-u$,$i=1,2,\ldots,r$,则数学模型为:

---

① 李玉毛.单因素方差分析在经济数据分析中的应用[J].赤峰学院学报(自然科学版),2012,28(3):18-19.

② 郭萍.单因素方差分析在数理统计中的应用[J].长春大学学报,2014,24(10):1370-1373.

$$\begin{cases} X_{ij} = u + a_i + \varepsilon_{ij} \\ \sum_{i=1}^{r} n_i a_i = 0 \\ \varepsilon_{ij} \sim N(0, \sigma^2) \end{cases}$$

其中 $i=1,2,\cdots,r, j=1,2,\cdots,n_i, \varepsilon_{ij}$ 相互独立，μ_i 和 σ^2 相互独立，故原假设改写为：$H_0: a_1 = a_2 = \cdots = a_r = 0$。

2.构建统计量

为了构造检验假设(1)的统计量，首先，需要找到引起 X_{ij} 波动的原因。从 $X_{ij} = \mu + a_i + \varepsilon_{ij}$ 中可以看出，若检验假设(1)为真，则 X_{ij} 的波动纯粹是随机性引起的；若检验假设(1)为假，则 X_{ij} 的波动是由第 i 个水平和随机性共同引起的。因而，需要构造一个量来刻画 X_{ij} 之间的波动，并把引起波动的上述两个原因用另外两个量表示，这就是方差分析中的平方和分解法。[①]

记 $\overline{X_i} = \frac{1}{n_i} \sum_{j=1}^{n_i} X_{ij}, \bar{X} = \frac{1}{n} \sum_{i=1}^{r} \sum_{j=1}^{n_i} X_{ij}$，引入

$$S_T = \sum_{i=1}^{r} \sum_{j=1}^{n_i} (X_{ij} - \bar{X})^2 = S_E + S_A$$

其中，

$$S_A = \sum_{i=1}^{r} n_i (\overline{X_i} - \bar{X})^2 = \sum_{i=1}^{r} n_i (a_i + \overline{\varepsilon_i} - \bar{\varepsilon})^2$$

$$S_E = \sum_{i=1}^{r} \sum_{j=1}^{n_i} (X_{ij} - \overline{X_i})^2 = \sum_{i=1}^{r} \sum_{j=1}^{n_i} (\varepsilon_{ij} - \overline{\varepsilon_i})^2$$

若 H_0 成立，S_A 只反映随机波动；若 H_0 不成立，S_A 还反映了 A 的不同水平效应 a_i。单从数值上看，当 H_0 成立时，$\frac{S_A/(r-1)}{S_E/(n-r)} \approx 1$，当 H_0 不成立，这个比值将远大于1。可以证明 $S_T/\sigma^2 \sim \chi^2(n-1); S_E/\sigma^2 \sim \chi^2(n-r), S_A/\sigma^2 \sim \chi^2(r-1)$，且 S_A 与 S_E 独立。故构造统计量 $F = \frac{(n-r)S_A}{(r-1)S_E} \sim F(r-1, n-r)$。对于给定的水平 a_i，确定拒绝域。由于 H_0 不真时，S_A 值偏大，导致 F 值偏大。因

---

① 魏宗舒,等.概率论与数理统计教程[M].北京:高等教育出版社,2001.

此,若 $F>F_{1-a}(r-1,n-r)$,拒绝 H_0,表示因素 A 的各水平下的效应有显著差异;若 $F<F_{1-a}(r-1,n-r)$,接受 H_0,表示因素 A 的各水平下的效应有显著差异。

将实际数据代入统计量 F 中,计算 F 值(如表5.1.23)并对 H_0 作出接受或拒绝的判断。

表 5.1.23　单因素方差分析表*

方差来源	平方和	自由度	均方和	F 值
因素 A	S_A	$r-1$	$MS_A=S_A/(r-1)$	$F=MS_A/MS_E$
误差 E	S_E	$n-r$	$MS_E=S_E/(n-r)$	
总和 T	S_T	$n-1$		

* 吴赣昌.概率论与数理统计[M].理工类4版.北京:中国人民大学出版社,2011.

通过方差分析,"如果结论拒绝 H_0 接受 H_1,则可以认为各总体均值存在差异;但是,要确定哪两者之间存在差异,哪两者之间没有差异,需要进一步进行两两比较;即多重比较(multiple comparison)"。① "通常,当方差分析的结果拒绝 H_0 时,有必要进行多重比较,这是根据它们的逻辑关系来说。"② "方差分析有统计学意义后,进行多重比较称为条件情形;不经方差分析直接进行多重比较称为非条件情形。"③ 多重比较有多种方法,常用的三种方法为最小显著差数法(LSD 法)、复极差法(q 法)和 Duncan 氏新复极差法(SSR 法)。④ 本书将按中东西部划分全国各省份,针对规模结构、质量效益、条件资源等3个维度的25个指标,同时以福建省为例,对福建省应用型本科高校各分类层次进行单方差分析,若各总体均值之间有差别,再进行 LSD 多重比较,确定是哪两个区域间存在差异。

---

① 刘万里.计量资料多重比较方法评价[D].新疆医科大学,2007.
② 郭祖超.医用数理统计方法[M].第三版.北京:人民卫生出版社,1987:263-266.
③ 薛禾生,陆守曾.计量资料多个样本均数间两两比较方法的评价[J].南通大学学报(医学版),1988(01):45-47.
④ 刘忠华.豆酱专用酵母菌的选育及发酵工艺的优化[D].内蒙古农业大学,2012.

最小显著差数法(LSD法,least significant difference)的基本作法是:在 F 检验显著的前提下,先计算出显著水平为 a 的最小显著差数 LSD_a,然后将任意两个处理平均数的差数的绝对值 $|\bar{x}_{i.}-\bar{x}_{j.}|$ 与其比较。若 $|\bar{x}_{i.}-\bar{x}_{j.}|>LSDa$ 时,则 $\bar{x}_{i.}$ 与 $\bar{x}_{j.}$ 在 a 水平上差异显著;反之,则在 a 水平上差异不显著。最小显著差数由下式计算:[1]

$$LSD_a = t_{a(df_e)} S_{xi.-xj.}$$
$$S_{xi.-xj.} = \sqrt{2MS_e/n}$$

式中:$t_{a(df_e)}$ 为在 F 检验中误差自由度下,显著水平为 a 的临界 t 值,$S_{\bar{x}_{i.}-\bar{x}_{j.}}$ 为均数差异标准误,其中 MS_e 为 F 检验中的误差均方,n 为各处理的重复数。

当显著水平 a 取值 0.05 和 0.01 时,从 t 值表中查出 $t_{0.05(df_e)}$ 和 $t_{0.01(df_e)}$,代入下式得:

$$LSD_{0.05} = t_{0.05(df_e)} S_{xi.-xj.}$$

$LSD_{0.01} = t_{0.01(df_e)} S_{xi.-xj.}$

利用 LSD 法进行多重比较时,可按如下步骤进行:

(1)列出平均数的多重比较表,比较表中各处理按其平均数从大到小、自上而下排列;

(2)计算最小显著差数 $LSD_{0.05}$ 和 $LSD_{0.01}$;

(3)将平均数多重比较表中两两平均数的差数与 $LSD_{0.05}$、$LSD_{0.01}$ 比较,作出统计推论。

(二)福建省本科教育质量在全国以及东部发展位置及态势结果分析

通过对规模结构、质量效益、条件资源等 3 个维度中,专任教师、授予学位数、高级职称占比等 20 个重要指标进行采用单因素方差和 LSD 多重比较进一步分析发现,大部分指标在全国东西部区域和中西部区域均存在差异,整体结果如表 5.1.24 所示:

---

[1] 明道绪.生物统计附试验设计[M].北京:中国农业出版社,2002:102-103.

表 5.1.24　福建本科教育质量监测指标在全国及东部地区情况表

各省份 监测指标		F 值	显著性			福建省排名	
			整体	东西部	中西部	全国	东部
规模结构	本科高校数	7.604	0.002	0.001	0.013	17	9
	毕业生数	5.558	0.009	0.008	0.009	15	7
	授予学位数	5.663	0.009	0.007	0.009	15	7
	招生数	4.969	0.014	0.011	0.014	17	8
	在校生数	3.607	0.04	0.02	0.038	16	8
	专任教师	4.753	0.017	0.009	0.025	16	8
质量效益	2008年特色专业建设点数量	9.131	0.001	0	0.103	—	—
	2011年特色专业建设点数量	4.212	0.025	0.007	0.176	—	—
	高级职称	2.82	0.077	—	—	16	8
	国家虚拟仿真实验教学项目	9.132	0.001	0	0.103	10	7
	学科竞赛	7.49	0.002	0.001	0.037	14	8
	教学与科研人员数	8.319	0.001	0.000	0.047	19	10
	成果授奖数	5.512	0.01	0.003	0.052	19	9
	技术转让当年实际收入	3.171	0.057	—	—	10	6
	首批高等学校科技成果转化和技术转移基地数量	4.610	0.019	0.009	0.029	5	—
条件资源	高校占地面积	3.477	0.045	0.028	0.040	17	8
	高校图书数	5.659	0.009	0.004	0.017	16	8
	高校计算机数	6.926	0.004	0.001	0.044	17	8
	教室数	4.035	0.029	0.055	0.012	20	8
	固定资产	7.425	0.003	0.001	0.119	16	9

注：目前指标仅限于官方公布可得数据。

总体来看，全国中西部区域本科教育发展存在明显差异。从福建省来看，具有几个特点:一是由于历史原因,福建省在本科高校数、本科招生规模等方面始终存在劣势,但福建省本科教育的质量效益指标快速发展,发展态势良好,均呈稳定上升状态。二是从在全国以及东部地区的发展位置来看,仍需进一步强化本科教育。整体来看,福建省本科教育在全国34个省份中位居中游,在东部11个省份中位居下游。其中,福建省在东部地区中,技术转让当年实际收入、毕业生数、授予学位数、招生数、国家虚拟仿真实验教学项目、高校图书数等11个指标位居8名之前,本科高校数、成果授奖等4个指标位居8名之后。福建省本科教育在全国以及东部地区的发展情况,也基本上可以明确福建省应用型本科教育在全国以及东部地区的宏观位置判断。

第二节 福建省近年来应用型本科教育质量监测的评价结果分析

"十二五"以来,福建省深入推进管办评分离,加强政府的宏观管理,落实高校办学自主权,改革高等教育管理模式,加强高等教育质量监测评价、审核评估以及专业评估及认证,推动高校内涵式建设。为全面深入分析福建省应用型本科教育质量,特对"十二五"以来福建省以省级监测、审核评估、专业认证以及示范性建设为牵引的质量监测评价的结果进行说明分析,对接下来以福建省为例,开展的省域应用型本科教育质量监测评价的实证研究作一相互印证。

一、以省级监测为基点,福建省应用型本科教育质量的常规监测分析

(一)围绕"三个服务",优化顶层设计

福建省教育主管部门强调"建设高等院校办学监测体系,是在福建省深化高等教育领域综合改革、管办评分离改革的大背景下,增强评价导向和指挥棒

效应,提升政府监管水平和高校办学水平的重要举措,意义重大"①。2014年,福建省政府出台了《关于改革完善高等教育治理方式,推动高等学校内涵发展的若干意见》,强调通过加强政府统筹,深入推进"管办评"分离,改革高等教育管理模式,建立高校办学绩效评价考核体系,激发高校内涵建设的动力,全面提高办学质量和服务能力。福建省高等教育质量监测系统的建立是福建省加快高等教育现代化的必要举措,在当时全国尚无先例。福建省安排1000万元的专项经费,围绕"三个服务",突出"三个建设"监测体系,深化"四项评估",推进高校教育治理体系和治理能力的现代化进程。② 福建省教育评估研究中心强调"只有尊重教育发展客观规律,切实做好"管办评分离",切实做好"三个服务",才能真正实现"管办评协同共生"。③ 一是服务政府统筹。福建省力图通过办学监测体系的功能建设,为省级政府统筹提供科学、准确的依据,从而进一步理顺政府与高校的权责,充分发挥政府和高校两个方面的积极性,形成统筹有力、权责明确的教育治理关系。二是服务院校办学。通过建设办学监测体系,围绕高校内部治理体系建设、治理能力提高,深化内部综合改革,优化专业结构,构建福建省高等教育质量标准和质量保障体系,切实提高人才培养质量,增强高校服务人的全面发展以及服务经济社会发展的能力,有力推动福建省高校进入"责任时代"。三是服务社会评判。通过办学监测体系发布平台,把高校内涵指标监测报告和教学质量年度报告等社会和人民群众关注的信息予以发布,向社会提供准确权威的高校办学信息,主动回应社会关切,引导公众舆论,营造适宜教育改革发展的良好氛围,提升社会监督力度和效用,形成社会监督信息互动、社会监督问责机制,形成强有力的监督合力。

(二)突出"三个建设",完善体系架构

福建省在建设监测体系时,突出"三个建设"。一是建设云数据中心及其管理系统。通过对办学条件、办学质量、发展潜力等进行监测和管理,动态监测高

---

① 黄红武.管办评分离:办学监测体系建设是切入点[J].中国高等教育,2016(01):33-36.
② 福建省人民政府.关于改革完善高等教育治理方式推动高等学校内涵发展的若干意见[Z].2014-08-05.
③ 柏定国."三个服务":高校办学质量监测体系的旨归[J].教育评论,2016(10):8-11.

校基本办学条件、领导治理能力、人才培养质量、科学研究质量以及社会服务及影响力等,并进行横向纵向比较监测和预警。二是建设质量监测专家团队。在建设监测体系时,福建省在全国范围内(含台、港澳地区)遴选学科专业带头人、教学教务管理骨干、校务管理骨干、办学绩效分析及评价骨干、行业企业专家等一批家,分批次、系统性、在地化进行了三期专业培训,共入库专家800多名,建设一支适应福建省教育评估需要的专家团队,负责对各项高校办学监测数据进行分析与评估。三是建设信息发布平台。福建省通过信息化技术,构建了监测平台,该平台由信息服务门户系统和信息发布服务系统组成,通过平面媒体、互联网(支持PC、移动设备)、发布会、论坛等多种渠道,向不同类型用户群体发布与其信息查阅权限对适应的、具有自主知识产权的评估结果或者研究报告,并可通过在线调查系统获取社会公众的反馈意见。福建省高等教育质量监测体系结构见图5.2.1。

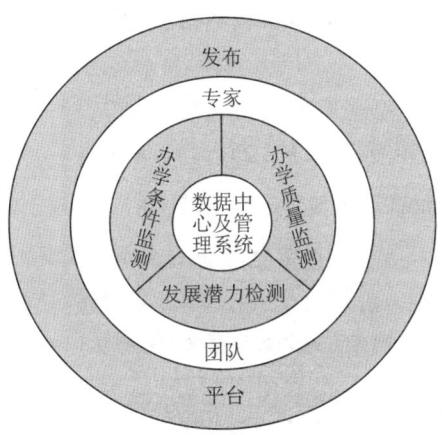

图5.2.1　福建省高等教育质量监测体系

(三)深化"四项评估",推进实践应用

在"十二五"期间,福建省一方面通过常态化监测,强化高等教育质量管理,同时深化评估,整体推进高等教育质量提升。一是进行院校评估。利用监测平台本科教学的基本状态数据,评估福建省本科高校人才培养目标和产出成果,促进人才培养的多样化。二是推动自我评估。支持高校定期开展办学质量、学科专业、课程教材、科技服务、办学绩效、毕业生就业等校内自我评估工作。三

是发布评估报告。每年向社会公开发布涉及本科、高职的高校办学条件、办学质量、教育质量、发展潜力、研究生教育发展、中外合作办学、闽台合作办学、毕业生发展、IEET专业认证、美育发展、应用研究发展等领域的一系列监测报告,推进高校内涵发展。①

二、以审核评估为契机,福建省应用型本科教学质量的监测结果分析

近年来,福建省持续推动应用型高校建设,开展本科教学评估工作,主动适应社会经济发展,引领产业转型升级,深化产教融合和育人模式改革,促进全省应用型高校建设向内涵化发展,提高应用型、复合型人才培养质量。

2015年,为落实《福建省中长期教育改革和发展规划纲要(2010—2020)》,推进福建省高等教育内涵式发展,提高本科教学水平和人才培养质量,福建省教育厅根据《教育部关于普通高等学校本科教学评估工作的意见》(教高〔2011〕9号)和《教育部关于开展普通高等学校本科教学工作审核评估的通知》(教高〔2013〕10号)精神,结合福建省高等院校办学监测体系建设要求,制定并印发《福建省高等教育评估办法(试行)》,委托福建省教育评估研究中心于2015—2018年在省内开展首轮普通高等学校本科教学工作审核评估,涉及福州大学、福建工程学院、福建师范大学等15所普通本科高校,其中12所应用型本科高校。详细名单参见表5.2.1。

表5.2.1 福建省首轮本科教学工作审核评估高校名单

序号	学校名称	审核评估时间
1	福州大学	2015年12月20—24日
2	福建工程学院	2015年12月6—10日
3	福建师范大学	2016年11月7—11日
4	福建农林大学	2016年11月21—25日
5	福建医科大学	2016年12月19—22日
6	福建中医药大学	2016年12月11—15日

---

① 福建省教育厅.福建积极推进高等院校办学监测体系建设[Z].2015-08-05.

续表

序号	学校名称	审核评估时间
7	集美大学	2016年5月30日—6月3日
8	闽南师范大学	2016年12月5—9日
9	泉州师范学院	2016年11月14—18日
10	莆田学院	2017年5月8—12日
11	闽江学院	2017年12月4—8日
12	厦门理工学院	2017年11月20—24日
13	三明学院	2018年11月26—30日
14	龙岩学院	2018年6月4—8日
15	武夷学院	2018年11月19—23日

数据来源：普通高等学校本科教学工作审核评估专家组审核评估报告。

为深入了解福建省本科教育，尤其是应用型本科教育审核评估的情况，特别对福建省审核评估专家组对首批应用型本科高校的评估结论进行了分析，以期为后续福建省应用型本科教育质量监测评价提供依据之一。

（一）办学理念与目标定位发展

"办学理念是以办学实践为基础，人们对学校发展所形成的理性认识、理想追求和观念体系。"[①]办学理念是一所学校文化底蕴和办学精髓的积淀和升华，是引领学校发展的灵魂。办学理念并非大学理念。潘懋元先生指出："大学理念是共性的、普遍的，而办学理念则是具有个性的、特殊性的。"每所大学都应根据自己的办学特色，在共性的大学理念的基础上形成自身的办学理念。省域应用型本科教育的办学理念实际上是省内应用型本科高校办学理念的综合体现。应用型本科高校的办学理念应该包括应用型的办学定位、应用型人才培养定位和培养目标。

---

① 郭珊珊,李静.浅论中国特色应用技术大学办学理念——以地方高校转型发展为视角[J].许昌学院学报,2017(01):139.

从收集到的部分福建省应用型本科高校的办学理念可以看出,"以学生为中心""注重人才培养"和"社会服务"职能在其中占据了大部分。办学和发展定位中,几乎所有的学校都体现了"应用型"思想,各学校也根据自身的办学类型和办学优势设定了特色的发展方向,如集美大学"专业布局以工科为主干,学科以涉海为特色",闽南师范大学"建成一所特色鲜明、多学科融合发展的高水平师范大学",福建商学院"商科优势明显、办学特色鲜明、规模适度、结构合理",厦门华厦学院"建成区域性应用技术人才培养的摇篮、民生需求的应用技术服务中心和职业教育对台合作交流的窗口"。

对福建省应用型本科高校的办学理念进行词云分析的结果(图 5.2.2)可以看出,"应用型"和"服务"是其中的主频次,说明各应用型本科高校的办学理念中突出了应用型的发展思路,同时将服务意识融入到学校的建设中。

图 5.2.2　福建省应用型本科高校办学理念词云分析图

对办学定位的词云分析与办学理念的结果相似,其中"应用型"和"服务"仍是主频词汇,详见图 5.2.3。此外,在办学定位中"特色""鲜明"等突出个性发展的词汇也占据了较大的比例。由此可以看出,在高等教育评价标准多样化的大背景下,各应用型本科高校在定位自身发展方向时,能结合学校自身发展的特色而有明确和清晰的定位,从长远看,这有利于学校品牌的建立。

审核评估非常关注高校办学定位问题,因为它是高校办学的最顶层设计,是"总纲",也是人才培养目标定位的基本依据之一。从这一轮评估中按照办学类型来看,涉及研究型大学、研究教学型大学、教学研究型大学、教学型大学和

第五章 福建省应用型本科教育发展的背景分析

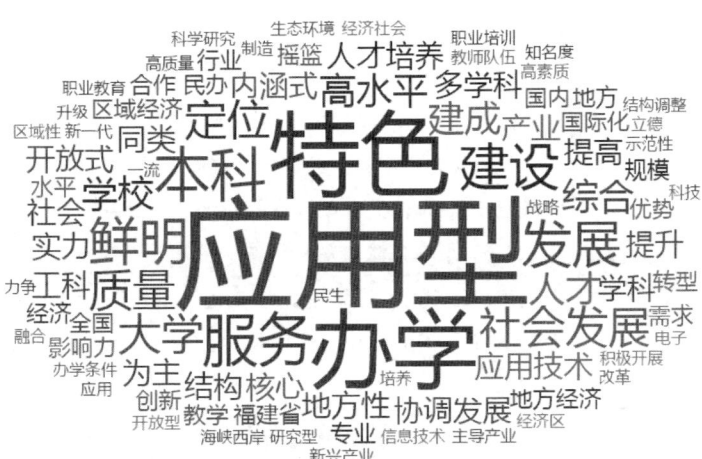

图 5.2.3 福建省应用型本科高校办学定位词云分析图

应用型大学;按照学科多少来看,涉及单科性大学、多科性大学、综合性大学;按照社会影响度来看,涉及国内一流大学、高水平大学、行业特色大学;按照隶属关系来看,主要涉及地方院校。参与评估的高校均基于国家经济社会发展需求、自身办学条件和发展潜力,科学明确办学定位,恰当地形成高校自制的这把总"尺子"。2015—2018 年,福建省共有 12 所应用型本科高校经教育部本科教育审核评估,经对评估组专家报告进行分析,认为各高校办学定位科学务实、立足当下,服务社会;知识结构合理,专业结构合理,专业基础扎实,培养出高素质、应用性、技术型人才。详细评价参见表 5.2.2。

表 5.2.2 福建省首轮本科教学工作审核评估高校专家组关于办学定位评价

学校名称	专家组意见
福建工程学院	持续深化"以工为主、地方性、应用型"的办学定位,实现事业巨大发展
福建医科大学	办学定位明确,思路清晰
福建中医药大学	坚持"立足福建、辐射全国、面向世界"的服务定位,为国家和福建省经济社会发展、地方中医药事业培养了一大批优秀的中医药人才
集美大学	目标定位与国家和福建省经济社会发展需求契合度高,值得肯定
闽南师范大学	办学定位与目标符合学校办学实际

续表

学校名称	专家组意见
泉州师范学院	服务地方经济社会发展意识强,紧紧抓住国家产业转型升级、深化教育领域综合改革和普通本科高校向应用型转变的机遇,克服办学基础较差、师范类专业转型的困难,主动推进向应用型转变,确立了"应用型综合性地方大学"的办学定位
莆田学院	向应用型转变的发展思路清晰,符合福建省和莆田市地方经济社会发展需要,符合学校办学历程所形成的办学传统、办学优势和办学特色
闽江学院	学校定位符合该校办学基础和地方社会发展需求
厦门理工学院	立足应用型大学的发展思路清晰,符合福建省和厦门地方经济社会发展需要
三明学院	各类定位基于兼顾学校办学发展历史积淀,符合区域经济社会发展需要,在学校的各类规划得以体现并逐步落实
龙岩学院	办学定位与目标清晰,符合学校实际
武夷学院	所确立的办学定位与目标有依据、有规划、有政策、有举措、有成效,办学方向正确,定位准确,目标明确

数据来源:普通高等学校本科教学工作审核评估专家组审核评估报告。

从以上可以看出,审核评估专家组对于福建省应用型本科高校的办学定位表示肯定,认为符合学校发展实际。

(二)人才培养理念与目标定位

2017—2018学年,福建省各高校坚持以习近平新时代中国特色社会主义思想为指导,全面贯彻落实习近平总书记在全国教育大会上的讲话精神以及新时代全国高等学校本科教育工作会议精神,为"建设新福建、再上新台阶"提供人才支撑和智力支持。总体来看,全省各高校人才培养目标定位体现四个显著特点:一是培养方向准确。紧紧围绕"培养什么人、怎样培养人、为谁培养人"这一根本问题,坚持社会主义办学方向,坚持立德树人根本任务,坚持"以本为本,四个回归",培养德智体美劳全面发展的社会主义建设者和接班人。二是培养目标高远。全面落实"新时代高教 40 条"要求,对照《普通高等学校本科专业类教学质量国家标准》,着力建设一流本科、一流专业、一流人才。如福建中医药大学提出"立足福建、服务全国、走向世界,把学校建设成为以中医药为主体,多学科协调发展,高水平、有特色的教学研究型大学"的服务面向定位等。三是培养定位精准。办学定位以及办学基础的不同,决定人才培养目标定位不同。如厦门理工学院明确"亲产业、开放式、国际化"的办学定位,提出培养"以社会需求和素质养成为导向,培养集知识应用、实践动手、职业岗位、创新创业等核心能力为一体且具有国际视野的应用型创新性高级专门人才"等。四是服务面向清晰。立足国家高等教育改革发展要求以及福建教育事业发展实际,主动对接国家及区域战略,在本科人才培养规格上主动对接福建经济社会发展对人才的多元化需求。如福建商学院提出"培养适应地方经济建设和社会发展需要,面向生产服务一线,具有良好道德品质、勇于创新精神和高度社会责任感,理论功底扎实、实践能力突出、拥有就业创业能力、具备国际化视野和继续学习能力的高素质应用型、复合型人才"等。

此外,参评高校均基于外适性、内适性以及个适性视角,依据国家和社会需求,依据学校办学定位,依据学生全面发展要求和职业适应能力,有准确的人才培养目标定位。专家组的意见中也高度认可参评高校的人才培养定位,认为各参评高校的人才培养定位符合学校办学基础和未来发展规划,同时赞誉了部分参评学校为地方人才发展所做的贡献。

(三)人才培养模式

参评高校人才培养模式改革策应福建经济社会发展、贴近自身办学定位,模式改革举措各异,成效亮点纷呈。参评学校中福建工程学院、福建医科大学、福建中医药大学、集美大学、闽南师范大学、闽江学院和龙岩学院均高度重视学生的实践能力,在各自的人才培养模式中制定了相应的实践教学体系,专家组在审核评估中也给出了高度的评价。此外,莆田学院和厦门理工学院则通过加强与企业间的交流合作,以校企合作办学的形式来拓展人才培养的渠道,也得到了专家组的肯定。

(四)教学质量保障制度及体系监测情况

根据近三年参评应用型本科高校审核评估专家组意见,可以看出,各参评

校均制定和完善了一系列教学管理、学生管理等方面的制度文件,对规范教学与学生工作发挥了重要作用。参评高校均围绕人才目标定位,以成果产出为导向,建立健全贯通培养目标、培养模式、过程监控、培养结果等人才培养全过程的内部质量保障系统,着力保障人才培养质量,取得较好实效。

(五)应用型人才培养目标明确,培养质量社会认可度高

根据专家组意见,认为福建省接受评估的学校应用型人才培养目标明确,培养质量受到肯定。如:福建医科大学构建"培养、教育、管理、服务、发展"五位一体的大学生思想政治教育工作体系,开展导师制,从"导学、导向、导心"三个方面,构建了"全程、全员、全方位"的育人模式,增强了学生的专业归属感和对未来的信心。近三年毕业生的就业情况总体呈现就业率高、专业相关度高、就业层次高、就业稳定性高等"四高"特点,人才培养质量的社会满意度高,实现了预期的人才培养目标。福建中医药大学以"建设高水平有特色的中医药大学"为办学目标,坚持培养"具备良好的思想品德、专业素养和中医人文精神,有一定自主学习能力,具有创新精神和实践能力的中医药人才",坚持"立足福建、辐射全国、面向世界"的服务定位,为国家和福建省经济社会发展、地方中医药事业培养了一大批优秀的中医药人才。集美大学立足于服务地方经济社会发展和相关行业发展,确立"应用研究型大学"办学定位,明确"有特色、高水平、国内知名"的学校发展目标,培养应用型创新人才。毕业生初次就业率较高,受到社会和用人单位好评。福建工程学院持续深化"以工为主、地方性、应用型"的办学定位,积极探索应用技术型人才培养模式的改革与实践,启动新一轮应用技术型人才培养的课程改革与建设,制定并开始实施新一版的应用技术型本科人才培养方案,优化课程体系,增强对学生实践能力、创新创业能力的培养。学校总体办学层次和办学水平在国内新建地方本科院校中位居前列。厦门理工学院确立"亲产业、开放式、国际化"的办学定位准确,立足应用型大学的发展思路清晰,符合福建省和厦门地方经济社会发展需要。学校提出了"强工程、厚经管、大文化"的学科定位,明确了"以社会需求和素质养成为导向,培养集知识应用、实践动手、职业岗位、创新创业等核心能力为一体且具有国际视野的应用型创新性高级专门人才"的人才培养目标定位,契合了学校根植厦门、融入厦门、服务厦门、贡献厦门,为福建乃至全国区域经济社会发展的服务定位。近几年

毕业生一次就业率和年终就业率均保持在较高水平。闽南师范大学提出"强化教师教育,凸显闽南文化。以特色优势学科领域和专业群建设为重点,以综合改革为动力,不断提高育人质量,增强科技创新与社会服务能力,提升综合实力,努力把学校建成特色鲜明、多学科协调发展的师范大学"的发展目标定位,符合福建省对闽南师范大学的办学要求和学校的办学实际。办学定位与人才培养目标在《闽南师范大学章程》《"十三五"发展规划》《"十三五"学科专业建设规划》等文件中得到充分体现,有利于办学定位与发展目标的落实。泉州师范学院确立了"应用型综合性地方大学"的办学定位,积极探索产教融合、协同育人人才培养模式,培养敢拼会赢、创新创业的高素质应用型人才,人才培养与福建省和泉州市经济社会发展需求契合度高。近三年来,毕业生就业率稳定,毕业生中涌现出不少优秀创业典型,受到社会和用人单位好评。闽江学院实施"按发展需要培养人"的发展战略,围绕自己的办学定位,致力于培养"满足生产和服务一线关键管理或技术岗位需求的高素质应用型人才"。学校定位符合该校办学基础和地方社会发展需求。

(六)重视本科教学研究,教学改革初见成效

专家组认为受评高校均重视本科教学研究和教学改革,成效明显。如:福建工程学院启动新一轮应用技术型人才培养的课程改革与建设,制定并实施新版培养方案,优化课程体系,积极培养学生实践能力、创新创业能力,启动"注重学生学习过程考查和学生能力评价"的理工类课程考核方式改革,构建"一平台、二意识、三层次、四阶段、五开放"的实践教学体系;积极开展大学生文化科技活动,建立大学生创新创意中心。福建医科大学出台了一系列教学改革的政策措施,搭建了"校级—省级"教改平台,以教研促教改、以教改促教学。这些政策措施促进了教育教学研究,推进了课程体系和教学方法与手段的改革。学校按照"基础、综合、创新"三个层次,构建了实验课程、创新性训练、专业实习与毕业论文、课外社会实践四位一体的实践教学体系。福建中医药大学重视人才培养模式改革,以"修园班"探索现代高等中医药教育与传统师承模式相结合的人才培养模式改革,增加实践教学学时,设置了中医骨伤、中医康复等5个特色选修模块;以省级实验教学示范中心建设为依托,加大实验与实训教学资源平台投入,推行自主训练学习模式,建立了实践教学平台开放共享运行机制。集美

大学重视学生能力培养,以深化教学改革为动力,以"卓越计划"为抓手,积极探索应用型创新人才培养模式改革;加强实践教学,构建"分层次、多模块、相互衔接的'二个结合,三个层次,四年不断线'"的实践教学体系。闽南师范大学积极探索"特色化""多样化"应用型人才培养模式改革,本科人才分流培养模式为学生提供了更多的选择平台和成长空间,"校校、校企、校地"联合培养人才等模式得到深入探索。学校优化实践教学体系,形成了"一主线、三平台+多模块"的实践教学体系和"专业实践—社会服务—职业成长"一体化培养模式。学校构建了从本科到硕士、博士的闽南文化特色专业人才培养体系,实施了优秀闽南文化人才培养计划。泉州师范学院实施"四个纵向"培养阶段、"四个横向"培养平台的"四四制"人才培养新模式,较好地体现了应用型本科人才培养的需求;并以此为抓手,积极探索多样化人才培养模式;围绕泉州智能制造、纺织服装、石油化工、海洋食品、交通服务、电子商务六个重点产业,构建相应六大专业示范群,建立对接区域产业链的应用型专业体系,积极推进整体向应用型转型。闽江学院与名校合作、闽台合作、中外合作、开设创新实验班等措施,探索多样化人才培养模式;构建"一个核心、两个途径、三个层次、四个结合"的实践教学体系,有效发挥实践教学在应用型人才培养中的重要作用;搭建思想政治素养、学生成长履历、公益志愿服务、社会实践能力、学术科研与就业创业、校园文化活动等六大平台,构建素质养成、知识传授、能力培养和创新创业教"四位一体"的基本教育模式,努力提高学生综合素质。厦门理工学院以四种核心能力培养为导向,以教学建设与改革项目为牵引,以专业认证和课程评估为抓手,以"产学融合、校企合作"为基本途径,不断完善教学建设与改革的激励措施,建立了形式多样的本科人才培养模式,在实施"卓越应用人才教育培养计划"、校企共建产业学院、开办"创新创业实验班"、实施闽台"校校企"合作办学等方面开展了有益的探索。

(七)学校定位区域经济发展,本科人才培养体系已建立

专家认为受评高校定位区域经济社会发展,服务地方意识强烈。如:莆田学院确立"应用型、地方性、开放式、特色化"的办学定位基本准确,向应用型转变的发展思路清晰,符合福建省和莆田市地方经济社会发展需求。学校提出了构建"布局合理、根植地方、特色鲜明的以工、医、管为主干,文、理、教、艺等多学科协调发展"的学科专业体系,明确了"致力于培养作为基层骨干、行业中坚的

上手快、能吃苦、有后劲的应用型人才"培养目标定位,契合了学校"立足地方、服务地方,为地方培养应用型人才"的办学定位。近几年,毕业生总体就业率高,就业与专业相关度逐年提升,毕业生和用人单位对学校评价较高。

三明学院致力于"创应用强校、育致用人才",在"地方性、应用型、开放式"、建设有特色高水平应用型大学发展目标、实施"转型、提质、增值"发展战略,人才培养总目标、学科专业人才培养目标符合新时代对教育教学发展规律的要求,符合区域经济社会发展需要,在学校的各类规划得以体现并逐步落实。近几年,毕业生对学校总体满意度高,大部分用人单位认为学校的毕业生思想素质好、学习能力较强,有较好的团队协作精神。

龙岩学院明确"立足龙岩、面向全省、辐射全国,服务区域发展"的办学定位,把学校建设成为服务地方、特色鲜明的闽粤赣边高水平应用型本科高校的办学目标。学校确立了"专业基础实、实践能力强、综合素质高的应用型人才"的人才培养总体目标,体现了人才培养供给侧和产业发展需求侧结构要素的要求,适应国家和区域经济发展需要。近几年,毕业生就业率较高,学生对自我成长总体满意。

武夷学院秉持"涵养穷索、致知力行"校训,紧密切合区域经济社会发展的需要,扎根武夷、立足闽北、服务福建、面向全国,以高素质应用型人才为培养目标,努力建设高水平应用型大学。通过合格评估5年来,立足内涵建设和转型发展,现为国家产教融合发展示范型高校、全国深化创新创业教育改革示范高校、全国实践育人创新创业基地、首批列入国家级大学生创新创业训练计划实施高校,是福建省硕士学位授予培育单位和示范性应用型本科高校。近几年,毕业生对学校的综合满意度、对工作岗位的适应度、用人单位对毕业生的综合素质满意度都比较高。

(八)产教融合,协同育人,各校应用型人才培养与地方结合紧密

专家组认为受评高校重视产教融合、校企合作、协同育人,取得成效。如:莆田学院探索实施创新试验班、闽台合作、中外合作、医工管结合等人才培养模式,举办妈祖文化传播人才培养特色班。推进专业建设和产教融合,重点建设医疗健康、工艺美术、装备制造、电子信息、电子商务、食品与化工等6个应用技术特色鲜明的专业群。对接莆田市"336工程"产业,学校与行业企业共建相应6个产业学院,尝试"校中厂""厂中校"模式,共同制定并实施人才培养方案,实践教学更贴近企业岗位需求,提高学生适应企业工作能力初显成效。

三明学院以成果为导向,以"卓越计划"为抓手,高度重视产教融合,探索实践跨界整合。学校在"343"模式的基础上,积极探索并实践专业群、产业学院、项目驱动创新班和应用型教学团队"四位一体"的应用型人才培养模式;建立了项目立项推进教学改革机制、建立健全教育教学激励机制,效果明显;建立了第一课堂与第二课堂相互融合的育人体系,促进了人才培养质量不断提升;通过"一体化、全过程、分层次、多模块"以及"学分化""课程化""项目化"的模式,联合开发成果导向教育管理平台,不断提升学生专业核心能力。

龙岩学院积极探索"产教融合、校企合作"的产学协同育人模式,并提供制度保障。学校坚持"能力为本"的应用型人才培养观,以深化产教融合、校企合作为路径,破解与企业全方位、实质性合作的协同育人的难题,开展了校企"3+1"、产业学院等改革模式。学校构建"三层次、三模块、三平台"的实践教学体系,重视实验、实习、毕业论文(设计)等实践教学环节过程管理,管理制度齐全。

武夷学院以转型发展引领教学改革,实施"七大工程"改革任务,涵盖人才培养全过程。健全激励机制,加大投入支持教学改革,强化管理保障教学改革成效。积极探索构建产教融合、协同育人机制,通过建立企业为主的董事会、校企共建的产业学院、企业人员参与的校院二级教学指导委员会等形式,推动各学院与行业企业联合培养人才,逐步探索形成了多样化的应用型人才培养模式。

三、以示范性和专业认证为牵引,福建省应用型本科高校内涵质量的专项监测分析

"十三五"以来,福建省积极提倡对高校开展工程及科技教育认证工作,截至2018年,共完成IEET认证专业77个,参与认证的各个专业在教育目标、课程设置和教师教学等方面制定了较完善的、执行性强的持续改善机制,不断改进教育教学质量、提升专业办学质量和国际竞争力。同时,福建省高度重视高校应用型学科的建设,构建新型学科体系,建立学科团队,构建学科平台,创新人才培养模式,为深化国际合作为区域经济社会发展、创新型省份建设提供强有力的科技支撑、人才支撑和智力支撑。

(一)IEET专业认证情况

2015年8月,福建省教育评估研究中心与IEET双方就开展"工程及科技

教育认证"进行研讨并签署合作备忘录,明确运行框架:福建高校IEET工程及科技教育认证项目由IEET主办,福建省教育评估研究中心协助办理,高校自愿申请认证,主动对接标准,自主选择类型,持续改进质量。2015年9月,《福建省人民政府办公厅关于印发加快发展现代职业教育若干意见实施细则的通知》(闽政办〔2015〕129号)明确提出,"委托台湾中华工程教育学会(IEET)对福建高等学校开展工程及科技教育认证"。2016年4月,《福建省"十三五"教育发展专项规划》提出"加强教育质量评估认证的国际交流合作,提升国际化办学水平";"引进和借鉴境外教育评价机制体制,加快高等教育专业认证国际化进程,完善教育督导评估体系,提升教育治理现代化水平"。2017年10月,《福建省教育厅关于印发进一步深化闽台教育交流与合作的若干意见的通知》(闽教合作〔2017〕40号)明确提出"支持台湾'中华工程教育学会'(IEET)在福建高校开展国际工程及科技教育认证业务"。2018年10月福建省质量强省工作联席会议办公室印发《贯彻落实省委省政府〈关于开展质量提升行动加快建设质量强省的实施意见〉(2018—2020年)行动方案》(闽质强省办〔2018〕12号)第67条提出"鼓励引入境外质量标准,在我省高校开展工程及科技教育认证业务"。

开展IEET工程及科技教育认证,对于明确专业人才培养目标、持续改进教育教学质量、提升专业办学质量和国际竞争力都具有重要的促进作用。高校以专业认证工作为契机,传达引导"学生学习成果导向"的教学和评量精神,加强专业建设,深化教育教学改革,将有效促进全校上下树立质量自觉意识,构建质量持续改进机制,推动学校内涵式发展。

2015年10月,本着"学校自愿、试点先行、积累经验、逐步推进"的原则,福建省教育评估研究中心最终确定将14所高校39个专业列入"IEET工程及科技教育认证首批试点专业",其中包括14个首批试点专业。截至2018年,福建省普通高校共完成IEET认证专业77个,其中第一批14个、第二批26个、第三批37个。参与认证的各个专业在教育目标、课程设置和教师教学等方面制定了较完善的、执行性强的持续改善机制。

面向全省第一批、第二批通过专业认证的40个专业毕业生、专任教师(含学院领导和专业负责人)以及用人单位开展的《2019年福建省普通高校IEET专业认证报告》调查结果显示,参与调查的用人单位对认证专业(包括EAC和TAC-

AD)毕业生各项核心能力达成情况的满足度高,其中对"应用现代技术及工具能力"和"应用自然科学及工程知识能力"表示"满意"及以上的比例超过90%。

教育目标合理性评价高。EAC与TAC-AD认证专业中各有超过九成的专任教师表示学校行政、经费方面的支持能满足其所在专业的发展需求;对其所在专业的教育目标设计合理性评价中,对各方面的评分均在4.10分以上,其中专业知识及技能的评分均最高。

专业主干(核心)课程合理性高。专任教师与毕业生对专业主干(核心)课、专业课、实习实践教学课程、Capstone课程的评价均高于4分;EAC认证专业中,近八成毕业班学生认为专业主干(核心)课程设置合理;TAC-AD认证专业中,近九成毕业班学生认为专业主干(核心)课程设置合理。

IEET专业认证有效强化了专业建设档案规范化管理。IEET专业认证通过九个认证规范以及六次认证培训会,全方位指导认证专业如何设计教育目标、完善课程组成、支撑毕业生核心能力,同时提供了系统的专业建设规范性和教学过程性档案整理及管理的指标体系。根据IEET专业认证体系,认证专业能更高效的构建专业人才培养体系,更规范地收集整理专业教学资料,更迅速地形成(或改进)专业建设档案管理机制。参与IEET专业认证的专家和老师认为通过IEET专业认证,学院领导、专任教师及教辅人员的教学资料规范化整理及档案留存意识得到较大程度的提升,学院专业建设及教学管理的机制得到进一步的改善。

IEET专业认证全面评测了专业教育目标及毕业生核心能力的达成度。IEET专业认证要求认证专业对教育目标和毕业生核心能力进行多维度长期跟踪评测,根据评测结果积极反馈到专业人才培养方案的修订完善中,从而使持续改进机制得以有效运行。IEET专业认证要求对在校生、应届毕业生、毕业3~5年的毕业生及用人单位等群体就教育目标的重要程度和达成度进行问卷调查;对在校生、专任教师等群体就教育目标、毕业生核心能力的熟悉程度及专业课程对毕业生核心能力的支撑度(达成度及满足度)进行问卷调查;要求专业专任教师、专业相关企业单位积极参与到专业教育目标及毕业生核心能力的制订;明确每门专业课程对专业教育目标和毕业生核心能力达成的支撑情况,并给出详细的考评方式;通过持续改进机制将上述的调查(或评测)结果应用到专业人才培养方案的修订及完善中。

IEET专业认证有效提升了专任教师在专业建设中的参与度。首先,专任教师要积极参与、研讨并确立专业教育目标,根据专业教育目标,合理配置专业主干(核心)课、专业课、实践性课程、Capstone课程以及毕业设计(论文)等,统筹协调各专业课程之间的有效衔接问题,明确各专业课程如何分工协作支撑毕业生核心能力的养成。其次,在承担专业课程教学的过程中,要思考如何组织课程教学内容,以充分满足本课程对毕业生核心能力的支撑作用,同时还要考虑采取何种更合适的考核方式来评价学生对毕业生核心能力的掌握情况。最后,专任教师要对专业课程教学过程进行反思,做好专业课程教学的持续改进工作,同时要将专业课程的考评结果反馈给专业指导委员会,商讨并对专业教育目标及人才培养方案给出合理的持续改进建议。

(二)示范性应用型专业群情况

2018年2月,福建省教育厅、发展与改革委员会、财政厅等三部门出台《关于公布示范性应用型本科高校和专业群建设名单的通知》指出,"示范性应用型本科高校及专业群是当地高校建设的重点,建设期为2018—2020年,要求各入选高校根据建设方案加快落实既定任务,更加主动地适应和引领社会经济发展及产业转型升级需要,持续推动应用型高校建设,深化产教融合和育人模式改革,示范引领全省应用型高校建设向体系化、内涵化发展,提高应用型、复合型人才培养质量,提升服务能力,为增强产业核心竞争力、汇聚发展新动能提供更加有力的支撑"。[①] 福建省示范性应用型本科高校及专业群如表5.2.3所示。

表5.2.3 福建省示范性应用型本科高校及专业群一览表

类别	高校名单
省示范应用型 本科高校(8所)	福建工程学院
	厦门理工学院
	武夷学院
	泉州师范学院
	莆田学院
	福建江夏学院
	三明学院
	龙岩学院

---

① 福建省教育厅、省发改委、省财政厅.关于公布示范性应用型本科高校和专业群建设名单的通知[Z].2018-02-11.

续表

类别	高校名单
示范性应用型专业群	福州大学地矿类应用型人才培养专业群
	福建师范大学化工新材料专业群
	集美大学航海类专业群
	闽江学院纺织服装专业群
	福州大学集成电路与光电信息应用型人才培养专业群
	阳光学院建筑信息化技术应用专业群
	福建农林大学金山学院绿色文化创意设计与应用专业群
	福州外语外贸学院现代商贸服务应用型人才培养专业群
	福建农林大学工程、安全、营养"三位一体"食品工业应用型拔尖创新人才培养专业群
	闽江学院跨境电商专业群
	福州大学至诚学院财经类专业群
	仰恩大学文化创意产业专业群
	闽南师范大学光电与传感技术专业群
	宁德师范学院闽东资源生物产业专业群
	阳光学院物联网技术应用专业群
	福建师范大学福清分校服务食品产业专业群
	泉州信息工程学院高端装备制造专业群
	泉州信息工程学院互联网专业群
	集美大学诚毅学院互联网+专业群
	闽南师范大学健康休闲(农业)产业应用专业群
	闽江学院信息技术与智能应用专业群
	福建师范大学协和学院互联网+技术支持人才培养专业群
	闽南理工学院智能制造产业应用型人才培养专业群
	福建农林大学动物生态养殖专业群
	福建师范大学福清分校服务电子信息产业专业群
	福建医科大学医疗服务业专业群
	仰恩大学金融服务业专业群
	福州外语外贸学院国际商贸应用型人才培养专业群
	集美大学电子信息专业群
	闽南理工学院鞋服与创意设计产业应用型人才培养专业群
	福建农林大学金山学院生态农业与乡村休闲专业群
	福州理工学院云计算与大数据产业专业群
	福建农林大学机械装备制造及其自动化专业群
	厦门工学院土木建筑专业群
	厦门华厦学院新一代信息技术专业群

数据来源:福建省教育厅官网,http://jyt.fujian.gov.cn/xxgk/zfxxgkzl/zfxxgkml/zcwj/zdgkwj/201802/t20180211_3658487.htm,访问日期:2019年5月4日。

(三)应用型学科建设项目和应用型学科培育项目

2017年,福建省将以支撑创新驱动发展战略、服务重大战略实施和产业转型升级为导向,主要面向应用型高校,集中力量重点建设100个对经济社会发展有较大促进作用、与现代产业体系建设密切相关的应用型学科,有效提升应用型高校人才培养水平和整体办学实力。2018年1月教育厅公布了高校应用型学科的建设名单,确定福建医科大学康复治疗学等72个学科为福建省应用型学科立项建设项目,集美大学环境科学与工程等40个学科为福建省应用型学科培育项目。此外,为集中力量建设"双一流",厦门大学、华侨大学、福州大学、福建师范大学、福建农林大学等5所高校被列入福建省应用型学科建设范畴。本轮应用型学科建设期为2017—2020年。

本轮应用型学科建设实行动态调整机制,2018年底省教育厅统筹进行中期考核,并根据绩效考核实行动态调整,对建设任务完成较好的予以继续支持,建设效果不显著的,将要求整改或取消立项,2020年建设期满进行终期验收。福建省普通高校应用型学科立项名单和培育名单如表5.2.4所示。

表5.2.4 福建省普通高校应用型学科一览表

类别	高校名单	数量	名称
应用型学科立项名单	福建医科大学	3	康复治疗学、医学检验技术、营养与食品安全
	福建中医药大学	2	临床医学、管理学
	集美大学	5	机械工程、信息与通信工程、软件工程、设计学、教育学
	闽南师范大学	4	食品科学与工程、计算机科学与技术、心理学、信息与通信工程
	福建工程学院	4	土木工程、电气工程、机械工程、工程管理
	厦门理工学院	4	材料科学与工程、计算机科学与技术、控制科学与工程、光学工程
	泉州师范学院	4	化学工程与技术、食品科学与工程、纺织科学与工程、教育学
	闽江学院	4	纺织科学与工程、测绘科学与技术、电子科学与技术、计算机科学与技术

类别	高校名单	数量	名称
应用型学科立项名单	莆田学院	3	社会学、环境科学与工程、临床医学
	三明学院	3	化学工程与技术、机械工程、生物工程
	龙岩学院	3	地质工程、兽医学、应用经济学
	武夷学院	3	园艺学、工商管理、环境科学与工程
	福建警察学院	2	公安学、公安技术
	福建江夏学院	3	土木工程、工商管理、法学
	宁德师范学院	3	生物学、材料科学与工程、教育学
	福建师范大学福清分校	2	食品科学与工程、环境科学与工程
	仰恩大学	2	工商管理、应用经济学
	闽南理工学院	3	电气工程、机械工程、管理科学与工程
	福州外语外贸学院	2	应用经济学、工商管理
	泉州信息工程学院	1	机械工程
	厦门工学院	1	土木工程
	阳光学院	2	工商管理、信息与通信工程
	厦门大学嘉庚学院	3	机械工程、信息与通信工程、环境科学与工程
	福州大学至诚学院	2	计算机科学与技术、电气工程
	福建师范大学协和学院	1	计算机科学与技术
	福建师范大学闽南科技学院	1	食品科学与工程
	福建农林大学金山学院	1	农林经济管理
	福建农林大学东方学院	1	工商管理

续表

类别	高校名单	数量	名称
应用型学科培育名单	集美大学	1	环境科学与工程
	闽南师范大学	1	应用经济学
	福建工程学院	2	建筑学、环境科学与工程
	厦门理工学院	2	土木工程、管理科学与工程
	泉州师范学院	2	光学工程、工商管理
	闽江学院	1	设计学、新闻传播学
	莆田学院	1	教育学
	三明学院	1	工商管理
	龙岩学院	1	材料科学与工程
	武夷学院	1	美术学
	福建江夏学院	1	电子科学与技术
	宁德师范学院	1	机械工程
	福建师范大学福清分校	1	电子信息工程
	福建商学院	2	应用经济学、工商管理
	厦门医学院	2	临床医学、口腔医学
	仰恩大学	1	计算机科学与技术
	闽南理工学院	1	设计学
	福州外语外贸学院	2	外国语言文学、管理科学与工程
	泉州信息工程学院	2	软件工程、应用经济学
	厦门工学院	1	机械工程
	阳光学院	2	土木工程、公共管理
	厦门华厦学院	2	环境科学与工程、食品科学与工程
	福州理工学院	2	通信与信息工程、计算机科学与技术
	厦门大学嘉庚学院	1	国际商务
	福州大学至诚学院	1	国际贸易与现代物流管理
	福建师范大学协和学院	1	管理科学与工程
	福建师范大学闽南科技学院	1	计算机科学与技术
	福建农林大学金山学院	1	食品科学与工程
	福建农林大学东方学院	1	风景园林

数据来源：福建省教育厅官网，http://jyt.fujian.gov.cn/xxgk/zywj/201801/t20180108_3571220.htm，访问日期：2019 年 5 月 4 日。

本轮应用型学科建设任务主要有以下五个方面，一是构建新型学科体系，聚焦战略需求、技术创新，优化学科结构布局，改造提升传统学科，培育新兴交叉学科，打造学科发展新增长点，构建新型学科发展体系，建立符合学科规律的管理体制和运行机制。二是建立学科团队，建立有利于人才集聚的政策环境，通过"闽江学者奖励计划"等举措，重点引进学科领军人才和高水平创新团队，着力培育一批本土的杰出学术人才和创新骨干人才，形成以质量和贡献为导向的人才评价和绩效评价机制。三是构建学科平台，以科技前沿和产业发展重大需求为导向，重点围绕应用基础研究、高新技术研究和重大科技计划，整合建设高水平的科技创新平台，承接重大科研项目，推动重大科技创新、关键技术突破，加速推进创新驱动。四是创新人才培养模式，强化人才培养的核心地位，分类推进创新型和应用型人才培养模式改革，发挥高水平科研的支撑作用，将新成果、新知识、新技术固化为教学优势和教学内容，在科教融合、产学结合上形成稳定有效、持续发展的培养模式。五是深化国际合作，发挥"一带一路"核心区和毗邻港、澳、台等区位优势，完善中外合作模式，引进国（境）外优质教育资源，加强跨国学术交流和科研合作，推动国际化的课程体系、教学模式、教学方法、评价标准等与本土化教学有机结合，强化学科的国际竞争和国际合作意识。

（四）应用型本科专业类教学联盟

为贯彻落实全国教育大会和新时代全国高校本科教育工作会议精神，创新地方应用型高校建设机制，建设一批高水平的应用型高校、一流应用型专业和课程，2018年12月，福建省教育厅提出由部分高校牵头，自愿参加组建"福建省应用型本科专业类教学联盟"等教学联盟和"福建省高校产业学院发展联盟"。各联盟组织在福建省教育厅指导下，对全省应用型本科高校相关专业类建设和教学工作开展指导、咨询、服务，联合成员单位开展专业建设、教改教研、资源共建共享，组织开展学科技能竞赛、教学竞赛、交流合作等活动，接受省教育厅委托开展相关研究和评估工作。福建省各应用型专业类教学联盟组织如表5.2.5所示。

表 5.2.5 福建省各应用型专业类教学联盟组织一览表

高校名单	本科专业类	负责人
福建工程学院	建筑规划类	韦建刚
厦门理工学院	先进制造类	陈丽安
福建江夏学院	财经类	程灵
闽江学院	纺织服装类	李永贵
龙岩学院	生物食科类	邹卫东
三明学院	资源化工类	李奇勇
莆田学院	工艺美术类	李文芳
武夷学院	旅游文创类	陈铎
泉州师范学院	教师教育类	杨晓翔
武夷学院圣农食品学院	福建省高校产业学院发展联盟	张渤

数据来源：福建省教育厅官网，http://jyt.fujian.gov.cn/xxgk/zfxxgkzl/zfxxgkml/zcwj/zdgkwj/201812/t20181228_4728418.htm，访问日期：2019 年 5 月 4 日。

2018 年，150 余位福建省本科高校分管教学的校领导、教务处负责人齐聚泉州，就开办"一流本科、一流专业、一流课程"专题研讨会，围绕课程这一人才培养最基本单元展开，对一流本科教育发展内涵、新工科专业建设、专业结构优化与一流课程建设、教师发展与评价激励机制等方面进行了交流研讨，同时探讨建设中国"金课"的具体要求和实施路径。

第六章
福建省应用型本科教育质量监测评价概况及总体分析

基于福建省本科教育质量在全国以及东部地区的发展情况，结合"十二五"以来福建省政府对应用型本科教育质量的评价结果，在前期理论构架以及研究福建省本科教育在全国以及东部地区发展情况的宏观判断上，本章将结合福建省应用型本科教育实际，进一步明确福建省应用型本科教育质量监测评价的对象、数据来源以及监测评价指标体系，开展实证研究，并形成福建省应用型本科教育质量总体和分类监测评价结果分析。

第一节 福建省应用型本科教育质量监测评价的概况

结合福建实际，明确了福建省应用型本科教育质量监测评价对象、指标体系、调查方法的择取及数据来源的确定，并对问卷回收和信效度，以及数据清理进行了前期准备。

一、监测对象的确定及分类

（一）监测评价对象的择取

本书中统计范围为：本书界定的福建省 33 所应用型本科高校。主要依据

《福建省教育厅关于公布高等学校应用型学科建设名单的通知》[①]中所列的包含应用型学科立项、培育的33所福建省本科高校(详见表6.1.1)。其中,按办学性质划分,包括公办本科高校18所,民办本科高校8所,独立学院7所。按水平属性划分,包括一流学科建设高校8所,其他本科高校25所。按地区划分,闽东地区16所,闽中地区2所,闽南地区13所,闽西北地区2所。

表6.1.1 福建省应用型本科高校名单

高校名称	地区	学校类型	学校性质	水平属性
福建工程学院	福州市	理工院校	公办本科	一流学科建设高校
福建江夏学院	福州市	财经院校	公办本科	其他本科高校
福建警察学院	福州市	政法院校	公办本科	其他本科高校
福建农林大学东方学院	福州市	财经院校	独立学院	其他本科高校
福建农林大学金山学院	福州市	综合院校	独立学院	其他本科高校
福建商学院	福州市	财经院校	公办本科	其他本科高校
福建师范大学福清分校	福州市	综合院校	公办本科	其他本科高校
福建师范大学闽南科技学院	泉州市	综合院校	独立学院	其他本科高校
福建师范大学协和学院	福州市	综合院校	独立学院	其他本科高校
福建医科大学	福州市	医药院校	公办本科	一流学科建设高校
福建中医药大学	福州市	医药院校	公办本科	一流学科建设高校
福州大学至诚学院	福州市	理工院校	独立学院	其他本科高校
福州理工学院	福州市	理工院校	民办本科	其他本科高校
福州外语外贸学院	福州市	财经院校	民办本科	其他本科高校
集美大学	厦门市	综合院校	公办本科	一流学科建设高校
集美大学诚毅学院	厦门市	综合院校	独立学院	其他本科高校
龙岩学院	龙岩市	综合院校	公办本科	其他本科高校
闽江学院	福州市	综合院校	公办本科	一流学科建设高校

---

① 福建省教育厅.关于公布高等学校应用型学科建设名单的通知[Z].2017-12-26.

续表

高校名称	地区	学校类型	学校性质	水平属性
闽南理工学院	泉州市	理工院校	民办本科	其他本科高校
闽南师范大学	漳州市	师范院校	公办本科	一流学科建设高校
宁德师范学院	宁德市	师范院校	公办本科	其他本科高校
莆田学院	莆田市	综合院校	公办本科	其他本科高校
泉州师范学院	泉州市	师范院校	公办本科	一流学科建设高校
泉州信息工程学院	泉州市	理工院校	民办本科	其他本科高校
三明学院	三明市	综合院校	公办本科	其他本科高校
厦门大学嘉庚学院	漳州市	综合院校	独立学院	其他本科高校
厦门工学院	厦门市	理工院校	民办本科	其他本科高校
厦门华厦学院	厦门市	理工院校	民办本科	其他本科高校
厦门理工学院	厦门市	理工院校	公办本科	一流学科建设高校
厦门医学院	厦门市	医药院校	公办本科	其他本科高校
武夷学院	南平市	综合院校	公办本科	其他本科高校
阳光学院	福州市	理工院校	民办本科	其他本科高校
仰恩大学	泉州市	综合院校	民办本科	其他本科高校

注：政法院校实证中未涉及。

（二）监测评价对象的分类

为全面监测评价应用型本科教育质量情况，本书将根据实际情况及重要程度，从地区、水平、性质、类型等四个方面进行分类分析。

（1）按地区分类。非均衡发展理论认为，经济技术的发展因其不平衡性，无论在世界范围还是在一国范围之内，客观上形成一种经济技术梯度，经济发展往往以不同的强度首先出现于一个或几个实力较强的区域中心，然后通过不同的渠道向外扩散，对整个经济产生不同的最终影响，这些增长极地区对其他地区具有支配效益。随着经济的发展和推移速度的加快，地区差距逐步缩小，实现经济分布的相对均衡,进而实现一国经济的平衡发展。① 而高等教育在区域范围内也呈非均衡特征。因此,为深入研究省域内应用型本科教育质量的不均衡性,本书限定在省域范围内,且省域是全国的一个区域,省域范围之内又可以分成若干次级区域,而在高等教育的布局上,将引用区域非均衡发展理论的部分观点,有选择性地在省域内划分区域。

本书所涉及的应用型本科高校分布于福建省9个市区(详见表6.1.2)。为进行区域比较,结合区域经济社会发展实际,本书将地区划分为闽东地区,包括福州市、宁德市;闽南地区,包括厦门市、泉州市、漳州市;闽中地区,包括莆田市、三明市;闽西地区包括龙岩市;闽北地区包括南平市。其中,闽西和闽北各1所应用型本科高校,为便于分析,将闽西北合并分析。

表6.1.2 福建省应用型本科高校地区分布

地区		应用型本科高校数
闽东	福州市	15
	宁德市	1
闽南	厦门市	6
	泉州市	5
	漳州市	2
闽中	莆田市	1
	三明市	1
闽西	龙岩市	1
闽北	南平市	1
	合计	33

(2)按水平分类。福建省教育厅、福建省财政厅、福建省发展改革委《关于公布福建省一流大学和一流学科建设高校及建设学科名单的通知》②中公布了福建省一流大学建设高校5所,福建省一流学科建设高校8所,我们将此名单

---

① 马群.地方高等教育在区域发展中的作用[D].中国农业科学院研究生院,2009.
② 福建省教育厅,福建省财政厅,福建省发展和改革委员会.关于公布福建省一流大学和一流学科建设高校及建设学科名单的通知[Z].2018-03-16.

外的高校归为"其他本科高校",并将其定义为水平属性。在本书所研究的应用型本科高校中,包括一流学科建设高校8所、其他本科高校25所,一流大学建设高校不在本次研究范围内。

3.按性质①分类。公办本科,主要是指由国家政府部门举办的本科层次的学校,其办学资金基本全部来源于国家财政拨款;民办本科,是指国家机构以外的企业事业组织、社会团体及其他社会组织和公民个人举办的本科层次的学校,其办学主要是非国家财政性教育经费;独立学院是指实施本科以上教育的高等学校和国家机构以外的社会组织或个人,利用非国家财政性经费举办的实施本科学历教育的高等学校,属民办性质。在本书所研究的应用型本科高校中,18所公办本科高校,8所民办本科,7所独立学院。

4.按类型分类。我国高校按其学科范围可分为:综合类、理工类、师范类、农林类、政法类、医药类、财经类、民族类、语言类、艺术类、体育类、军事类院校,本书涉及其中6种类型:财经院校(4所)、理工院校(9所)、师范院校(3所)、医药院校(3所)、政法院校(1所)、综合院校(13所)。

二、监测评价指标体系的调整优化

由于前面所构建的省域应用型本科教育质量指标体系涵盖43个三级指标,而福建省应用型本科高校共33所,出现观测变量远远大于样本量;因此需要进行筛选变量构建福建省应用型本科教育质量排名指标体系。在筛选排名指标变量中,本书依据系统性、发展性、导向性和可行性原则,结合应用型本科教育质量的内涵,反映质量的各项指标构成的、有内在逻辑结构的有机系统或集合,综合选取福建省应用型本科教育质量排名指标。采用的应用型本科教育质量指标包括一级指标3个、二级指标8个、三级指标29个(详见表6.1.3)。具体指标内容涉及人力资源、办学资源、学生成长、教师发展、人才培养、科研成果、社会服务、文化传承;其中人力资源、办学资源反映福建省应用型高校教育质量投入质量;学生成长和教师发展保障教育质量的过程质量指标;人才培养

---

① 福建省教育厅.福建省教育事业发展简明统计资料[Z].2017—2018.

质量、科学成果质量、社会服务质量、文化传承质量反映福建省各应用型本科高校教育质量实际产出能力。本书将运用因子分析构建模型,根据最终结果进行聚类分析。对福建省应用型本科高校投入—过程—产出资源配置能力进行实证研究,旨在了解福建省应用型本科教育质量综合情况,为福建省应用型本科教育质量评价分析提供研究依据。

表 6.1.3 福建省应用型本科教育质量排名指标体系

一级指标	二级指标	三级指标
投入性质量指标	人力资源投入质量	高层次人才数量
		高级职称教师数量
		生师比
		双师双能型教师数量
	办学资源投入质量	生均教学科研仪器设备值
		生均实习经费
		生均实验经费
过程性质量指标	学生成长质量	德育增值
		职业素养增值
		美育活动参与情况
	教师发展质量	教师敬业度
		教师胜任度
产出性质量指标	人才培养质量	学科竞赛获奖数量
		创新获奖数量
		毕业率
		就业率
		毕业生教育教学满意度
		用人单位满意度
	科学研究质量	科研项目(横、纵向)
		科研经费(横、纵向)
		ESI 论文发表数
		省部级科研平台数量
	社会服务质量	科研成果转化项目经费
		科研成果转化项目
		发明专利数量
	文化传承质量	参加地方文化、文明建设的活动
		学校对文化的传承与创新
		文化学术讲座数量
		本科生课外科技、文化活动项目总数

三、数据来源

(一)高等教育质量监测国家数据平台情况说明

本书的指标体系中,数据来源于高等教育质量监测国家数据平台的占大部分。其中包括投入性指标、部分过程和产出性指标,着重对生师比、双师双能型教师、毕业率、发明专利等19个重点指标列出各高校详细数据具体分析,其数据来源于高等教育质量监测国家数据平台以及2016—2019年《福建省教育质量监测系列报告》,切实保证数据的真实、客观和权威。部分数据及计算结果涉及高校办学隐私,用代码表示,本书将33所应用型本科高校分别编号为FJ01GX、FJ02GX、……、FJ32GX、FJ33GX。在进行福建省内数据统计分析时,时点指标的数据统计年限基本为2014年至2018年共5年,时期指标的数据统计年限基本为2013—2014学年至2017—2018学年共5个学年;统计范围为:本书界定的福建省33所应用型本科高校。

(二)问卷调查数据

本次调查问卷设计理念是全面了解福建省应用型本科教育质量现状,了解在校生学习投入产出,全面掌握应用型本科高校教师专业发展现状及教师保障需求。其中,在校生卷将主要调查学习性投入、成长情况、能力养成、德育增值等情况,并特别调查高校文化传承情况;毕业生卷主要调查其对母校教育教学的满意度、能力养成情况等情况;教师卷将主要调查教师自身能力评价、专业发展现状及教师保障需求满足情况等;用人单位卷将主要调查用人单位对毕业生的满意度及能力评价等。数据均来源于调查数据。其中,在校生调查对象为2019年各个年级应用型本科高校在校的学生;毕业生调查对象为2018届各应用型本科高校的毕业生;专任教师调查对象为2019年各应用型本科高校在职的专任教师。

四、问卷调查回收情况及信效度分析

(一)回收情况

本书的问卷调查共发放毕业生、在校生、专任教师和用人单位四类问卷,覆盖福建省33所应用型本科高校。各类问卷均通过问卷平台进行调查,其中,毕业生和用人单位调查数据来源于2018年全省毕业生问卷调查,自2018年12月10日开始,截止于2019年1月3日,历时25天;在校生和专任教师正式调查自2019年3月20日开始,截止于2019年3月29日,历时10天。

毕业生调查中,应用型本科高校共回收有效问卷25353份。从高校举办者来看,公办本科高校共回收有效问卷16560份,民办本科高校共回收有效问卷6240份,独立学院共回收有效问卷2553份;从高校的水平属性来看,一流学科建设高校和其他本科高校分别回收有效问卷7382份和17971份。

在校生共回收有效问卷23859份。从高校举办者来看,公办本科高校共回收有效问卷17355份,民办本科高校共回收有效问卷4464份,独立学院共回收有效问卷2040份;从高校的水平属性来看,一流学科建设高校和其他本科高校分别回收有效问卷10907份和12952份。从在校生年级来看,大一回收有效问卷13879份(占58.17%),大二6235份(占26.13%),大三3004份(占12.59%),大四和大五合计741份(占3.11%),因大四和大五学生均为毕业班学生,故本书将其合并进行分析。从在校生学科门类来看,工学回收有效问卷7398份(占31.01%),管理学3263份(占13.68%),文学3100份(占12.99%),经济学2624份(占11.00%),理学2206份(9.25%),艺术学1923份(占8.06%),教育学1308份(占5.48%),医学886份(占3.71%),农学701份(占2.94%),法学240份(占1.01%),历史学186份(占0.78%),哲学15份(占0.06%),军事学9份(占0.04%)。本书以学科为维度进行分析,仅针对占比超过1%的学科,即不具体对历史学、哲学和军事学进行分析。

专任教师共回收有效问卷617份,其中,教授及相应级别的其他专业技术职称教师问卷回收45份,副教授及相应级别的其他专业技术职称教师问卷回收171份,讲师及相应级别的其他专业技术职称教师问卷回收271份,助教及相应级别的其他专业技术职称教师问卷回收130份。从高校举办者来看,公办本科高校共回收教师有效问卷363份,民办本科高校共回收教师有效问卷254份;从高校的水平属性来看,一流学科建设高校和其他本科高校分别回收有效问卷250份和367份。

用人单位问卷共回收1800份,涉及的主要行业有教育(13.22%)、信息传输、

软件和信息技术服务业(12.78%)、制造业(11.61%),其余行业占比均在10%以内;涉及的主要单位性质以企业(81.38%)为主,事业单位占14.67%,党政机关占3.95%;用人单位规模在500人以下的占70%,其中,50人以下占20.89%,50~150人占26.33%,150~500人占22.78%,分别有13.56%和10.11%的用人单位规模为500~1000人和1000~10000人,单位规模在10000人以上的比例为6.33%。

本书将对应用型本科高校的调查数据从举办者、水平属性角度,对在校生的成长情况、教师的观点及评价进行分析。

（二）信效度分析

问卷分析的第一步是进行信度、效度分析,也是检验该问卷是否真实有效的标准之一。信效度分析对提高调查问卷的质量和提高整个研究的价值,具有不可或缺的重要性,是问卷研究过程中必不可少的重要环节。因此,在问卷调查结束后,首先进行问卷信度和效度的分析,保证问卷的有效性和可靠性,才能基于此问卷得出有说服力的分析结论。

信度即可靠性,是指采用同一方法对同一对象进行调查时,问卷调查结果的稳定性和一致性。目前最常用的可靠性检验是用内在一致性系数中Alpha信度系数。① 在问卷信度分析中,一般问卷的Alpha信度系数在0.8以上的问卷才具有较好的使用价值,Alpha信度系数在0.85以上,表明问卷信度较好。

效度即有效性,它指的是通过测量工具或手段可以精确测量需要测量的东西的程度。一般问卷的有效性分析方法是结构效度分析。结构效度分析中使用的方法是因子分析。因子分析②中,主要看其累计方差贡献率,累计方差贡献率大于80%,说明效度很好,但一般的调查研究达到60%即可。

本次信效度分析,从全省应用型本科高校毕业生、在校生、用人单位和专任教师问卷中抽取1%(不低于100份)的原始问卷数据,利用SPSS进行信效度检验,结果显示毕业生、在校生、用人单位和专任教师问卷的Alpha信度系数均

---

① Alpha信度系数是Cronbach于1951年创立的,主要用于评价问卷的内部一致性。
② 为了确定数据是否适合做因子分析,首先对数据做了KMO测度和Bartlett's球型检验,结果显示其KMO值均大于0.85,且Sig小于0.05;即非常适合因子分析。

在 0.90 以上。对各问卷进行因子分析,其 KMO(Kaiser-Meyer-Olkin)度量均大于 0.85,Sig 均为 0.00。详见表 6.1.4。

表 6.1.4 问卷可靠性和有效性检验

类别	基于标准化项的 Cronbachs Alpha	累计方差贡献率	KMO 度量	Sig	项数
毕业生	0.978	81.720	0.957	0.00	51
在校生	0.980	78.309	0.941	0.00	62
用人单位	0.927	80.534	0.896	0.00	17
专任教师	0.947	80.160	0.938	0.00	27

数据资料来源:2019 年福建省应用型本科高校学生成长、教师发展调查问卷;福建省 2018 届本科毕业生调查问卷、用人单位调查问卷。

五、数据清洗

数据清洗是发现、判断并改正数据中可识别的错误,在保障数据质量上有着重要意义。数据清洗一般是计算机辅助以人工完成的。数据清洗的工作一般包括数据一致性检查、填补缺失值、数据去重等。因此,在进行正式分析前,应对应用型本科教育质量评估指标数据进行清洗,具体步骤如下:

(一)数据一致性检验

数据一致性检验是通过每个变量的合理取值范围及相互关系,检验数据是否满足规定要求,从而发现是否有超出正常值范围、逻辑明显不合理和互相矛盾的数据。目前,数据清理功能是常用统计软件的基本功能,通过变量取值自动识别,可以帮助识别数据的取值范围、逻辑关系和数据矛盾。因此,本书运用 SPSS 软件将福建省应用型本科教育质量指标体系中所有定量指标数据进行异常筛查,计算其每个个案与该所在类中心的距离,若该值越大,说明该个案越异常。结果显示福建省 33 所应用型本科高校指标数据无异常值。

(二)填补缺失值

由于原始数据缺失、数据采集程序缺陷、数据录入错误、数据统计口径不一

等原因,在本次研究中很多应用的数据可能存在一定量的缺失值,需要给予适当的处理。忽略元组和人工填写是处理缺失值的两种主要方法;采用不同的处理方法可能对分析结果产生不同的影响。因此,科学合理的处理指标数据存在的缺失值和无效值,对保证监测数据的质量具有重要意义。经过分析,人工填写缺失值更适合本书,故本次采用人工填写缺失值来处理缺失数据。因此,本书在对缺失值进行处理时,通过采用人工填写缺失值法对科研项目及经费、科研成果转化及经费、发明专利、政府咨询报告等多个指标,对确定未获得该项目指标的应用型高校在此指标值处以"0"替代。对未参与问卷调查和问卷回收数较低的应用型本科高校,其指标数以该项指标平均值替代。

(三)数据去重

数据去重在自动化采集中最为常见,如重复录入、重复装载、重复抓取等就会造成数据重复。另外,一些数据重复情况比较隐蔽。很多软件工具都支持数据自动监测和去重,其基本原理是监测数据记录中各属性值重复的比率,当多数属性值相同时,给出去重的建议。本书运用 SPSS 软件将福建省应用型本科教育质量指标体系中所有定量指标数据进行数据去重,结果显示,所有最后一个匹配个案的指示符均为主个案,即不存在重复值。

第二节 福建省应用型本科教育质量监测评价的测算与聚类

一、福建省应用型本科教育质量监测评价的测算

因子分析是以主因子的方差贡献率作为权数,计算得到各主因子教育质量水平综合得分。而各因子综合得分将是本书即福建省应用型本科教育质量监测评价排名的主要依据。

(一)数据的无量纲化处理

对 33 所应用型本科高校进行因子分析之前,第一步是需要对福建省应用

型本科教育质量排名指标原始数据进行无量纲化处理,从而消除指标之间性质、量纲和量级不一致的现象。

(二)相关性检验

在进行因子分析之前的第二步是确定教育质量排名指标之间是否存在线性相关性。在这项检验中,本书将采用 KMO 和 Bartlett 球形检验用于计算变量之间的相关性。结果若大部分指标变量的相关系数高于 0.3,即说明大多数指标间存在相关关系,可以使用因子分析方法。将福建省应用型本科教育质量 29 项指标变量运用 SPSS 统计软件进行检验,其相关矩阵和 KMO 和巴特利检验如表 6.2.1：

表 6.2.1　KMO 和 Bartlett 的检验

KMO 和 Bartlett 的检验		
取样足够度的 Kaiser-Meyer-Olkin 度量		0.501
Bartlett 的球形度检验	近似卡方	924.215
	df	406
	Sig	0.000

从相关矩阵可以看出,所选的 29 项指标间的相关系数整体上较高,大部分指标变量的相关系数高于 0.3,表明符合进行因子分析的条件,即本次报告所选的投入—过程—产出性指标变量的相关性比较高,运用因子分析取得的研究结果具有实际意义。同时,检验结果显示,KMO 值为 0.501,大于 0.5,取值的(0,1)之间,表明指标的相关性较高,适合做因子分析;Bartlett 球形检验的结果的显著性 Sig 的值为 0.000,小于 0.05,则球形假设不满足,表明各变量间并非各自独立,而是取值相关。因此,根据基本原理的判断,证明可以采用因子分析法。

(三)提取公因子并命名

方差贡献率是衡量因子分析主要因子的重要指标。主要因子方差的贡献率越大,即说明主要因子对每个原始变量的贡献越大。结果表明,本书因子分析提取的前 8 个因子的累积贡献率达到 80.348%(>80%),特征值均大于 1,表明前 8 个因子可以解释超过 80.348 以上的信息。且前三个因素解释指标信息的能力分别为 30.906%,11.491% 和 9.304%。总体而言,因子分析效果是理想的。提取的前 8 个因子可以反映原始 29 个指标变量的大部分信息。因此,本书使用前 8 个主要因子作为反映最初 29 个指标的综合评价指标(表 6.2.2)。

表 6.2.2　解释的总方差

成分	初始特征值			提取平方和载入		
	合计	方差的%	累积%	合计	方差的%	累积%
1	8.963	30.906	30.906	8.963	30.906	30.906
2	3.333	11.491	42.398	3.333	11.491	42.398
3	2.698	9.304	51.702	2.698	9.304	51.702
4	2.226	7.676	59.378	2.226	7.676	59.378
5	1.98	6.828	66.207	1.98	6.828	66.207
6	1.631	5.626	71.832	1.631	5.626	71.832
7	1.332	4.591	76.423	1.332	4.591	76.423
8	1.138	3.924	80.348	1.138	3.924	80.348
9	0.907	3.129	83.476			
10	0.809	2.788	86.265			
11	0.686	2.365	88.629			
12	0.582	2.006	90.635			
13	0.553	1.907	92.542			
14	0.454	1.564	94.106			
15	0.37	1.274	95.38			
16	0.318	1.095	96.475			
17	0.253	0.872	97.348			
18	0.204	0.705	98.052			
19	0.184	0.636	98.688			
20	0.128	0.443	99.131			
21	0.098	0.337	99.467			
22	0.061	0.209	99.677			
23	0.03	0.104	99.781			
24	0.023	0.08	99.861			

续表

成分	初始特征值			提取平方和载入		
	合计	方差的%	累积%	合计	方差的%	累积%
25	0.017	0.058	99.919			
26	0.011	0.038	99.957			
27	0.007	0.023	99.98			
28	0.005	0.016	99.997			
29	0.001	0.003	100			

图 6.2.1 为福建省应用型本科教育质量指标因子分析的碎石图，具有较强解释能力的因子在图中表现为较大的斜率。从图中可以看出，前 8 个因子的斜率较为陡峭，尤其是前 2 个因子，从第 9 个因子开始逐渐变缓；因此选择前 8 个因子作为本次福建省应用型本科教育质量动态监测指标的主因子。

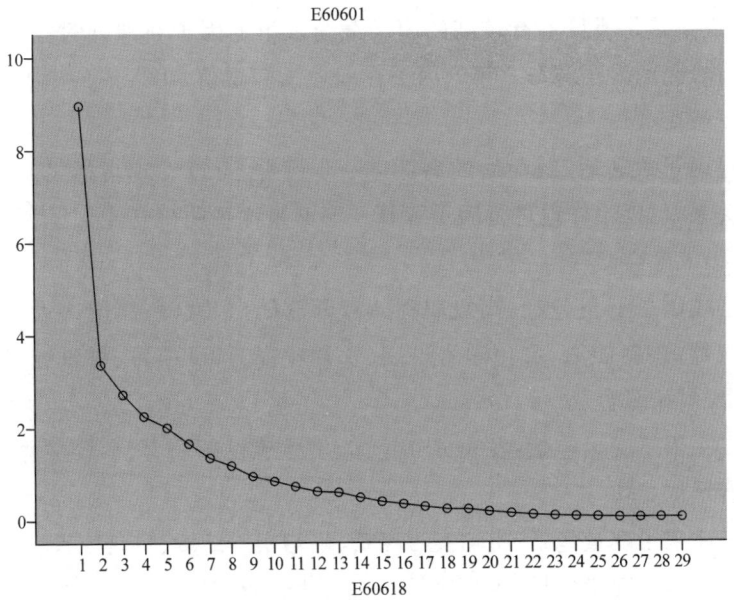

图 6.2.1　福建省应用型本科教育质量因子分析碎石图

（四）因子旋转

因子分析初始因子提取后,发现大多数因子与原始指标有一定的相关性,不利于因子解释。因此,需要因子旋转。因子载荷值越大,因子包含相应的原始变量指示符的信息越多。为了使结构更简单和更好地解释因子,本书采用方差最大旋转法来旋转主因子的因子载荷矩阵。下表显示了旋转后的因子载荷矩阵。可以看出,旋转载荷后的高度便于进一步区分,不同指标之间从属更明晰。可以看到第一因子在高级职称、"双师双能型"教师、高层次人才、生均教学科研仪器、创新能力、文化学术讲座、学科竞赛、科研项目、科研经费、发明专利、省部级科研平台和德育增值上有较高的因子载荷,第二因子在发表ESI论文、文化建设影响力、学校文化传承与创新上有较高的因子载荷,第三因子在生均实习经费、生均实验经费、科研成果转化经费上有较高的因子载荷。第四因子在生师比、毕业率、就业率上有较高的因子载荷。第五因子在美育活动参与情况、教师敬业度、教师胜任度上有较高的因子载荷。第六因子在教育教学满意度、科研成果转化项目上有较高的因子载荷。第七因子在课外科技、文化活动项目上有较高的因子载荷。第八因子在职业素养增值、用人单位满意度上有较高的因子载荷。

经过因子旋转后,载荷后的高低进一步区分,可以发现指标之间具有明确的结构关系,可以较好地进行因子解释。下面来详细明确各主因子所包含的变量,详见表6.2.3。

第一主因子变量包括:高级职称、"双师双能型"教师、高层次人才、生均教学科研仪器、创新能力、文化学术讲座、学科竞赛、科研项目、科研经费、发明专利、省部级科研平台。

第二主因子变量包括:发表ESI论文、文化建设影响力、学校文化传承与创新和德育增值。

第三主因子变量包括:生均实习经费、生均实验经费、科研成果转化经费。

第四主因子变量包括:生师比、毕业率、就业率。

第五主因子变量包括:美育活动参与情况、教师敬业度、教师胜任度。

第六主因子变量包括:教育教学满意度、科研成果转化项目。

第七主因子变量包括：课外科技、文化活动项目。
第八主因子变量包括：职业素养增值、用人单位满意度。

表 6.2.3　旋转成分矩阵 a

指标	成分							
	1	2	3	4	5	6	7	8
高级职称教师数量	0.763	0.546	0.171	0.145	−0.008	0.061	0.072	0.051
"双师双能型"教师数量	0.739	0.243	0.230	0.191	−0.216	0.207	0.269	−0.009
高层次人才教师数量	0.789	0.358	0.080	0.104	0.312	0.045	0.124	0.006
生均教学科研仪器值	0.510	0.090	0.393	−0.453	0.196	−0.161	−0.039	0.179
文化学术讲座	0.646	0.204	−0.105	0.108	−0.145	0.004	0.464	−0.044
创新获奖	0.810	−0.015	−0.199	0.022	0.052	−0.048	−0.116	−0.194
学科竞赛	0.696	−0.188	−0.299	0.228	0.183	0.091	−0.037	−0.311
科研项目(横、纵向)	0.921	0.226	0.230	0.089	−0.019	−0.068	0.009	0.030
科研经费(横、纵向)	0.830	0.204	0.389	0.098	−0.065	0.008	0.112	0.000
发明专利	0.851	0.024	0.084	0.040	−0.217	−0.145	−0.028	0.175
科研平台	0.788	0.065	0.464	0.083	−0.075	0.225	0.060	0.105
发表 ESI 论文	0.425	0.683	0.305	0.111	0.099	−0.242	0.019	0.173
文化建设影响力	0.145	0.905	−0.152	−0.139	0.007	−0.033	−0.039	0.021
文化传承与创新	0.145	0.921	−0.138	−0.097	0.017	−0.054	−0.061	0.042
德育增值	0.186	0.571	0.321	0.115	−0.033	−0.198	0.310	−0.146
生均实习经费	0.168	−0.118	0.819	−0.029	−0.095	−0.074	−0.227	0.055
生均实验经费	0.169	−0.066	0.805	0.024	0.223	0.105	0.241	−0.058
科研成果转化经费	−0.013	0.439	0.564	−0.122	−0.055	0.400	0.165	0.001
生师比	−0.181	−0.331	−0.357	−0.457	−0.229	−0.246	−0.041	−0.198
毕业率	0.180	−0.053	0.002	0.950	−0.044	−0.005	0.112	−0.009
就业率	0.187	−0.079	−0.051	0.944	−0.041	−0.009	0.100	−0.045
美育活动参与情况	0.316	−0.187	0.034	0.289	0.690	−0.097	0.186	0.102

续表

指标	成分							
	1	2	3	4	5	6	7	8
教师敬业度	−0.084	0.097	−0.066	−0.242	0.655	−0.038	−0.022	−0.060
教师胜任度	−0.284	0.069	0.168	0.020	0.779	0.222	−0.154	−0.115
教育教学满意度	−0.245	−0.371	0.074	0.074	−0.071	0.669	−0.124	−0.208
科研成果转化项目	0.197	−0.047	0.024	0.018	0.102	0.807	0.077	0.106
课外科技、文化活动项目	0.066	−0.027	0.070	0.165	0.011	0.017	0.881	−0.007
职业素养增值	−0.006	−0.123	0.215	−0.016	0.050	−0.124	−0.376	0.751
科研平台	0.788	0.065	0.464	0.083	−0.075	0.225	0.06	0.105

提取方法:主成分。

旋转法:具有 Kaiser 标准化的正交旋转法。

a 旋转在 8 次迭代后收敛。

(五)构建因子得分模型

通过 SPSS 统计软件计算出 8 个主因子的得分系数矩阵,以各主成分因子得分系数矩阵建立因子得分模型(表 6.2.4)。通过计算,即可求得其在各主因子 F1、F2、F3、F4、F5、F6、F7、F8 的得分值。在计算出 8 个主因子得分的基础上,便可以构建福建省应用型本科教育质量监测评价模型。令福建省应用型本科教育质量评价综合得分为 F 综,因子总得分为 F 综,利用公式,计算出 F1、F2、F3、F4、F5、F6、F7、F8 和 F 综得分,其中,8 个主因子的权重值为单个因子方差贡献率除以公共因子方差贡献率,分别得到 8 个公因子的权重。

表 6.2.4 成分得分系数矩阵

指标	成分							
	1	2	3	4	5	6	7	8
X1	0.078	0.12	−0.012	0.031	−0.014	0.06	−0.053	0.001
X2	0.051	−0.111	−0.086	−0.207	−0.098	−0.126	0.071	−0.108
X3	0.083	0.018	0.019	0.004	−0.117	0.121	0.087	−0.015

续表

指标	成分							
	1	2	3	4	5	6	7	8
X4	0.111	0.043	−0.061	−0.014	0.162	0.038	0.02	0.012
X5	0.101	−0.073	0.097	−0.219	0.103	−0.098	0.025	0.081
X6	−0.013	−0.063	0.345	0.027	−0.089	−0.108	−0.18	−0.057
X7	−0.035	−0.073	0.304	−0.024	0.085	−0.032	0.148	−0.074
X8	0.052	−0.118	−0.037	0.067	0.378	−0.104	0.14	0.125
X9	0.017	−0.07	0.042	0.052	0.045	−0.049	−0.204	0.455
X10	0.005	0.017	−0.052	−0.101	0.34	−0.023	0.043	−0.01
X11	−0.061	0.061	0.05	0.046	0.373	0.105	−0.099	−0.059
X12	−0.069	0.154	0.134	0.047	−0.033	−0.151	0.143	−0.149
Y1	0.181	−0.053	−0.125	−0.044	0.03	0	−0.126	−0.108
Y2	−0.041	−0.081	0.002	−0.057	0.041	−0.052	0.618	0.058
Y3	0.089	−0.012	−0.102	−0.059	−0.051	0.009	0.272	0.003
Y4	0.165	−0.083	−0.158	0.026	0.098	0.063	−0.085	−0.147
Y5	0.137	−0.01	0.022	−0.011	−0.014	−0.036	−0.067	−0.008
Y6	0.104	−0.015	0.092	−0.014	−0.045	−0.012	0	−0.034
Y7	−0.013	0.171	0.081	0.075	0.041	−0.138	−0.058	0.044
Y8	0.057	−0.006	−0.098	−0.057	0.042	0.512	0.016	0.124
Y9	−0.078	0.14	0.183	−0.051	−0.067	0.222	0.06	−0.051
Y10	−0.042	0.017	0.016	0.4	−0.025	−0.05	−0.06	0.006
Y11	−0.033	0.011	−0.002	0.396	−0.023	−0.049	−0.067	−0.012
Y12	0.157	−0.079	−0.026	−0.034	−0.098	−0.066	−0.057	0.097
Y13	−0.009	0.006	−0.145	−0.026	−0.015	0.117	0.184	0.555
Y14	0.111	−0.052	0.101	−0.025	−0.054	0.12	−0.03	0.043
Y15	−0.012	−0.044	0.026	0.021	−0.07	0.39	−0.116	−0.105
Y16	−0.027	0.297	−0.1	−0.016	−0.006	0.053	−0.085	−0.03
Y17	−0.032	0.304	−0.093	0.009	−0.001	0.04	−0.106	−0.02

提取方法：主成分。已提取了8成分。

省域应用型本科教育质量监测评价研究

由公式计算出2018年福建省应用型本科高校在各主因子上的得分和综合得分。综合得分值越大,表明应用型本科教育质量综合评价越高,正值表明其处于优势,高于平均水平,负值表示其处于劣势,低于平均水平。福建省应用型本科高校中共有14所高校高于平均水平,分别为FJ10GX、FJ15GX、FJ29GX、FJ23GX、FJ22GX、FJ18GX、FJ17GX、FJ25GX、FJ11GX、FJ01GX、FJ20GX、FJ02GX、FJ07GX和FJ31GX。高于平均水平的14所高校均为公办本科高校;其中,8所省一流学科建设高校均在内,且排名教育质量动态监测得分前四均为省一流学科建设高校;6所省重点建设高校均高于平均水平。福建省应用型本科高校中共有19所高校低于平均水平,主要为部分公办高校、民办高校和独立学院;其中,民办高校和独立学院教育质量监测得分均低于平均水平;排名相对靠前的为民办高校。

二、福建省应用型本科教育质量监测评价的聚类

本书将33所应用型本科高校分别编号为FJ01GX、FJ02GX、……、FJ32GX、FJ33GX;基于因子分析提取出8个主因子,将F_1、F_2、F_3、F_4、F_5、F_6、F_7、F_8作为变量进行k均值聚类分析,得到聚类树状图。将福建省33所应用型本科高校聚为6类,如下:

第一类={FJ10GX};

第二类={FJ15GX、FJ29GX};

第三类={FJ11GX、FJ25GX};

第四类={FJ02GX、FJ03GX、FJ17GX、FJ20GX、FJ22GX、FJ23GX、FJ26GX、FJ31GX};

第五类={FJ01GX、FJ14GX};

第六类={FJ04GX、FJ05GX、FJ06GX、FJ07GX、FJ08GX、FJ09GX、FJ12GX、FJ13GX、FJ16GX、FJ18GX、FJ19GX、FJ21GX、FJ24GX、FJ27GX、FJ28GX、FJ30GX、FJ32GX、FJ33GX}。

第三节 福建省应用型本科教育质量监测评价的结论及发现

一、福建省应用型本科教育质量监测总体评价

(一)总体结论

经过 SPSS 软件的分析,得到福建省应用型本科教育质量综合得分及排名结果,我们将 33 所应用型本科高校的教育质量综合水平分为四个等级:

第一个等级(3 所):FJ10GX、FJ15GX 和 FJ29GX,是福建省应用型本科教育质量综合实力最强的学校,其中均为公办本科高校和省重点建设高校,且为省双一流建设高校。

第二个等级(9 所):FJ23GX、FJ22GX、FJ18GX、FJ17GX、FJ25GX、FJ11GX、FJ01GX、FJ20GX 和 FJ02GX,是福建省应用型本科教育质量综合水平较强的学校。其中,公办本科高校 9 所;省重点建设高校 4 所;省一流建设学科高校 6 所。

第三个等级(10 所):FJ07GX、FJ31GX、FJ03GX、FJ24GX、FJ26GX、FJ19GX、FJ33GX、FJ28GX、FJ16GX 和 FJ21GX,是福建省应用型本科教育质量综合水平一般的学校。其中,公办本科高校 4 所,民办本科高校 4 所,独立学院 2 所。

第四个等级(11 所):FJ05GX、FJ12GX、FJ04GX、FJ27GX、FJ09GX、FJ08GX、FJ14GX、FJ13GX、FJ30GX、FJ32GX 和 FJ06GX,是福建省应用型本科教育质量综合水平较弱的学校。其中,公办本科高校 2 所,民办本科高校 4 所,独立学院 5 所。

2018 年,福建省 33 所应用型本科教育质量得分排名前十的分别为 FJ10GX、FJ15GX、FJ29GX、FJ23GX、FJ22GX、FJ18GX、FJ17GX、FJ25GX、FJ11GX 和 FJ01GX;其中排名前三均为一流学科建设高校,前十名均为公办本

科高校。福建省33所应用型本科高校中,有14所高校教育质量得分高于平均水平,处于优势地位。福建省33所应用型本科高校质量监测得分排名在第11到15位均为公办高校。

(二)投入质量评价

为了判断福建省应用型本科高校投入质量,将投入质量指标中高层次人才、双师双能型教师、生均教学实验经费的等7个指标数据,作为变量进行k均值聚类分析,把投入质量水平划分为四种类型:低投入质量、一般投入质量、较高投入质量和高投入质量,将福建省33所应用型本科高校投入质量分为4类,具体如下:

高投入质量(4所):FJ10GX、FJ15GX、FJ29GX和FJ11GX,是福建省应用型本科高校投入质量水平最高的学校。其中均为公办本科高校和省重点建设高校,且为省双一流建设高校。

较高投入质量(11所):FJ23GX、FJ22GX、FJ18GX、FJ17GX、FJ01GX、FJ07GX、FJ03GX、FJ33GX、FJ28GX、FJ21GX和FJ06GX,是福建省应用型本科高校投入质量水平中较高的学校。其中,公办本科高校9所,民办本科高校2所,省重点建设高校2所,省一流建设学科高校3所。

一般投入质量(17所):FJ25GX、FJ20GX、FJ02GX、FJ31GX、FJ24GX、FJ26GX、FJ19GX、FJ16GX、FJ05GX、FJ12GX、FJ04GX、FJ27GX、FJ09GX、FJ08GX、FJ14GX、FJ13GX、FJ32GX,是福建省应用型本科高校投入质量水平一般的学校。其中,公办本科高校4所,民办本科高校6所,独立学院7所,省重点建设高校1所,省一流建设学科高校1所。

低投入质量(1所):FJ30GX,是福建省应用型本科高校投入质量水平较低的学校,为新建公办本科高校。

(三)过程质量评价

同理,为了判断福建省应用型本科高校过程质量,将过程质量德育增值、职业素养增值和美育活动参与情况等5个指标数据,作为变量进行k均值聚类分析,将过程质量划分为四种类型:低过程质量、中低过程质量、中高过程质量和高过程质量,将福建省33所应用型本科高校过程质量水平分为4类,具体如下:

高过程质量（15 所）：FJ10GX、FJ15GX、FJ23GX、FJ22GX、FJ18GX、FJ25GX、FJ11GX、FJ02GX、FJ07GX、FJ03GX、FJ33GX、FJ28GX、FJ05GX、FJ09GX、FJ08GX，是福建省应用型本科高校过程质量最高的学校。其中，公办本科高校10所，民办本科高校2所，独立学院3所，省重点建设高校4所，省双一流建设高校5所。

较高过程质量（1 所）：FJ29GX，是福建省应用型本科高校过程质量较高的学校。

一般过程质量（2 所）：FJ17GX、FJ26GX，是福建省应用型本科高校过程质量水平的学校。其中，公办本科高校1所，独立学院1所。

低过程质量（15 所）：FJ01GX、FJ20GX、FJ31GX、FJ24GX、FJ19GX、FJ16GX、FJ21GX、FJ12GX、FJ04GX、FJ27GX、FJ14GX、FJ13GX、FJ30GX、FJ32GX、FJ06GX，是福建省应用型本科高校过程质量较低的学校，其中，公办本科高校6所，民办本科高校6所，独立学院3所，省重点建设高校2所，省双一流建设高校2所。

（四）产出质量评价

同理，将产出质量科研成果转化数量、发明专利、学科竞赛等18个指标数据，作为变量进行k均值聚类分析，将产出质量划分为四种类型：低产出质量、一般产出质量、较高产出质量和高产出质量，将福建省33所应用型本科高校产出质量水平分为4类，具体如下：

高产出质量（5 所）：FJ10GX、FJ29GX、FJ23GX、FJ22GX、FJ01GX，是福建省应用型本科高校产出质量最高的学校。其中均为公办本科高校，省重点建设高校3所，双一流建设高校4所。

较高产出质量（1 所）：FJ15GX，是福建省应用型本科高校产出质量较高的学校。

一般产出质量（4 所）：FJ17GX、FJ25GX、FJ11GX、FJ31GX，是福建省应用型本科高校投入质量一般的学校。其中，均为公办本科高校4所，省重点建设高校1所，省一流建设学科高校1所。

低产出质量（23 所）：FJ18GX、FJ20GX、FJ02GX、FJ07GX、FJ03GX、

FJ24GX、FJ26GX、FJ19GX、FJ33GX、FJ28GX、FJ16GX、FJ21GX、FJ05GX、FJ12GX、FJ04GX、FJ27GX、FJ09GX、FJ08GX、FJ14GX、FJ13GX、FJ30GX、FJ32GX、FJ06GX，是福建省应用型本科高校产出质量水平较低的学校。其中，公办本科高校8所，民办本科高校8所，独立学院7所，省重点建设高校2所，省一流建设学科高校2所。

从以上数据可以看出，投入质量、过程质量、产出质量具有相关性但又具有相对独立性。一是高投入质量可能产生高过程质量或高产出质量，如FJ10GX、这所高校具有高投入质量，也产生了高过程质量和高产出质量。二是低投入质量可能产生低过程质量和低产出质量，如FJ30GX这所高校具有低投入质量，也产生了低过程质量和低产出质量。三是较高投入质量并非一定会有高过程质量或产出质量，如FJ01GX这所高校具有较高投入质量，然而产生了低过程质量和高产出质量等。

二、福建省应用型本科教育质量监测分类评价

（一）院校性质分类评价

1. 从各维度来看办学性质分类评价

从福建省应用型本科高校来看，各类院校师资队伍建设发展迅速，尤其是民办高校。公办高校的高层次人才三年复合增长率为20.79%，民办高校三年复合增长率为54.42%，独立学院三年复合增长率为63.30%。公办高校"双师双能型"教师三年复合增长率为12.14%，民办高校三年复合增长率为22.57%，独立学院三年复合增长率为20.74%。公办高校高级职称教师数量三年复合增长率为9.10%，民办高校三年复合增长率为20.63%，独立学院三年复合增长率为4.32%。

办学资源条件稳中有升，但公办院校办学条件明显优于民办和独立学院，近三年复合增长率均在20%左右，而独立学院办学条件改善的情况欠佳，尤其是生均实习经费甚至出现负增长。公办高校生均教学经费支出三年复合增长率为28.84%，民办高校三年复合增长率为16.50%，独立学院三年复合增长率为12.29%。公办高校生均实习经费支出三年复合增长率为23.56%，民办高校三年复合增长率为1.21%，独立学院三年复合增长率为-4.51%。公办高校生

均实验经费三年复合增长率为21.54%,民办高校三年复合增长率为-3.53%,独立学院三年复合增长率为39.21%。生均教学科研仪器设备值公办高校三年复合增长率为20.69%,民办高校三年复合增长率为6.30%,独立学院三年复合增长率为8.59%。公办高校生均电子图书总册数三年复合增长率为23.02%,民办高校三年复合增长率为82.77%,独立学院三年复合增长率为219.06%。

民办和独立学院重视科学研究能力提升,但民办高校和独立学院表现突出,均高于公办高校。公办高校纵向项目三年复合增长率为10.11%,民办高校三年复合增长率为8.82%,独立学院纵向项目三年复合增长率为37.34%。公办高校横向项目三年复合增长率为32.34%,民办高校三年复合增长率为150.22%,独立学院三年复合增长率为48.50%。公办高校发表ESI论文数三年复合增长率为3.43%,民办高校三年复合增长率为39.04%,独立学院三年复合增长率为28.17%。公办高校省部级科研平台三年复合增长率为47.32%,民办高校三年复合增长率为154.95%。

公办高校人才培养质量得到肯定,人才培养产出质量高于民办和独立学院。公办高校学科竞赛三年复合增长率为59.57%,民办三年复合增长率为100.74%,独立学院三年复合增长率为78.40%。在专业基础知识和专业核心知识两方面上,公办本科在校生有很大提高或较大提高的比例分别高于民办本科在校生2.82个百分点和2.63个百分点,在专业前沿知识和专业应用技能两方面上,公办本科在校生有很大提高或较大提高的比例分别高于民办本科在校生0.51个百分点和0.52个百分点。民办本科高校在校生在"团队协作能力""自主学习能力"和"分析解决问题能力"等方面有很大提高或较大提高的比例低于独立学院或公办本科高校3个百分点以上。

社会服务能力、文化传承与创新产出效益显著。公办高校发明专利三年复合增长率为41.62%,民办高校三年复合增长率为32.29%,独立学院三年复合增长率为260.56%。公办高校开展文化学术讲座三年复合增长率为20.25%,民办三年复合增长率为86.64%,独立学院三年复合增长率为14.50%。公办高校课外科技、文化活动项目总数三年复合增长率为32.84%,民办高校三年复合增长率为245.57%,独立学院三年复合增长率为38.54%。

2. 从省级层面来看办学性质方差分类评价

以应用型本科高校办学性质为自变量,29个观测指标为自变量进行单因素方差①分析,结果如表6.3.1所示:

表6.3.1　基于办学性质LSD多重比较方差分析

因变量	(I)办学性质	(J)办学性质	均值差(I−J)	显著性
生均教学科研仪器	公办本科	民办本科	8423.93042*	0.002
		独立学院	11858.04952*	0.000
	民办本科	公办本科	−8423.93042*	0.002
		独立学院	3434.11911	0.273
	独立学院	公办本科	−4108.56587	0.000
		民办本科	1207.09107	0.273
生均实验经费	公办本科	民办本科	246.54125*	0.016
		独立学院	279.95643*	0.010
	民办本科	公办本科	−246.54125*	0.016
		独立学院	33.41518	0.778
	独立学院	公办本科	−279.95643*	0.010
		民办本科	−33.41518	0.778
文化学术讲座	公办本科	民办本科	82.30556	0.114
		独立学院	143.98413*	0.011
	民办本科	公办本科	−82.30556	0.114
		独立学院	61.67857	0.325
	独立学院	公办本科	−143.98413*	0.011
		民办本科	−61.67857	0.325
咨询报告	公办本科	民办本科	4.93056	0.111
		独立学院	6.62698*	0.044
	民办本科	公办本科	−4.93056	0.111
		独立学院	1.69643	0.646
	独立学院	公办本科	−6.62698*	0.044
		民办本科	−1.69643	0.646

注:*均值差的显著性水平为0.05。

---

① 在进行单因素方差分析之间,先对其进行正态性和方差齐性检验;结果符合正态性且总体方差相等,满足进行方差分析的前提。

结果显示：有 4 个指标因办学性质不同，其结果具有显著性差异。利用 LSD 多重比较，发现生均教学科研仪器设备值和生均实验经费在公办与民办和独立学院校之间存在显著差异，p 值均小于 0.05；这与各高校办学条件设施设备相联系，公办高校生均教学科研仪器设备值、生均实验经费额度普遍高于民办高校和独立学院。文化学术讲座和咨询报告在公办和独立学院间存在显著差异，在开设文化学术讲座次数上、为政府提供咨询报告能力上，相对较薄弱。这与福建省应用型本科公民办高校的现状相吻合。

（二）院校水平分类评价

1. 从各维度来看水平属性分类评价

省双一流学科建设高校中的应用型本科高校师资队伍建设复合增长率缓慢，而其他本科高校师资队伍建设突飞猛进。一流学科建设高校中"双师双能型"教师三年复合增长率为 1.03%，其他本科高校三年复合增长率为 27.23%。一流学科建设高校中高层次人才的三年复合增长率为 18.47%，其他应用型本科高校三年复合增长率为 33.31%。

办学条件投入质量显著，省双一流学科建设高校中的应用型本科高校的投入力度明显高于其他应用型本科高校。省双一流学科建设高校中的应用型本科高校生均教学科研仪器设备值三年复合增长率为 21.53%，其他应用型本科高校三年复合增长率为 15.34%。省双一流学科建设高校中的应用型本科高校生均实习经费支出三年复合增长率为 20.61%，其他应用型本科高校三年复合增长率为 10.31%。省双一流学科建设高校中的应用型本科高校生均电子图书总册数三年复合增长率为 21.05%，其他应用型本科高校三年复合增长率为 59.01%。省双一流学科建设高校中的应用型本科高校校园网主干宽带三年复合增长率为 1.82%，其他应用型本科高校三年复合增长率为 32.90%。

产出质量效益涨幅明显，尤其是科学研究能力。省双一流学科建设高校中的应用型本科高校在校生在"专业基础知识"和"专业核心知识"上有很大提高或较大提高的比例分别高于其他本科高校 2.82 个百分点和 1.35 个百分点；其他本科高校在校生在"专业前沿知识"和"专业应用技能"上有很大提高或较大提高的比例分别高于一流学科建设高校 1.04 个百分点和 0.84 个百分点。省双

一流学科建设高校中的应用型本科高校纵向项目三年复合增长率为7.85%,其他应用型本科高校三年复合增长率为17.04%。省双一流学科建设高校中的应用型本科高校横向项目三年复合增长率为22.01%,其他应用型本科高校三年复合增长率为60.74%。省双一流学科建设高校中的应用型本科高校发明专利三年复合增长率为35.61%,其他应用型本科高校三年复合增长率为76.89%,高于一流学科建设高校41.28个百分点。

人才培养产出质量认同度和满意度较高,其中省双一流学科建设高校中的应用型本科高校的大部分指标均高于其他应用型本科高校。一流学科建设高校在校生对专业的认同度为96.64%,其他本科高校在校生对专业的认同度为97.70%。一流学科建设高校教师对能力素养总体满意度为98.80%,其他本科高校为98.20%。一流建设高校教师对能力素养各方面满意度均高于其他本科高校;其中,一流建设高校在"表达能力""教学基本能力"上分别高于其他本科高校1.51和0.83个百分点。一流学科建设高校在校生在传承中华优秀传统文化教育各方面注重因素均高于其他本科高校;其中,在"与学生的专业学习相结合""与各类社会实践活动相结合""与提升学生的人文素养相结合"和"与学生的日常学习、生活、为人处事相结合"上高于其他本科高校2个百分点以上。

2. 从省级层面来看水平属性方差分析

以应用型本科高校办学水平为自变量,29个观测指标为自变量进行单因素方差分析,结果如表6.2.3所示:

表6.3.2 基于一流学科建设学校和其他本科高校的单因素方差分析

单因素方差分析		平方和	Df	均方	F	显著性
专任教师博士学历占比	组间	0.096	1	0.096	31.014	0
	组内	0.096	31	0.003		
	总数	0.192	32			
"双师双能型"教师	组间	423600.852	1	423600.852	31.017	0
	组内	423365.875	31	13656.964		
	总数	846966.727	32			

续表

单因素方差分析		平方和	Df	均方	F	显著性
生均教学科研仪器	组间	299374629.9	1	299374629.9	5.714	0.023
	组内	1624225118	31	52394358.64		
	总数	1923599748	32			
文化学术讲座	组间	93187.879	1	93187.879	6.449	0.016
	组内	447928	31	14449.29		
	总数	541115.879	32			
科研平台	组间	1888.015	1	1888.015	34.807	0
	组内	1681.5	31	54.242		
	总数	3569.515	32			

注：* 均值差的显著性水平为 0.05。

结果显示：有 5 个指标因办学水平不同，其结果具有显著性差异。分别是专任教师博士学历占比、"双师双能型"教师、生均教学科研仪器、文化学术讲座和科研平台指标，显著性水平均小于 0.05，即说明福建省一流学科建设高校和其他本科高校在专任教师博士学历占比、"双师双能型"教师、生均教学科研仪器、文化学术讲座和科研平台存在显著差异。其中，专任教师博士学历占比、双师双能型教师和科研平台，其显著性水平为 0；差异性强烈。

（三）所属地区方差分析

1. 从各维度来看地区属性分类评价

各地区生师比下降喜人。闽南地区本科高校生师比三年复合增长率为－12.82%，闽中地区本科高校三年复合增长率为－3.27%、闽东地区本科高校三年复合增长率为 0.28%，闽西北地区本科高校三年复合增长率为－8.94%。

"双师双能型"教师数量增长迅速。闽南地区本科高校"双师双能型教"师数量三年复合增长率为 14.07%，闽中地区本科高校三年复合增长率为 33.19%，闽东地区本科高校三年复合增长率为 13.07%，闽西北地区本科高校三年复合增长率为 28.17%。

闽南地区本科高校省部级科研平台三年复合增长率为114.83%,闽中地区本科高校三年复合增长率为23.74%、闽东地区本科高校三年复合增长率为33.74%,闽西北地区本科高校三年复合增长率为73.21%。

闽南地区本科高校生均实验经费三年复合增长率为9.22%,闽中地区高校三年复合增长率为80.83%,闽东地区本科高校三年复合增长率为8.62%,闽西北地区本科高校三年复合增长率为105.76%。

闽南地区本科高校发明专利数量三年复合增长率为42.69%,闽中地区本科高校三年复合增长率为51.91%,闽东地区本科高校三年复合增长率为36.21%,闽西北地区本科高校三年复合增长率为324.26%。

2. 从省级层面来看地区属性分类评价

以应用型本科高校所属地区为自变量,29个观测指标为自变量进行单因素方差分析,结果如表6.3.3所示:

表6.3.3 基于所属地区 LSD 多重比较方差分析

因变量	(I)所属地区	(J)所属地区	均值差(I−J)	显著性
生均实验经费	闽东	闽中	−193.845	0.275
		闽南	128.43423	0.149
		闽西北	−368.03000 *	0.043
	闽中	闽东	193.845	0.275
		闽南	322.27923	0.078
		闽西北	−174.185	0.459
	闽南	闽东	−128.43423	0.149
		闽中	−322.27923	0.078
		闽西北	−496.46423 *	0.009
	闽西北	闽东	368.03000 *	0.043
		闽中	174.185	0.459
		闽南	496.46423 *	0.009

续表

因变量	(I)所属地区	(J)所属地区	均值差(I-J)	显著性
德育增值	闽东	闽中	-0.00295625	0.496
		闽南	-0.00116394	0.589
		闽西北	.01184375*	0.01
	闽中	闽东	0.00295625	0.496
		闽南	0.00179231	0.683
		闽西北	.01480000*	0.015
	闽南	闽东	0.00116394	0.589
		闽中	-0.00179231	0.683
		闽西北	.01300769*	0.006
	闽西北	闽东	-.01184375*	0.01
		闽中	-.01480000*	0.015
		闽南	-.01300769*	0.006

注：*均值差的显著性水平为0.05。

结果显示：有2个指标因所属地区不同，其结果具有显著性差异。利用LSD多重比较，发现生均实验经费在闽西北和闽东、闽南地区之间存在显著差异，p值均小于0.05；闽东、闽南地区高校数量较多，主要集中在福州和厦门市，闽西北只有2所高校，这也说明了这两所高校生均实验经费与闽东、闽南地区高校相对薄弱。德育增值在闽西北地区与闽东、闽中和闽南地区均存在显著差异，p值均小于0.05，这也说明了闽西地区德育增值相对闽东、闽中和闽南地区相对薄弱。

三、福建省应用型本科教育质量指标关联评价

（一）指标与模块之间关联分析

1. 高层次人才与产出指标模块关联分析

将福建省应用型本科高校高层次人才和创新获奖、文化学术讲座、科研项

目、科研经费、发表 ESI 论文、发明专利和科研平台等产出指标进行相关分析，结果如表 6.3.4 所示。

表 6.3.4 高层次人才数与产出指标的 Spearman 相关性

Spearman 相关性		高层次人才	创新获奖	文化学术讲座	科研项目	科研经费	发表 ESI 论文	发明专利	科研平台
高层次人才	相关系数	1.000	0.709**	0.774**	0.814**	0.860**	0.840**	0.762**	0.820**
	Sig	.	.000	.000	.000	.000	.000	.000	.000
	N	33	33	33	33	33	33	33	33

注：** 在置信度（双测）为 0.01 时，相关性是显著的；

数据资料来源：高等教育质量监测国家数据平台。

结果显示：高层次人才指标与创新获奖、文化学术讲座、科研项目、科研经费、发表 ESI 论文、发明专利和科研平台指标均有较明显的线性关系，在 0.01 水平上显著。其 p 值均小于 0.01，即认为投入性指标高层次人才与产出性指标创新获奖、文化学术讲座、科研项目、科研经费、发表 ESI 论文、发明专利和科研平台指标存在显著的相关性。Spearman 相关系数越接近于 1，表示线性关系越强。由此可以说明，高层次人才指标与科研项目指标之间具有更强的影响力。其次是科研平台指标和科研项目经费指标，其影响力排序为：科研经费 0.860＞发表 ESI 论文 0.840＞科研平台 0.820＞科研项目 0.814＞文化学术讲座 0.774＞发明专利 0.762＞创新获奖 0.709。

这充分表明高层次人才指标最能促进高校科研经费的产出，具有非常明显的引领作用，同时，高层次人才指标对发表 ESI 论文、高校科研平台、科研项目、开展文化学术讲座和发明专利指标等影响也十分明显，但影响力逐渐减弱。高层次人才指标对创新获奖的影响力较不如上述六项，但从相关系数上来看仍具有一定的线性关系，也同样说明具有一定程度的促进作用。

因此，可以发现一所学校高层次人才数量越多，就越有助于促进高校开展科学研究、开设文化讲座、发表 ESI 论文和获取发明专利，即高层次人才指标的投入与创新获奖、文化学术讲座、科研项目、科研经费、发表 ESI 论文、发明专利和科研平台指标的产出之间是一种正向促进的影响。

2. "双师双能型"教师与产出指标模块中的社会服务水平指标关联分析

将福建省应用型本科高校"双师双能型"教师和社会服务水平指标(发明专利、咨询报告、科研成果转化项目和科研成果转化经费)进行相关分析,结果如表 6.3.5 所示。

表 6.3.5　双师双能型教师与社会服务水平的 Spearman 相关性

Spearman 相关性		"双师双能型"教师	发明专利	咨询报告	科研成果转化项目	科研成果转化经费
双师双能型教师	相关系数	1.000	.743**	.600**	.460**	.469**
	Sig	.	0	0	0.007	0.006
	N	3	33	33	33	33

结果显示:"双师双能型"教师与社会服务水平指标(发明专利、咨询报告、科研成果转化项目和科研成果转化经费)具有较明显的线性关系,在 0.01 水平上显著。其 p 值均小于 0.01,即认为投入性指标双师双能型教师与产出性指标发明专利、咨询报告、科研成果转化项目和科研成果转化经费指标存在显著的相关性。Spearman 相关系数越接近于 1,表示线性关系越强。由此可以说明"双师双能型"教师指标与发明专利指标之间具有更强的影响力。其次是咨询报告指标和科研成果转化经费指标,其影响力排序为:发明专利 0.743>咨询报告 0.600>科研成果转化经费 0.469>科研成果转化项目 0.460。"双师双能型"教师指标最能促进高校发明专利的产出,具有非常明显的引领和促进作用,同时对政府咨询报告、科研成果转化项目和经费指标的影响也比较明显,但其影响力逐渐减弱。

因此,可以发现一所学校"双师双能型"教师数量越多,越有助于促进高校发明专利、帮助政府提供咨询报告和科研成果转化,即"双师双能型"教师指标的投入与社会服务水平产出指标之间是一种正向促进的影响关系。

3. 省部级科研平台与科研水平指标模块关联分析

将福建省应用型本科高校省部级科研平台和科学研究水平指标(科研项目、科研经费和发表ESI论文)进行相关分析,结果如表6.3.6所示。

表6.3.6　省部级科研平台与科学研究水平的Spearman相关性

Spearman 相关性		科研平台	科研项目	科研经费	发表ESI论文
科研平台	相关系数	1	.814**	.922**	.736**
	Sig	.	0	0	0
	N	33	33	33	33

结果显示:省部级科研平台与科学研究水平指标(科研项目、科研经费和发表ESI论文)具有较明显的线性关系,在0.01水平上显著。其p值均小于0.01,即认为产出性指标省部级科研平台与科学研究水平的产出存在显著的相关性。Spearman相关系数越接近于1,表示线性关系越强。由此可以说明省部级科研平台指标与科研经费指标之间具有更强的影响力。其次是科研项目指标和发表ESI论文指标,其影响力排序为:科研经费0.922>科研项目0.814>发表ESI论文0.736。省部级科研平台指标最能促进高校科研项目和经费的产出,具有非常优秀的引领作用;同时对发表指标ESI论文的影响非常明显,具有良好的促进作用。

因此,可以发现一所学校省部级科研平台数量的产出越多,对高校科研项目的产出、教师发表ESI论文就具有越明显的促进作用,即省部级科研平台指标的产出与社会服务水平产出指标之间是一种正向促进的影响。

(二)指标与指标之间关联分析

1. 在校生德育增值与教育教学满意度关联分析

将福建省应用型本科高校在校生德育增值指标和教育教学满意度指标进行相关分析,结果显示,在校生德育增值与教育教学满意度具有较不明显的线性关系,在0.05水平上不显著。p值为0.095,大于0.05,Spearman相关系数为0.296,呈现低度正相关。因此,可以说明福建省应用型本科高校在校生德育增值与在校生创新能力教育教学满意度之间具有低相关性,即在校生德育增值的增减变动对教育教学满意度具有一定变化,是一种低度正向促进的影响。具有结果如表 6.3.7 所示。

表 6.3.7 在校生德育增值与教育教学满意度的 Spearman 相关性

Spearman 相关性		德育增值	教育教学满意度
德育增值	相关系数	1	0.296
	Sig	.	0.095
	N	33	33

2. 生均实习经费支出与在校生创新能力关联分析

将福建省应用型本科高校生均实验经费支出指标和创新能力指标进行相关分析,结果显示,生均实验经费支出与创新能力不具有明显的线性关系,在 0.05 水平上不显著。p 值为 0.809,大于 0.05,Spearman 相关系数为 0.044。因此,可以说明福建省应用型本科高校生均实验经费支出与在校生创新能力之间不具有相关性,即生均实验经费支出的增减变动对在校生创新能力不具有明显关系。具有结果如表 6.3.8 所示。

表 6.3.8 生均实验经费支出与创新能力的 Spearman 相关性

Spearman 相关性		生均实验经费支出	创新能力
生均实验经费支出	相关系数	1	0.044
	Sig	.	0.809
	N	33	33

第七章
福建省应用型本科教育质量分维度监测结果分析

对监测结果进行分维度与分类分析,可以更直观地反映出不同维度、不同分类间存在的差异,有助于找准应用型本科教育质量的优势所在与问题根源。本章将从福建省应用型本科高校所属的地区、学校性质和水平属性等角度,分投入、过程和产出三个维度,对各个指标进行具体的监测结果分析,以期更清晰地反馈福建省应用型本科教育在三个维度上的质量概况,发掘不同分类间存在的差异及其原因。

第一节 投入性指标监测结果分析

一、专任教师数量及结构指标发展态势及现状动态监测情况

高校教师是高等学校实现人才培养、科学研究、社会服务、文化传承与创新四大基本职能的根本实施者,其师资队伍的建设水平和整体素质也是决定高等教育质量和竞争力的关键因素,是提高教育质量的前提。《国务院关于加强教师队伍建设的意见(2012)》中提出:"到 2020 年,形成一支师德高尚、业务精湛、结构合理、充满活力的高素质专业化教师队伍。"国务院出台的《关于全面深化新时代教师队伍建设改革的意见》[①]更加强化了高校教师队伍建设。师资队伍

---

① 中共中央国务院.关于全面深化新时代教师队伍建设改革的意见[Z].2018-01-20.

建设包括专任教师数量、"双师双能型"教师、高级职称数量、高层次人才等。

(一)专任教师数[①]及生师比

专任教师是承担高校教学任务的师资队伍中的主力军,是投入性质量指标中具代表性的指标之一。

从福建省来看,从 2014—2018 年福建省应用型本科高校专任教师总数(图 7.1.1)来看,从 17359 人到 23020 共计增加 5661 人,复合增长率为 7.31%。增长最快的是 2017 年,增速为 9.70%。2018 年,福建省应用型本科高校专任教师总数 23020 人,按办学性质划分,公办本科高校专任教师总数为 15985 人,占比 69.44%;民办本科高校为 3537 人,占比 15.36%;独立学院为 3498 人,占比 15.20%。

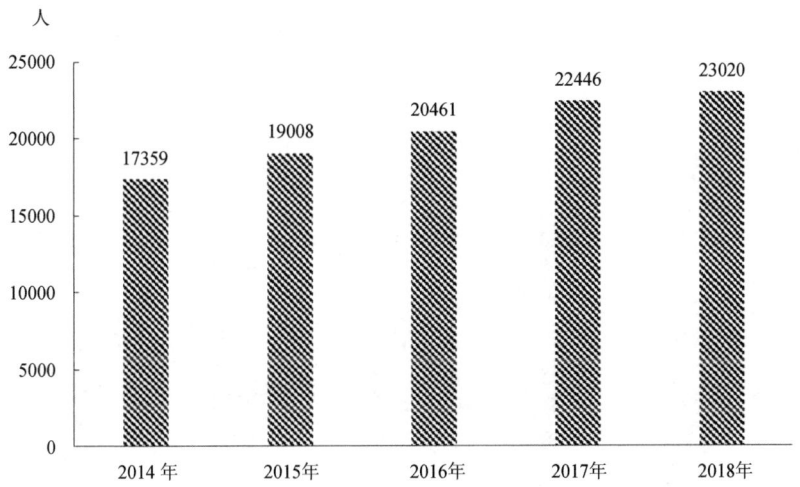

图 7.1.1　2014—2018 年福建省应用型本科高校专任教师总数

数据资料来源:高等教育质量监测国家数据平台。

下面对福建省 2016—2018 年应用型本科高校专任教师绝对数和发展态势进行分析。从各地区来看,闽南地区本科高校三年复合增长率 5.35%,闽中地区本科高校三年复合增长率为 −2.52%、闽东地区本科高校三年复合增长率为

---

① 根据《普通高等学校本科教学工作水平评估方案(试行)》的规定,"专任教师"是指具有教师资格、专门从事教学工作的人员。

5.18%,闽西北地区本科高校三年复合增长率为6.64%。从水平属性来看,省双一流学科建设高校中的应用型本科高校三年复合增长率为4.89%,其他应用型本科高校三年复合增长率为9.35%。从办学性质来看,公办高校三年复合增长率为6.28%,民办高校三年复合增长率为18.91%,独立学院三年复合增长率为3.39%。民办高校专任教师增幅明显高于公办高校,增速排名前五的高校主要为民办高校和独立学院。

生师比是衡量教师队伍与学生数量关系的标准,合理的生师比对高校教育质量具有良好的促进作用。从2014—2018年福建省应用型本科高校生师比(图7.1.2)来看,整体呈现稳步下降的趋势,这与国家近年来严格控制生师比相契合。5年复合增长率为-5.09%,低于福建省本科高校0.44个百分点。2018年,应用型本科高校生师比为15.73,低于福建省本科高校0.21个百分点;低于国家标准(18.0)2.27个百分点。①

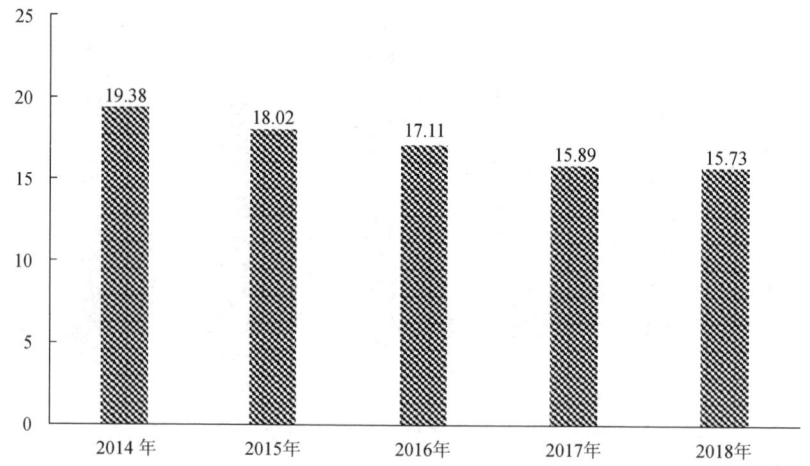

图7.1.2 2014—2018年福建省应用型本科高校生师比情况

数据资料来源:高等教育质量监测国家数据平台。

---

① 依据《普通高等学校基本办学条件指标(试行)》(教发〔2004〕2号),各学校类别生师比合格标准:综合、师范、民族、工科、农、林、语文、财经、政法院校为18,医学院校为16,体育院校和艺术院校为11。计算公式:生师比=折合在校生数/教师总数,其中折合在校生数=普通本、专(高职)生数+硕士生数×1.5+博士生数×2+留学生数×3+预科生数+进修生数+成人脱产班学生数+夜大(业余)学生数×0.3+函授生×0.1。

就 2016—2018 年福建省应用型本科高校生师比来看,各高校生师比均有所下降。从各地区来看,闽南地区本科高校三年复合增长率为−12.82%,闽中地区本科高校三年复合增长率为−3.27%、闽东地区本科高校三年复合增长率为 0.28%,闽西北地区本科高校三年复合增长率为−8.94%。从水平属性来看,省双一流学科建设高校中三年复合增长率为−2.92%,其他应用型本科高校为−5.48%。从性质属性来看,公办高校三年复合增长率为−3.87%,民办高校三年复合增长率−5.63%,独立学院三年复合增长率−4.26%。其中,有 16 所高校生师比复合增长率低于福建省平均水平。个别公办校 2018 年生师比高于国家标准。

(二)高级职称数量

职称结构是体现高等院校师资队伍教学水平与科研能力的重要标志。从福建省来看,2014—2018 年应用型本科高校专任教师高级职称整体上呈现逐年递增(图 7.1.3);但其高级职称所占比例均低于整体职称结构的 20%以下。2018 年,福建省应用型本科高校专任教师中,具有高级职称的教师 9976 人,较上一年增加 722 人。

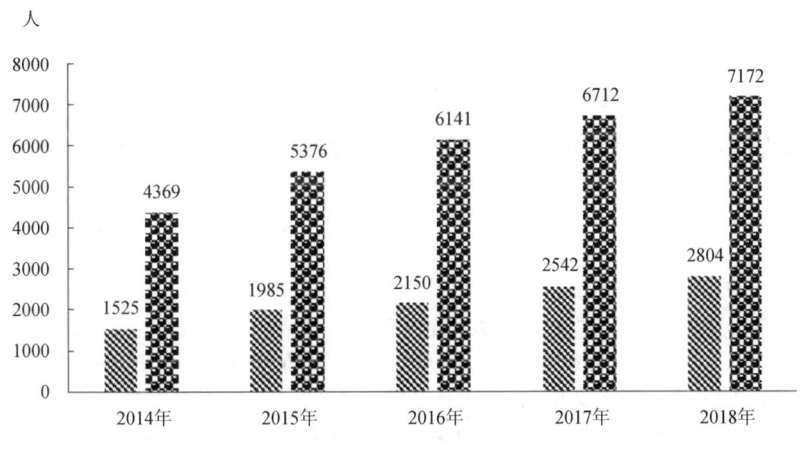

图 7.1.3　2014—2018 年福建省应用型本科高校专任教师高级职称数量

数据资料来源:高等教育质量监测国家数据平台。

福建省 2016—2018 年应用型本科高校具有"高级职称"专任教师绝对数和发展态势从各地区来看,闽南地区本科高校三年复合增长率为 8.34%,闽中地区本科高校三年复合增长率为 3.73%,闽东地区本科高校三年复合增长率为 10.76%,闽西北地区本科高校三年复合增长率为 19.27%。从水平属性来看,一流学科建设高校三年复合增长率为 5.58%,其他本科高校三年复合增长率为 14.32%。从性质属性来看,公办高校三年复合增长率为 9.10%,民办高校三年复合增长率为 20.63%,独立学院三年复合增长率为 4.32%。民办高校"高级职称"增幅明显高于公办高校。公办本科高校近三年变化来看,幅度较小,尤其是一流学科建设高校,其高级职称人数增长趋缓。

(三)"双师双能型"教师①数量

"双师双能型"教师队伍建设在提高应用型本科教育教学质量中起着关键作用。教育部、国家发展改革委、财政部《关于引导部分地方普通本科高校向应用型转变的指导意见》(教发〔2015〕7 号)②指出要加强"双师双能型"教师队伍建设,强化双师型教师团队的比例和质量,并提出为试点高校"双师双能型"教师的建设提供政策和经费的支持。

从 2014—2018 年应用型本科高校"双师双能型"教师数量(图 7.1.4)来看,整体上呈现逐年递增变化趋势。其中,五年复合增长率为 16.69%。按办学性质划分来看,民办高校"双师双能型"教师比例数量相对高于公办高校和独立学院。

---

① 教育部填报指南将"双师型"教师定义为:高等学校中具有中级及以上教师职称,又具备下列条件之一的专业课教师:(1)有本专业实际工作的中级及以上技术职称(含行业特许的资格证书、有专业资格或专业技能考评员资格者)。(2)近五年中有两年以上(可累计计算)在企业第一线从事本专业实际工作的经历,或参加教育部组织的教师专业技能培训且获得合格证书,能全面指导学生专业实践实训活动。(3)五年主持(或主要参与)两项应用技术研究(或两项校内实践教学设施建设及提升技术水平的设计安装工作),成果已被企业(学校)使用,达到同行业(学校)中先进水平。

② 教育部,国家发展改革委,财政部.关于引导部分地方普通本科高校向应用型转变的指导意见[Z].2015-10-21.

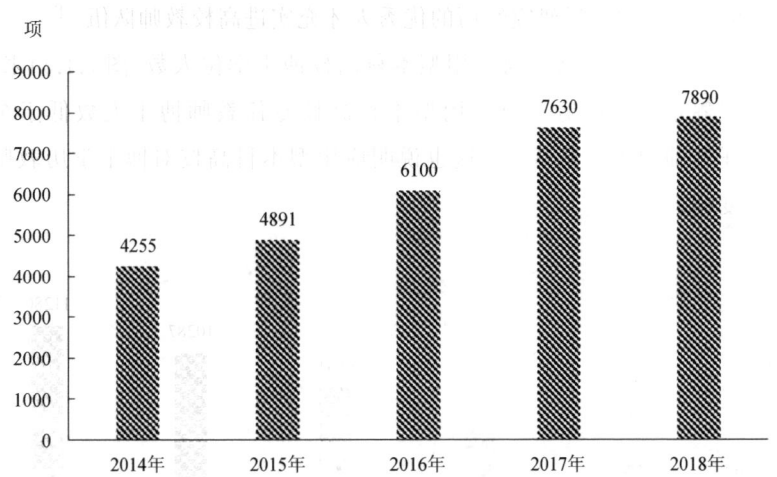

图 7.1.4　2014—2018 年福建省应用型本科高校"双师双能型"教师数量
数据资料来源:高等教育质量监测国家数据平台。

福建省 2016—2018 年应用型本科高校"双师双能型"专任教师绝对数和发展态势从各地区来看,闽南地区本科高校三年复合增长率为 14.07%,闽中地区本科高校三年复合增长率为 33.19%、闽东地区本科高校三年复合增长率为 13.07%,闽西北地区本科高校三年复合增长率为 28.17%。从水平属性来看,一流学科建设高校三年复合增长率为 1.03%,其他本科高校三年复合增长率为 27.23%。从性质属性来看,公办高校三年复合增长率为 12.14%,民办高校三年复合增长率为 22.57%,独立学院三年复合增长率为 20.74%。民办高校"双师双能型"增幅明显高于公办高校,增速排名前五的高校主要为民办高校和独立学院;省双一流学科建设高校中的应用型高校三年复合增长率为 1.03%,其他应用型本科高校三年复合增长率为 27.23%,远高于一流学科建设高校。各高校复合增长率超过 50% 主要集中在民办和独立学院;有 7 所高校近三年复合增长率为负。

(四)博士学历人数

优化师资队伍的学历结构,是师资队伍建设的重要目标之一。2017 年,福建省教育厅印发《福建省教师队伍建设规划(2017—2020 年)》(闽教师〔2017〕100 号)提出到 2020 年普通本科高校具有博士学位教师比例达到 40% 以上的发展目标,并要求注重把具有博士后研究经历的优秀人才充实进高校教师队伍。①

从近五年全省本科高校与应用型本科高校博士学位人数(图7.1.5)来看,其两者均呈现逐年递增趋势。但应用型本科高校专任教师博士人数低于全省本科高校专任教师博士人数50%,这也说明应用型本科高校对博士学历教师引进和培养力度稍显不足。

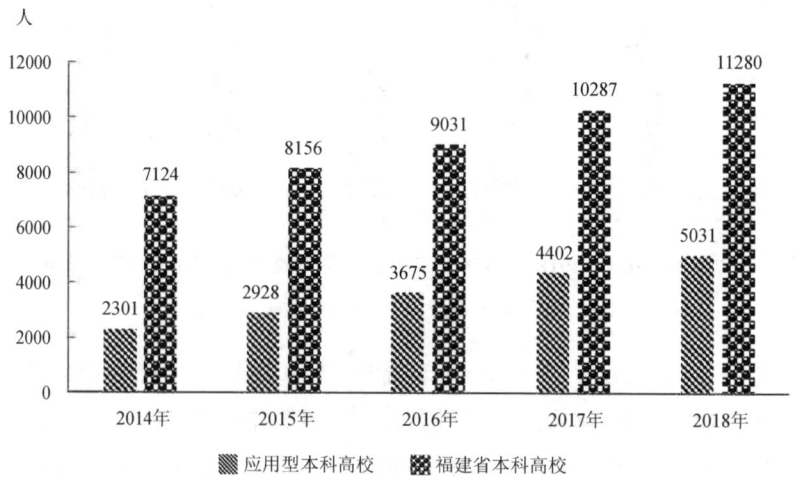

图7.1.5 2014—2018年福建省本科高校专任教师博士学位人数对比

资料来源:高等教育质量监测国家数据平台。

福建省2016—2018年应用型本科高校"博士学位教师"绝对数和发展态势从各地区来看,闽南地区本科高校三年复合增长率为16.10%,闽中地区本科高校三年复合增长率为38.31%,闽东地区本科高校三年复合增长率为11.61%,闽西北地区本科高校三年复合增长率为59.23%。从水平属性来看,其一流学科建设高校三年复合增长率为10.00%,其他本科高校三年复合增长率为36.79%。从性质属性来看,公办高校三年复合增长率为17.06%,民办高校三年复合增长率为40.46%,独立学院三年复合增长率为23.92%。

---

① 福建省教育厅.关于印发《福建省教师队伍建设规划(2017—2020年)》的通知[Z].2017-12-29.

从各高校来看,公办校中一流学科建设高校近三年博士人数增长较平缓,其复合增长率低于20%,博士引进力度小于民办本科高校和独立院校。

(五)高层次人才①数量及比例

一所高校所拥有的高层次人才数量和水平,直接决定了高校的科研能力和学术水平,对提高高校教育质量和办学水平具有重要的意义。② 从2014—2018年福建省应用型本科高校高层次人才数量(图7.1.6)来看,整体上呈现逐年递增,复合增长率41.23%;这与福建省这一期间高层次人才的培养和引进政策的落实关系密切。按办学性质来看,高层次人才主要集中在公办本科高校。

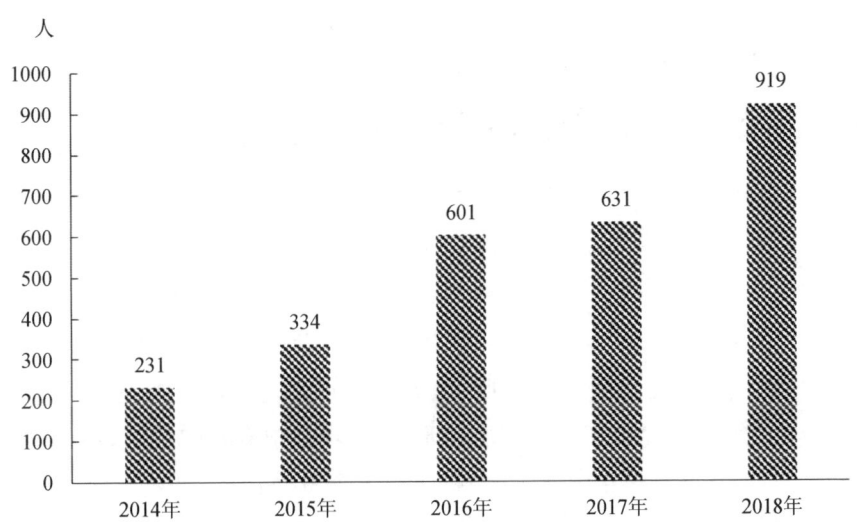

图7.1.6　2014—2018年福建省应用型本科高校高层次人才数量

数据资料来源:高等教育质量监测国家数据平台。

---

① 高层次人才是高层次留学人才和海外科技专家的统称。包括中国科学院院士、中国工程院院士、外国科学院院士、中国社会科学院学部委员、引进海外高层次人才"千人计划"入选者、长江学者特聘教授、国家杰出青年科学基金资助者、国家优秀青年科学基金资助者、新世纪优秀人才、教育部高校青年教师获奖者、青年"千人计划"、百千万人才工程、万人计划、国家级教学名师、省级高层次人才、省部级突出贡献专家、省级教学名师入选者。

② 李宇凯,刘诗,周刚,陈红霞.发挥高层次人才优势　提高本科教学质量[J].高教学刊,2016(10):67-69.

福建省 2016—2018 年应用型本科高校高层次人才绝对数和发展态势从各地区来看,闽南地区本科高校三年复合增长率为 25.62%,闽中地区本科高校三年复合增长率为 62.37%、闽东地区本科高校三年复合增长率为 26.43%,闽西北地区本科高校三年复合增长率为 82.57%。从水平分类来看,省双一流学科建设高校中的应用型高校三年复合增长率为 18.47%,其他应用型本科高校三年复合增长率为 33.31%。从性质分类来看,公办高校三年复合增长率为 20.79%,民办高校三年复合增长率为 54.42%,独立学院三年复合增长率为 63.30%。独立学院"双师双能型"增幅明显高于公办高校。从各高校高层次人才总数来看,龙岩学院、集美大学诚毅学院、宁德师范学院和福州大学至诚学院发展较快,复合增长率超 100%。2018 年,高层次人才总数排名前五的是:厦门理工学院、集美大学、福建医科大学、闽南师范大学、闽江学院。

二、办学条件指标发展态势及现状动态监测情况

高质量的教育需要必要的办学条件做支撑。应用型本科高校拥有良好的办学条件,有助于提高人才培养质量和应用科研水平。办学条件主要包括生均占地面积、生均教学行政用房占地面积、生均图书值和信息化程度等。

(一)生均占地面积[①]及生均教学行政用房占地面积[②]

占地面积教学活动的开展场所,是保障其正常进行的重要基础条件。从 2014—2018 年生均占地面积(图 7.1.7)来看,呈现稳中有升的增长趋势。其中,福建省本科高校复合增长率为 1.56%,应用型本科高校为 2.09%,高于福建省 0.53 个百分点。

---

① 依据《普通高等学校基本办学条件指标(试行)》(教发〔2004〕2号),各学校类别生均占地面积合格标准:体育、艺术院校 88 平方米/生,工、农、林、医学院校 59 平方米/生,综合、师范、民族、语文、财经、政法院校 54 平方米/生。计算公式:生均占地面积=占地面积/全日制在校生数。

② 依据《普通高等学校基本办学条件指标(试行)》(教发〔2004〕2号),各学校类别生均教学行政用房面积合格标准:综合、师范、民族院校 14 平方米/生,工科、农、林、医学院校 16 平方米/生,语文、财经、政法院校 9 平方米/生,体育院校 22 平方米/生,艺术院校 18 平方米/生。计算公式:生均教学行政用房=(教学及辅助用房面积+行政办公用房面积)/全日制在校生数。

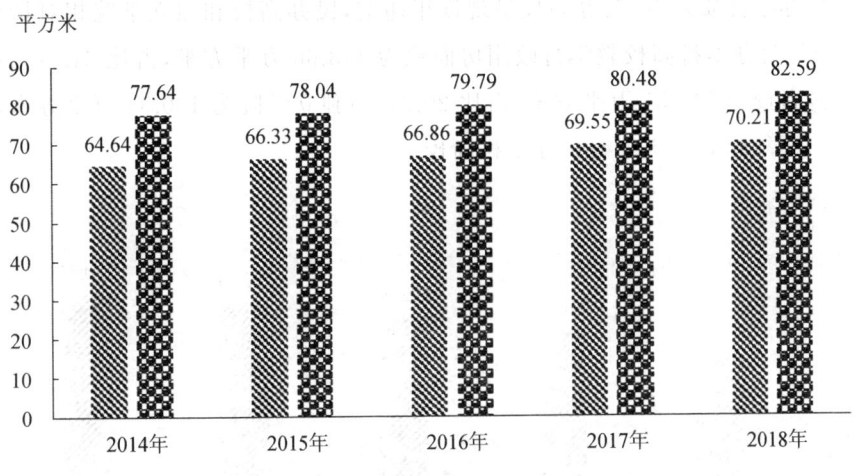

图 7.1.7　2014—2018 年福建省本科高校生均占地面积

数据资料来源:高等教育质量监测国家数据平台。

福建省 2016—2018 年应用型本科高校生均占地面积绝对数和发展态势从各地区来看,闽南地区本科高校三年复合增长率为-1.00%,闽中地区本科高校三年复合增长率为 1.56%、闽东地区本科高校三年复合增长率为 8.13%,闽西北地区本科高校三年复合增长率为 0.44%。从水平分类来看,省双一流学科建设高校中的应用型高校三年复合增长率为 3.70%,其他应用型本科高校三年复合增长率为 1.57%。从性质分类来看,公办高校三年复合增长率为 1.43%,民办高校三年复合增长率为-1.22%,独立学院三年复合增长率为 6.97%。从各高校来看,复合增长率排名前五的高校,除泉州师范学院,其余均为民办和独立院校,其中,福建农林大学金山学院近三年发展最快。2018 年,应用型本科高校生均占比面积排名前五的高校依次是仰恩大学(205.39 平方米)、武夷学院(123.17 平方米)、福州理工学院(107.78平方米)、厦门大学嘉庚学院(100.51 平方米)和闽江学院(92.70 平方米)。

2014—2018 年福建省应用型本科高校教学行政用房占地面积(图 7.1.8)逐年递增。五年复合增长率为 5.19%,高于福建省 0.33 个百分点。其中,教学行政用房占地面积增长最快的是 2015 年,平均增速达 10.15%。

从办学性质来看,公办高校呈现逐年递增,民办高校和独立学院相对持平。2018年,公办本科高校教学行政用房面积为443.66万平方米,占比61.57%;民办本科高校为146.35万平方米,占比20.31%;独立学院为130.54万平方米,占比18.12%;超6成集中在公办本科高校。

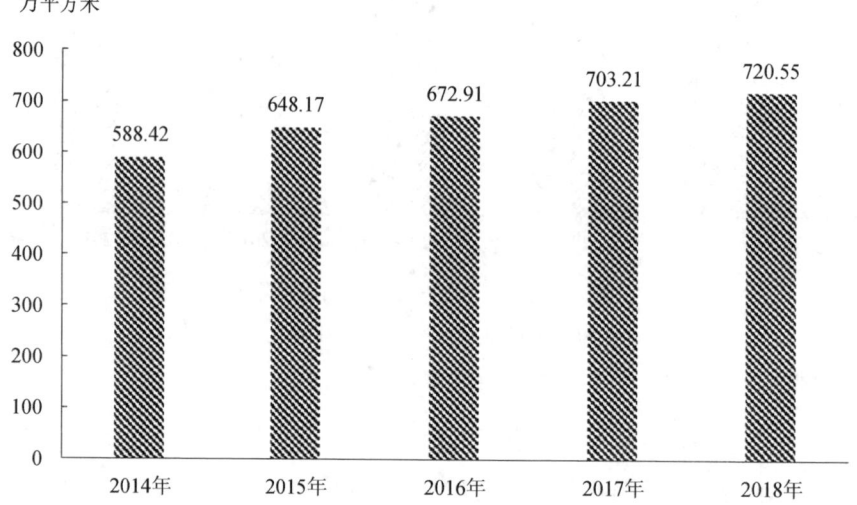

图7.1.8 2014—2018年福建省应用型本科高校教学行政用房面积

数据资料来源:高等教育质量监测国家数据平台。

福建省2016—2018年应用型本科高校生均教学行政用房面积绝对数和发展态势从各地区来看,闽南地区本科高校三年复合增长率为3.11%,闽中地区本科高校三年复合增长率为8.79%,闽东地区本科高校三年复合增长率为2.28%,闽西北地区本科高校三年复合增长率为9.62%。从水平分类来看,省双一流学科建设高校中的应用型高校三年复合增长率为5.87%,其他应用型本科高校三年复合增长率为0.66%。从性质分类来看,公办高校三年复合增长率为4.40%,民办高校三年复合增长率为-2.20%,独立学院三年复合增长率为1.78%。公办高校生均教学行政用房面积增幅明显高于民办高校,增速排名前五的高校主要为公办本科高校。从各高校来看,有13所学校高于福建省复合增长率,其大都为公办本科高校。2018年,应用型本科高校生均教学行政用房面积超过20平方米的学校有18所。

(二)生均教学科研仪器设备值①和生均图书②

教学科研仪器设备值的投入,可以较好地满足学校事业发展的需要,能有效促进教学科研水平的提升。从2014—2018年应用型本科高校生均教学科研仪器设备值(图7.1.9)来看,均高于8000元,整体呈现逐年递增趋势;其中,复合增长率为14.31%,2016年是生均教学科研仪器设备值增长最快的一年,平均增速达到16.33%。其中,公办高校五年复合增长率18.14%;民办高校五年复合增长率9.85%,独立学院五年复合增长率5.61%。

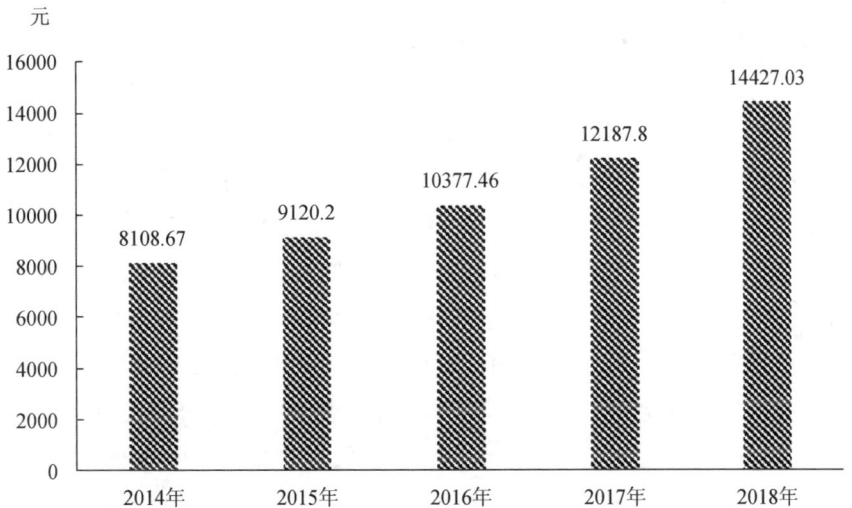

图7.1.9　2014—2018年福建省应用型本科高校生均教学科研仪器设备值

数据资料来源:高等教育质量监测国家数据平台。

---

① 依据《普通高等学校基本办学条件指标(试行)》(教发〔2004〕2号),各学校类别生均教学科研仪器设备值合格标准:综合、师范、民族、工科、农、林、医学院校5000元/生,语文、财经、政法院校3000元/生,体育、艺术院校4000元/生。计算公式:生均教学科研仪器设备值=教学科研仪器设备资产总值/折合在校生数。

② 依据《普通高等学校基本办学条件指标(试行)》(教发〔2004〕2号),各学校类别生均图书合格标准:综合、师范、民族、语文、财经、政法院校100册/生,工科、农、林、医、艺术学院校80册/生,体育院校70册/生。计算公式:生均图书=图书总数/折合在校生数。

福建省2016—2018年应用型本科高校生均教学科研仪器设备值绝对数和发展态势从各地区来看,闽南地区本科高校三年复合增长率为14.03%,闽中地区本科高校三年复合增长率为25.00%、闽东地区本科高校三年复合增长率为21.54%,闽西北地区本科高校三年复合增长率为16.69%。从水平分类来看,省双一流学科建设高校中的应用型高校三年复合增长率为21.53%,其他应用型本科高校三年复合增长率为15.34%。从性质分类来看,公办高校三年复合增长率为20.69%,民办高校三年复合增长率为6.30%,独立学院三年复合增长率为8.59%。公办高校增幅明显高于民办高校,增长较快的大都为公办高校。民办和独立院校生均教学科研仪器设备值增长较缓慢。2018年,应用型本科高校生均教学科研设备值超过1万元以上的有21所。

2013—2017年高校电子图书总册数(图7.1.10)保持逐年增长。其中,应用型本科高校复合增长率为22.28%;2014年是应用型本科高校电子图书总册数增长最快的一年,平均增速为32.11%。2017年,公办本科高校电子图书总册数为4787.48万册,所占比例为64.63%;民办本科高校电子图书总册数为1030.23万册,所占比例为13.91%;独立本科高校电子图书总册数为1590.00万册,所占比例为21.46%;超6成电子图书总册数集中在应用型公办本科高校。

就福建省2015—2017年应用型本科高校生均电子图书总册数绝对数和发展态势进行分析,从各地区来看,闽南地区本科高校三年复合增长率为29.08%,闽中地区本科高校三年复合增长率为17.15%、闽东地区本科高校三年复合增长率为6.32%,闽西北地区本科高校三年复合增长率为4.15%。从水平分类来看,省双一流学科建设高校中的应用型高校三年复合增长率为21.05%,其他应用型本科高校三年复合增长率为59.01%。从性质分类来看,公办高校三年复合增长率为23.02%,民办高校三年复合增长率为82.77%,独立学院三年复合增长率为219.06%。独立学院"双师双能型"增幅明显高于公民办高校。全省应用型本科学校中有6所高校生均电子图书复合增长率为负,其中有5所为公办本科高校。2017年福建省应用型本科高校生均电子图书总册数超过200册的本科高校有8所。

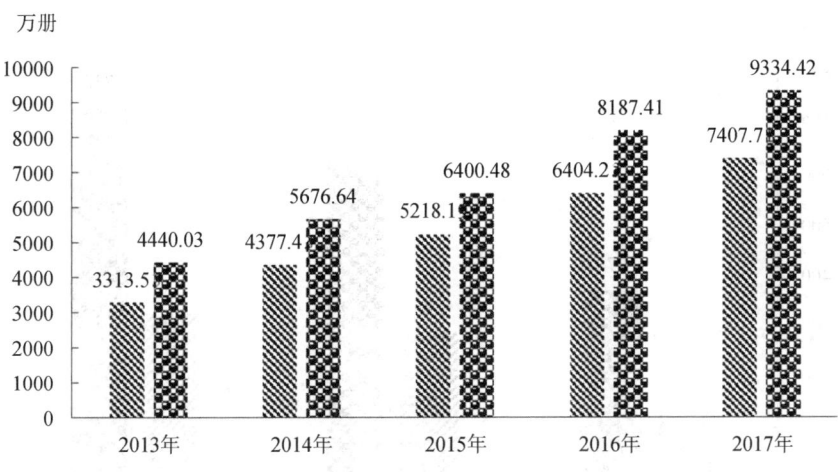

图 7.1.10　2013—2017 年福建省本科高校电子图书总册数

数据资料来源：高等教育质量监测国家数据平台。

（三）省部级科研平台数量①

科研平台对于培养和提高教师队伍的学术水平以及促进高校科研水平的提高有重要作用。从 2016—2018 年福建省应用型本科高校省部级科研平台数量（图 7.11）来看，整体呈现逐年递增趋势；应用型本科高校复合增长率为 53.14%，高于全省本科高校 12.87 个百分点。其中，2017 年是科研平台数量增长最快的一年，平均增速达到 105.04%。

福建省 2016—2018 年应用型本科高校省部级科研平台绝对数和发展态势从各地区来看，闽南地区本科高校三年复合增长率为 114.83%，闽中地区本科高校三年复合增长率为 23.74%、闽东地区本科高校三年复合增长率为 33.74%，闽西北地区本科高校三年复合增长率为 73.21%。从水平分类来看，省双一流学科建设高校中的应用型高校三年复合增长率为 50.79%，其他应用型本科高校三年复合增长率为 56.67%。从性质分类来看，公办高校三年复合增长率为 47.32%，民办

---

① 省部级科研平台包括：教育部重点实验室、省级重点实验室、省、部设置的研究所（院、中心）、教育部社科重点研究基地、省级人文科学重点研究基地、省级 2011 协同创新中心。

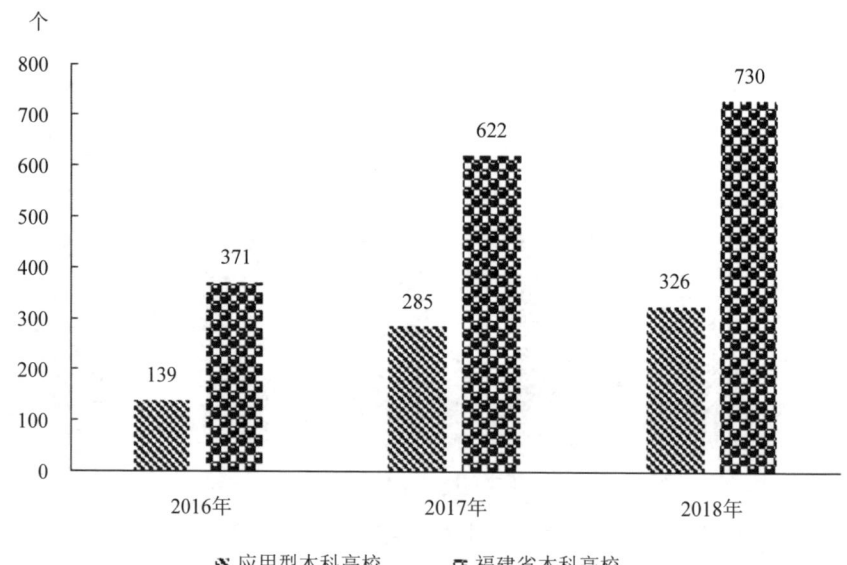

图 7.1.11　2016—2018 年福建省本科高校省部级科研平台数量

数据资料来源：高等教育质量监测国家数据平台。

高校三年复合增长率为 154.95％，民办高校省部级科研平台增幅明显高于公办高校。从各高校来看，增速较快的高校主要有闽江学院、泉州师范学院、闽南师范大学、福州外语外贸学院和福建江夏学院，其复合增长率均超过 100％。

（四）校园信息化建设及网络安全

高校的信息化建设对于学校师生的学生生活和科研工作起着非常重要的作用，是高校提高质量和实现快速发展的重要途径。就福建省 2016—2018 年应用型本科高校校园网主干宽带绝对数和发展态势进行分析，从各地区来看，闽南地区本科高校三年复合增长率为 9.01％，闽中地区本科高校三年复合增长率为 144.95％，闽东地区本科高校三年复合增长率为 12.24％，闽西北地区本科高校三年复合增长率为 58.11％。从水平分类来看，省双一流学科建设高校中的应用型高校三年复合增长率为 1.82％，其他应用型本科高校三年复合增长率为 32.90％。从性质分类来看，公办高校三年复合增长率为 9.25％，民办高校三年复合增长率为 16.86%,独立学院三年复合增长率为 39.37%。独立学院校园网主干宽带增幅明显高于公办高校。有 19 所高校近三年校园网主干宽带保持一致。2018 年,福建省应用型本科高校校园网主干带宽约 504 Gbps。校园网主干带宽超过 10 Gbps 的本科高校有 20 所,占比 60.61%。但有 10 所本科高校校园网主干带宽在 1 Gbps 及以下。

2018 年,福建省本科高校共有 118 个信息系统达到了信息安全等级保护二级及以上标准,其中应用型本高校有 97 个,占福建省 82.20%。

三、生均经费支出指标发展态势及现状动态监测情况

(一)教育经费支出①

教育经费作为财力的投入,是实现教育目标的重要条件之一。教育经费的有效使用对于促进教育高质量发展有着不可取代的作用。《国务院办公厅关于进一步调整优化结构提高教育经费使用效益的意见》(国办发〔2018〕82 号)②指出要完善教育经费投入使用的管理体制机制,优化教育经费的使用结构。

2013—2017 年福建省应用型本科高校教学经费支出(图 7.1.12)逐年递增,从 2013 年的 12.02 亿元增长到 2017 年的 28.41 亿元,五年复合增长率为 23.98%,高于全省本科高校 5.30 个百分点;其中,教育经费增长最快的是 2014 年,平均增速达 31.23%。2018 年,公办本科高校教育经费支出总计 19.26 亿元,所占比例为 67.80%;民办本科高校总计 5.52 亿元,所占比例为 12.76%;独立学院总计 3.63 亿元,所占比例为 12.76%;超 6 成集中在公办本科高校。

就福建省 2016—2018 年应用型本科高校生均教学经费支出绝对数和发展态势进行分析,从各地区来看,闽南地区本科高校三年复合增长率为 19.99%,闽中地区本科高校三年复合增长率为 37.62%,闽东地区本科高校三年复合增长率为 28.88%,闽西北地区本科高校三年复合增长率为 18.79%。从水平分类

---

① 教育经费支出是指自然年度学校用于教育事业的总支出经费金额,即除学校基建费以外的用于教育事业的总支出金额。
② 国务院办公厅.关于进一步调整优化结构提高教育经费使用效益的意见[Z].2018-08-17.

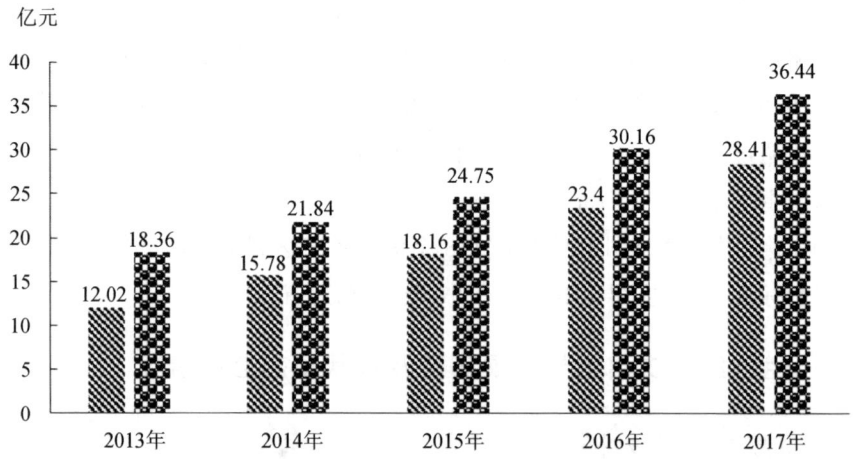

图 7.1.12　2013—2017 年福建省本科高校教学经费支出

数据资料来源：高等教育质量监测国家数据平台。

来看,省双一流学科建设高校中的应用型高校三年复合增长率为 23.00％,其他应用型本科高校三年复合增长率为 24.99％。从性质分类来看,公办高校三年复合增长率为 28.84％,民办高校三年复合增长率为 16.50％,独立学院三年复合增长率为 12.29％。独立学院生均教学经费支出增幅明显低于公民办高校。2017 年,福建省应用型本科高校生均教学经费支出超过 1 万元以上的有 7 所。

(二)生均实习经费支出[①]

实习即指在实践中学习,有助于帮助大学生将所学理论知识转化为实践操作能力,锻炼学生的工作能力,对于学生的就业有着很大的促进作用,是提高人才培养质量、实现人才培养目标的重要环节。而高校实习经费的支出是保证教学实习工作顺利进行的重要手段。

近五年福建省应用型本科高校实习经费(图 7.1.13)呈现先减后增变化趋势,

---

① 生均实习经费支出是指按本科在校生人数折算的用于本科培养方案内的实习环节支出经费的总值。计算公式:生均实习经费支出＝实习经费支出/折合在校生数。

从2013年的5079.45万元增长到2017年的9066.03万元,近五年复合增长率为15.58%,实习经费增长最快的是2015年,平均增速达38.34%。2017年,应用型本科高校实习经费支出共计9066.03万元,公办本科高校实习经费支出6053.57万元,占比73.41%;民办本科高校实习经费支出996.37万元,占比12.83%;独立学院实习经费支出1347.35万元,占比13.76%;超七成实习经费集中在应用型公办本科高校。

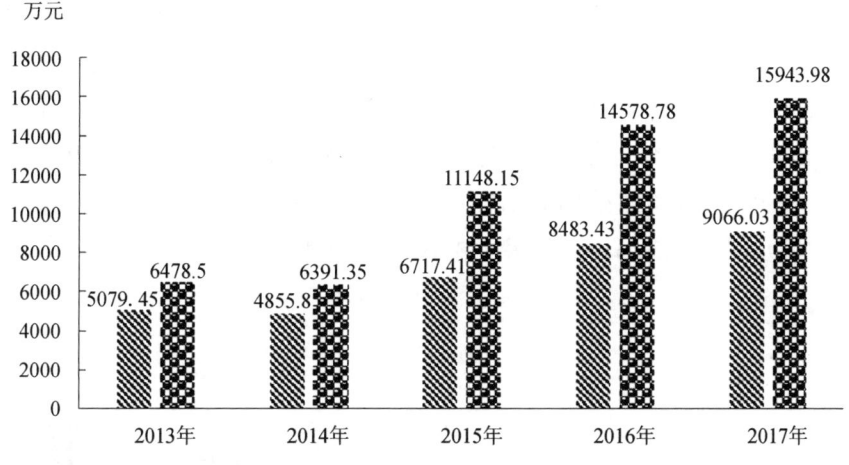

图7.1.13　2013—2017年福建省本科高校实习经费支出

数据资料来源:高等教育质量监测国家数据平台。

就福建省2015—2017年应用型本科高校生均实习经费支出绝对数和发展态势进行分析,从各地区来看,闽南地区本科高校三年复合增长率为9.92%,闽中地区本科高校三年复合增长率为79.02%,闽东地区本科高校三年复合增长率为9.68%,闽西北地区本科高校三年复合增长率为17.74%。从水平分类来看,省双一流学科建设高校中的应用型高校三年复合增长率为20.61%,其他应用型本科高校三年复合增长率为10.31%。从性质分类来看,公办高校三年复合增长率为23.56%,民办高校三年复合增长率为1.21%,独立学院三年复合增长率为-4.51%。公办高校生均实习经费支出增幅明显高于民办高校和独立学院,增速排名前五的高校主要为公办高校。

(三) 实验经费支出[①]

实验环节有助于提高学生学习兴趣、培养及开发学生动手能力及思维能力，是人才培养的重要环节，而实验经费是保障实验装备正常使用、促进实验环节正常开展的重要保障。2013—2017年应用型本科高校实验经费支出（图7.1.14）呈现逐年递增趋势，从2013年的4670.5万元增长到2017年的13217.42万元，五年复合增长率为29.70%，高于福建省本科高校3.49个百分点；其中，实习经费增长最快的是2014年，平均增速达51.70%。按办学性质来看，近五年公办高校实验经费支出逐年递增，从3586.77万元到10903.88万元；而民办高校和独立学院五年发展趋缓；其经费支出不超过1500万元，远低于本科高校。2017年，应用型本科高校实验经费支出共计13214.42万元，其中，公办本科高校实验经费支出10903.88万元，占比82.50%；民办高校实验经费支出1177.70万元，占比8.91%；独立学院实验经费支出1135.84万元，占比8.59%；实验经费主要集中在应用型公办本科高校。

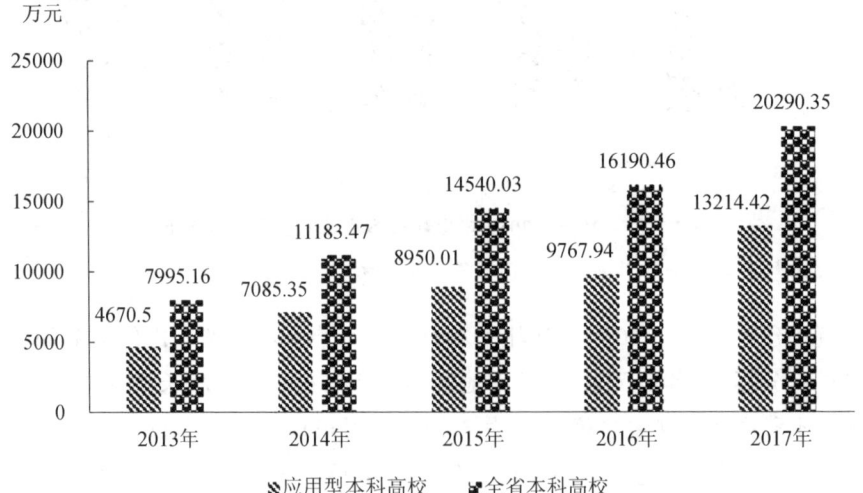

图7.1.14 2013—2017年福建省应用型本科高校实验经费支出

数据资料来源：高等教育质量监测国家数据平台。

---

① 实验经费是指用于实验教学运行、维护经费总值，包括：实验耗材、不列入固定资产登记的小型本科实验教学设备购置、教学设备维修费、本科实验教学资料费等支出。

就福建省2015—2017年应用型本科高校生均实验经费绝对数和发展态势进行分析,从各地区来看,闽南地区本科高校三年复合增长率为9.22%,闽中地区本科高校三年复合增长率为80.83%,闽东地区本科高校三年复合增长率为8.62%,闽西北地区本科高校三年复合增长率为105.76%。从水平分类来看,省双一流学科建设高校中的应用型高校三年复合增长率为14.47%,其他应用型本科高校三年复合增长率为26.85%。从性质分类来看,公办高校三年复合增长率为21.54%,民办高校三年复合增长率为-3.53%,独立学院三年复合增长率为39.21%。公办高校和独立学院生均实验经费增幅明显高于民办高校,增速排名前五的高校主要为公办和独立学院。从各高校来看,有4所高校复合增速超过100%;有13所高校复合增速高于福建省应用本科高校平均复合增速(20.09%)。2017年,应用型本科高校生均实习经费支出有8所学校高于500元。

第二节 过程性指标监测结果分析

一、在校生学习成长监测情况

(一)在校大学生适应性情况

通过对在校大学生适应性的调查,可以准确把握大学生适应性的发展规律,找到提升大学生适应性的有效途径,对提高学生学习效率和人才培养质量有重要的促进作用。

根据问卷数据,应用型本科高校在校生在刚来大学时有不适应感觉的占56.63%,即超过半数的学生在进入大学后在生活、学习等某个或多个方面存在不适应的感觉。进一步调查其适应性缓解情况,如图7.2.1所示,72.35%的学生表示"基本缓解",25.52%的学生表示"部分缓解",还有2.13%的学生表示"没有缓解"。

从各年级或各学科门类来看,均有七成以上的学生表示刚来大学时不适应的感觉得到"基本缓解"。

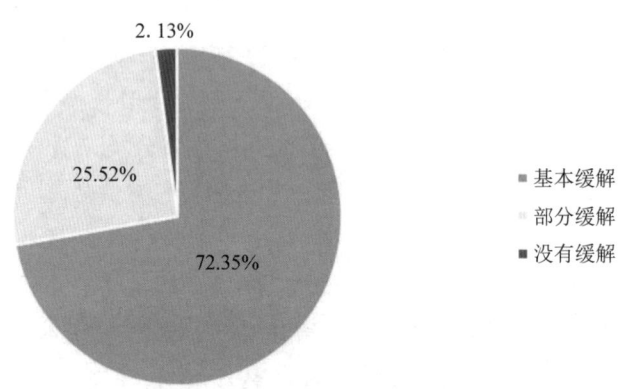

图 7.2.1　在校生不适应感觉缓解情况

数据资料来源:2019年福建省应用型本科高校学生成长调查问卷。

(二)在校生学习性投入情况

1. 在校生学习主动性

"学习主动性是指对学习活动起着启动、增强、维持和调节作用的主体动力系统及其功能。"[①]学习主动性能激发学生的潜能、克服学习的困难、有效降低学生课堂"浑水摸鱼"与"逃课"现象发生的概率,进而保证政策教学秩序和教学质量有重要的作用,因此,学生学习的主动性是考察应用型本科教育质量的关键因素。而影响学生学习主动性的因素主要来源于外部环境和学生自身。从高校层面看,高校设施设备对教学的支持情况、高校课堂教学的内容的实用与生动性、校园学习氛围等外部环境严重影响学生的学习情绪及主动性;而从学生自身角度来看,学生的学习动机及能力、兴趣也是重要影响因素。

根据问卷数据,在校生的学习主动性为93.57%。其中,有12.39%表示"非常主动",表示"比较主动"的占46.18%。详见图7.2.2。

---

① 尹超凡.浅析中学生学习主动性的影响因素和培养[J].农家参谋,2018(16):167.

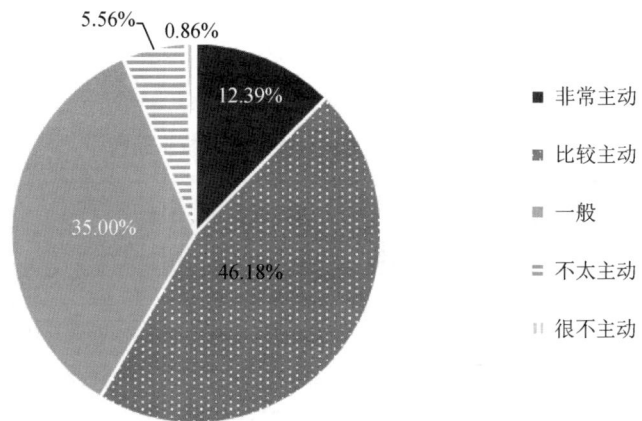

图 7.2.2　在校生学习主动性

数据资料来源:2019 年福建省应用型本科高校学生成长调查问卷。

从各年级划分来看,各年级在校生的学习主动性均在 93% 以上。其中,大一学生学习主动性最高,为 93.77%,其次是大三学生,为 93.61%,大二学生和毕业班学生的学习主动性分别为 93.17% 和 93.12%。大学生的学习主动性随着年级的上升而呈现起伏波动的现象,其较大可能的原因是学生各个成长阶段的发展特征不同。大部分大一学生还是秉持着高中的学习习惯与态度;到了大二,学生开始享受大学生活,活跃于各个社团,对于学习的热情开始下降。有研究表明,大学生主动性与学习拖延呈现显著负相关,"大一学生的学习拖延要显著低于大二、大三和大四学生"[1]。大三是学生考证的主要阶段,这可能是学生学习主动性在这一阶段上升的原因。而又因大四是学生走向社会实习的阶段,学生学习主动性又随之而下降。

从学科划分来看,各学科在校生的学习主动性均在 92% 以上;其中,法学学科在校生的学习主动性为 97.08%,排名第一,其次是艺术学 95.11%。

从学校性质划分来看,公办本科高校在校生的学习主动性为 93.49%;民办本科高校在校生的学习主动性为 93.79%;独立学院在校生的学习主动性为 93.82%。

---

[1] 程祝亚.大学生学习主动性对学习拖延的影响:时间管理倾向的中介效应[D].西南大学,2013:1,43.

从学校水平属性来看,一流学科建设高校在校生的学习主动性为93.92%,其他本科高校在校生的学习主动性为93.28%。

不同维度分析在校生学习主动性情况如表7.2.1所示。

表7.2.1 不同维度分析在校生学习主动性

个体特征	具体划分	学习主动性
年级	大一	93.77%
	大二	93.17%
	大三	93.61%
	毕业班	93.12%
学校性质	公办本科	93.49%
	民办本科	93.79%
	独立学院	93.82%
水平属性	其他本科高校	93.28%
	一流学科建设高校	93.92%
学科	法学	97.08%
	艺术学	95.11%
	工学	94.15%
	医学	94.02%
	经济学	93.29%
	理学	93.06%
	文学	92.97%
	教育学	92.97%
	管理学	92.80%
	农学	92.58%

数据资料来源:2019年福建省应用型本科高校学生成长调查问卷。

2. 在校生各项学习活动

在校生各项学习活动的频率影响了学生吸收知识的效率与深度,同时一定程度上反馈了学生的学习积极主动性。通过对学生各项学习活动频率的观察,可以帮助掌握学生学习的规律和特点,有助于学校采取针对性措施,培养学生良好学习的习惯,进而提高学生的学习质量。

在校生各项学习活动的频率调查结果(图7.2.3)显示,在校生中上课时能做到"经常"频率以上认真听讲做笔记的比例为61.95%,在各项学习活动中最高;"主动利用图书馆/网络查找相关学习资料"的比例次之,为46.12%;可以发现,在校生对于"早起晨读"这一学习活动,积极性相对较低,能做到"经常"程度以上的比例为26.56%,在各项学习活动中最低。从缺课情况来看,六成以上的学生表示从未缺过课。

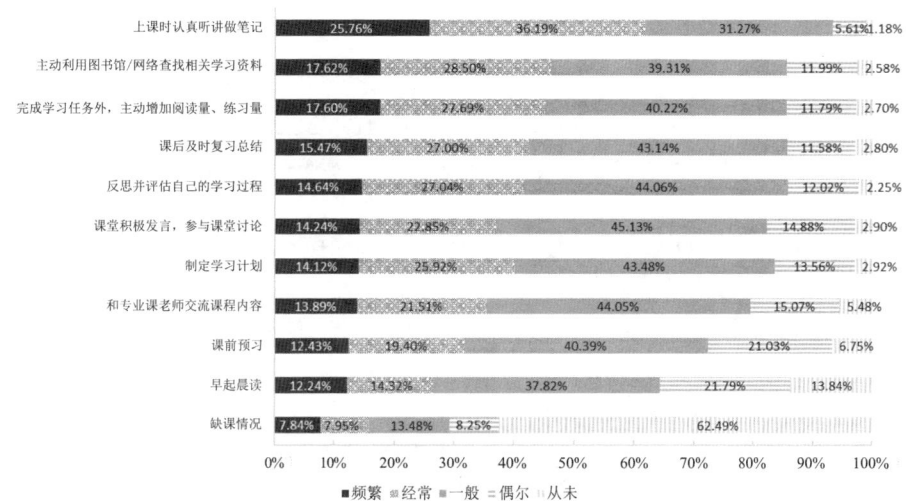

图 7.2.3　在校生各项学习活动频率

数据资料来源:2019年福建省应用型本科高校学生成长调查问卷。

就"早起晨读"这一薄弱学习活动,从不同年级进一步观察可以发现,随着年级的递增,积极性也逐渐下降。各年级参与调查的学生中,大一的学生能做到"经常"或"频繁"的比例在各年级中均最高;毕业班的学生能做到"经常"程度以上"早期晨读"的比例最低,为21.32%。各年级在校生"早起晨读"活动频率如图7.2.4所示。

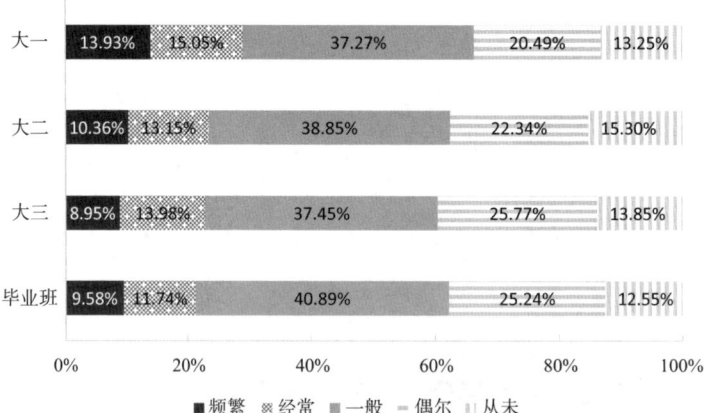

图 7.2.4 各年级在校生"早起晨读"活动频率

数据资料来源:2019 年福建省应用型本科高校学生成长调查问卷。

就缺课情况看,很明显随着年级的变化,缺过课的学生所占比例会随之增加,毕业班超过五成的学生有缺课行为。就缺课频率来看,各年级在"经常"程度以上缺课的比例相差不多,主要相差在"一般"和"偶尔"缺课的比例,主要表现在随着年级的增高,学生缺课频率在"一般"和"偶尔"的比例也增加。各年级在校生"缺课"频率如图 7.2.5 所示。

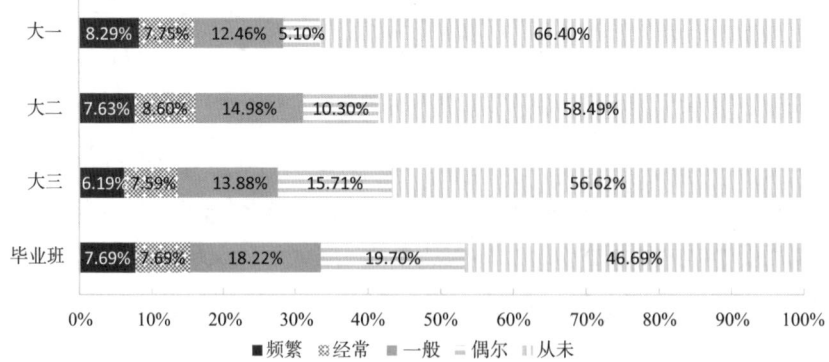

图 7.2.5 各年级在校生"缺课"频率

数据资料来源:2019 年福建省应用型本科高校学生成长调查问卷。

就缺课情况从各学科来看,法学学科的在校生"频繁"缺课的比例最高,而文学的最低,医学和文学的在校生缺课频率在"一般"以上的比例最低,均在四分之一以下。各学科门类在校生"缺课频率如图7.2.6所示。

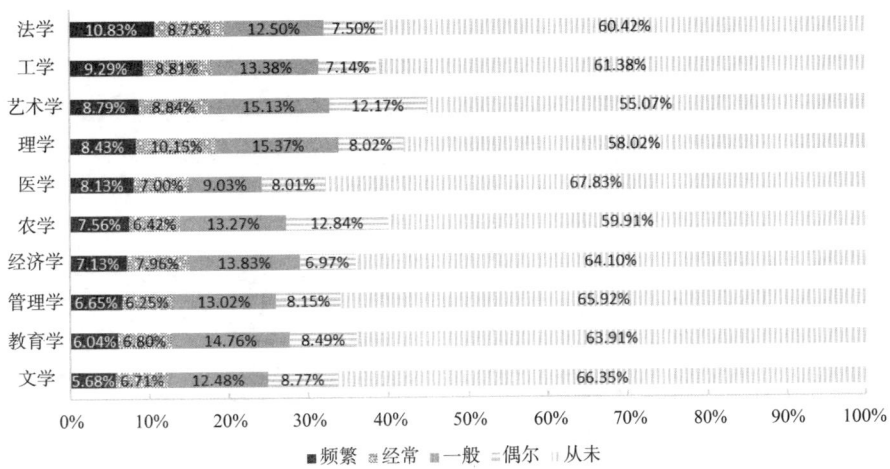

图 7.2.6　各学科门类在校生"缺课"频率

数据资料来源:2019年福建省应用型本科高校学生成长调查问卷。

就缺课情况从应用型本科高校的学校性质来看,各学校性质的在校生各缺课频率的比例相当,没有多大差别,民办本科的在校生缺课频率为"一般"或"经常"均略高于公办本科与独立学院。各学校性质在校生"缺课"频率如图7.2.7所示。

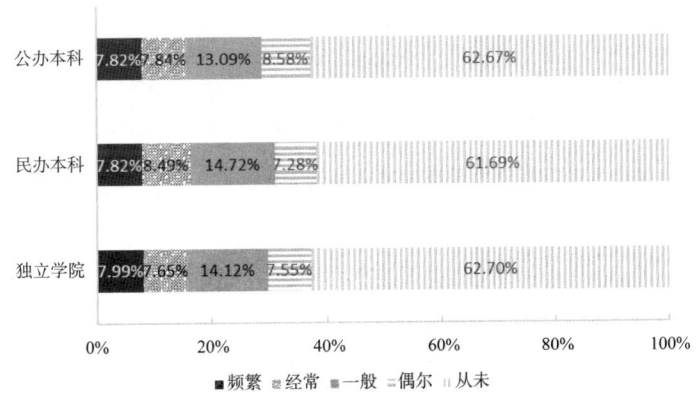

图 7.2.7　各学校性质在校生"缺课"频率

数据资料来源:2019年福建省应用型本科高校学生成长调查问卷。

就缺课情况从应用型本科高校的水平属性来看,一流学科建设高校与其他本科高校的在校生"从未"有过缺课的比例相当,两种水平属性的高校缺课比例主要相差在频率为"一般"与"经常"上。各水平属性高校在校生"缺课"频率如图7.2.8所示。

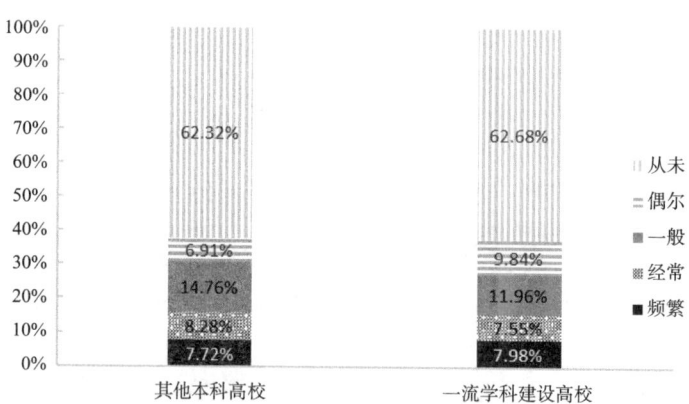

图7.2.8 各水平属性高校在校生"缺课"频率

数据资料来源:2019年福建省应用型本科高校学生成长调查问卷。

3. 在校生课外学习类型

在校生课外学习类型调查数据显示,"完成教师布置的课程任务""在线课程学习"和"为考证学习"是学生主要的课外学习类型。在校生课外学习主要活动情况如图7.2.9所示。

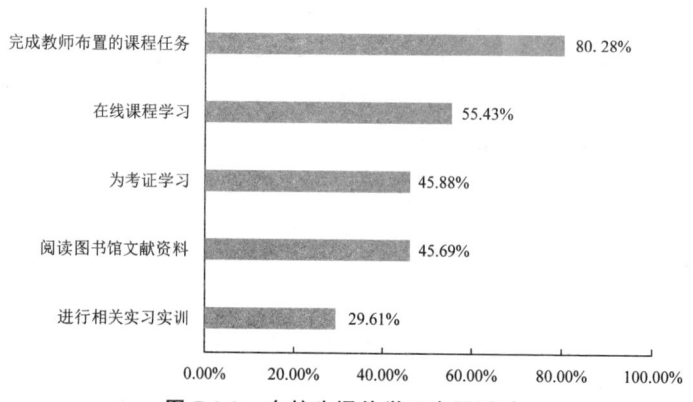

图7.2.9 在校生课外学习主要活动

数据资料来源:2019年福建省应用型本科高校学生成长调查问卷。

4. 在校生阅读量

在校生入学到现在阅读量调查中发现,大一至大三各年级在校学生在"与专业无关的休闲图书""专任教师指定的教材或参考书""非教师指定专业图书或拓宽知识面的书"和"学术论文/研究报告"这四大类图书的人均阅读量变化趋势一致,均逐渐递减,这表明学生主要依据兴趣和教师要求进行相关图书的阅读,而毕业班学生"学术论文/研究报告"的人均阅读量仅次于"与专业无关的休闲图书"这与毕业设计(论文)的环节的开展有着必然的联系;不论哪个年级,学生对于"与专业无关的休闲图书"的积极性更高,在四类图书中的人均阅读量最高;一般而言,各类文献图书在各年级的人均阅读量应逐渐递增,但我们发现目前在校的大二学生人均阅读量相对较少,甚至低于目前大一在校生。各年级在校生各类图书的人均阅读量如图 7.2.10 所示。

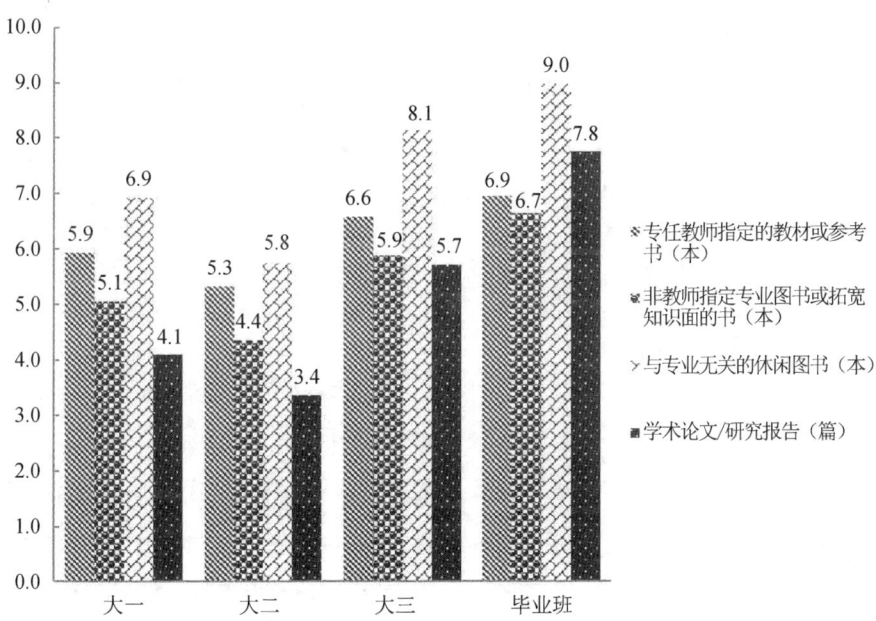

图 7.2.10　各年级在校生各类文献与图书的人均阅读量

数据资料来源:2019 年福建省应用型本科高校学生成长调查问卷。

就在校生阅读量从各学科来看,法学与农学专业的在校生对"与专业无关的休闲图书"的阅读量分别为人均 7 本和 8 本,其余学科的"与专业无关的休闲图书"人均阅读量均在 6～7 本之间;可以发现,不论哪个学科的在校生对"学术论文/研究报告"与"非教师指定专业图书或拓宽知识面的书"的阅读量均相对较低。各学科门类在校生各类图书的人均阅读量如图 7.2.11 所示。

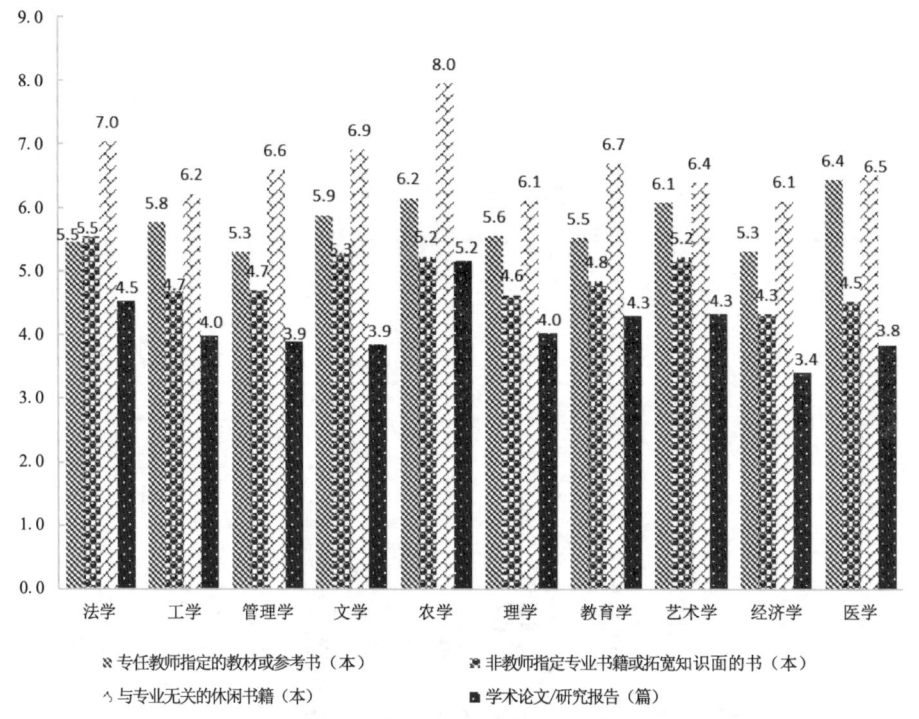

图 7.2.11　各学科门类在校生各类文献与图书的人均阅读量

数据资料来源:2019 年福建省应用型本科高校学生成长调查问卷。

就在校生阅读量从应用型本科高校的学校性质来看,公办本科高校的在校生在四类图书的阅读量上均高于民办本科与独立学院;民办本科与独立学院在校生在四类图书的阅读量上相差不多。各学校性质在校生各类图书的人均阅读量如图 7.2.12 所示。

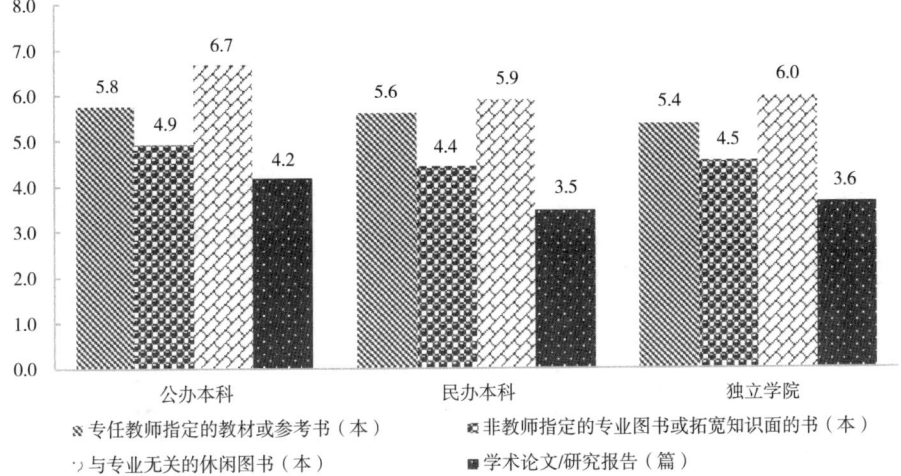

图 7.2.12　各学校性质在校生各类图书的人均阅读量

数据资料来源:2019 年福建省应用型本科高校学生成长调查问卷。

就在校生阅读量从应用型本科高校的水平属性来看,一流学科建设高校的在校生在四类文献与书籍的阅读量上均高于其他本科高校。

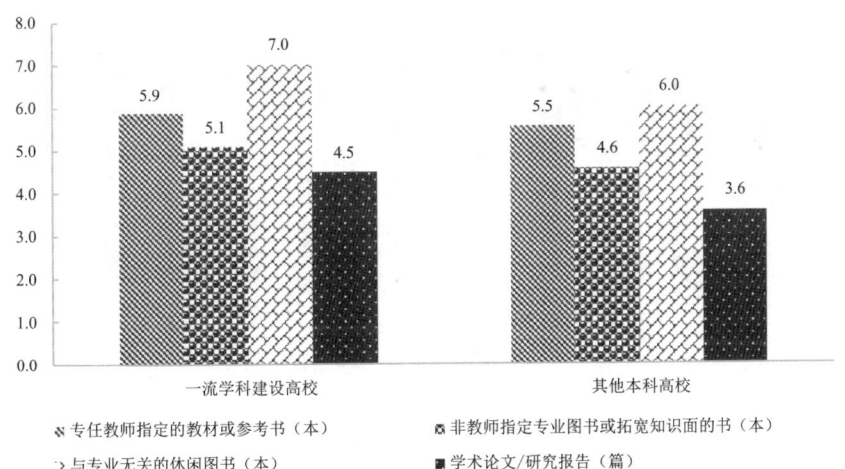

图 7.2.13　各水平属性高校在校生各类图书的人均阅读量

数据资料来源:2019 年福建省应用型本科高校学生成长调查问卷。

5. 各类活动时间分配情况

在校生在课外学习、娱乐活动、运动健身、兼职、社团活动几个项目中,在娱乐活动上平均每天花费的时间最多,为 2.2 小时;其次是课外学习 2 小时;在运动健身和兼职两方面花费的时间相对较少,均为 1.5 小时。从各年级来看,各年级学生每天在娱乐活动上花费的时间均最多;在校生在兼职活动上所花费的时间,随着年级的增长而呈现递增趋势,其余各项活动平均每天花费时间相差不多。各类活动项目平均每天花费时间如图 7.2.14 所示。

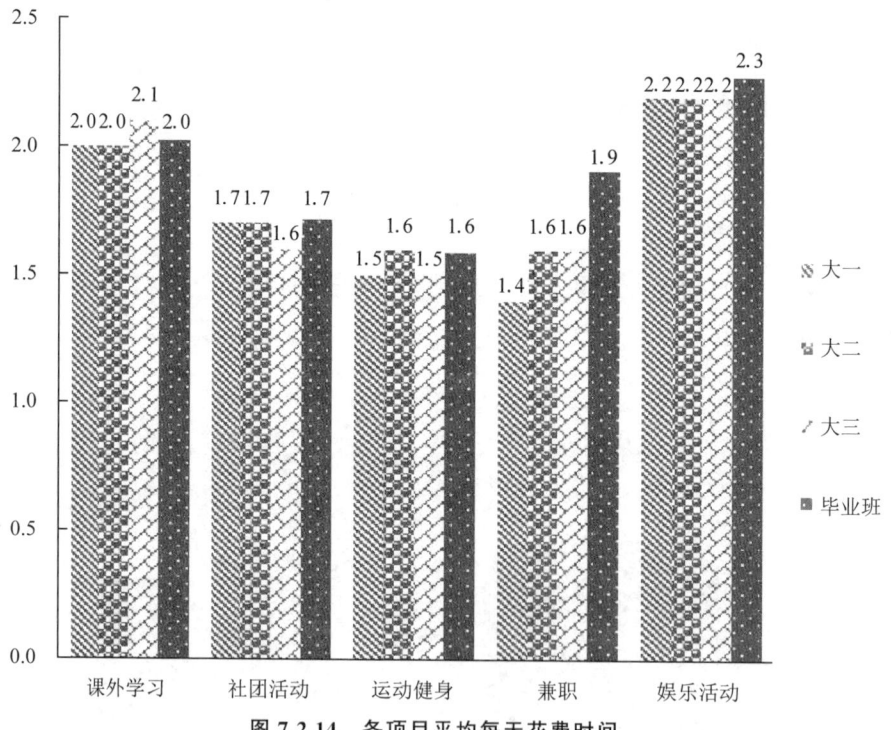

图 7.2.14 各项目平均每天花费时间

数据资料来源:2019 年福建省应用型本科高校学生成长调查问卷。

(三)在校生美育①开展情况

我国历来重视学生德智体美劳全面发展,党的十八大以来,我国高校的美育工作也取得了可喜的进展。教育部在发布的《关于切实加强新时代高等学校美育工作的意见》(教体艺〔2019〕2号)中,指出"提高学生的审美和人文素养,全面加强和改进美育是高等教育当前和今后一个时期的重要任务",并对高校的美育工作提出了总体要求、重点任务、主要举措和组织保障。②

2017—2018学年,共有32所应用型本科高校填报了面向全体学生的公共美育选修课程开设情况,共计开设1229门公共美育课程。

2017—2018年福建省应用型本科高校面向全体学生的美育相关活动次数来看,呈现逐年递增的变化趋势。2018年,共有30所应用型本科高校举办面向全体学生的美育相关活动1774次;较上年增长81.02%;其中福建中医药大学和龙岩学院举办次数超过200次,分别举办254次和245次。

从2017—2018年福建省应用型本科高校参与省级及以上美育相关活动来看,福建警察学院、龙岩学院和厦门大学嘉庚学院等学校增长较为迅速。2018年共有29所应用型本科高校参与省级及以上美育相关活动525次,较上年增长38.52%。其中,国际级33次,国家级150次,省部级342。从各高校参与省级及以上美育相关活动总数来看,排名前五的是龙岩学院、厦门大学嘉庚学院、厦门理工学院、福建师范大学闽南科技学院和莆田学院,分别参与62次、57次、51次、29次和26次。从获得类别来看,厦门理工学院参与国际级美育活动最多;龙岩学院参与国家级美育活动最多;厦门大学嘉庚学院参与省部级级美育活动最多。

通过美育相关交流活动有助于高校汲取美育相关工作的成功经验,以完善自身美育相关工作举措,不断提高工作成效。2017—2018年福建省应用型本科高校进行国内外美育相关交流活动较上年有所下降,下降26.97%。2018年,共有32所应用型本科高校进行国内外美育相关交流活动111次;其中,中外间48

---

① 美育是指培养学生认识美、爱好美和创造美的能力的教育,也称美感教育或审美教育,是全面发展教育不可缺少的组成部分。

② 教育部.关于切实加强新时代高等学校美育工作的意见[Z].2019-03-29.

次,闽台间52次,港澳间11次。从各高校进行国内外美育相关交流活动总数来看,除厦门大学嘉庚学院、集美大学和厦门理工学院外,均低于10次。从交流类别来看,中外间交流次数最多的是厦门大学嘉庚学院和集美大学;闽台间交流次数最多的是厦门大学嘉庚学院;港澳间交流次数最多的是集美大学。

(四)人才培养质量的最主要因素

在校生认为影响人才培养最主要因素调查结果(图7.2.15)显示,近四成学生认为"学生个人素质及个人要求"是最主要因素,30.11%的学生认为"师资队伍的建设"是最主要因素;认为"教学设施设备的配置"是最主要因素的占13.79%;认为"学校办学理念与定位"和"教学经费的投入"是最主要因素的占比均在10%以内;另有1.80%认为是列表以外的因素。

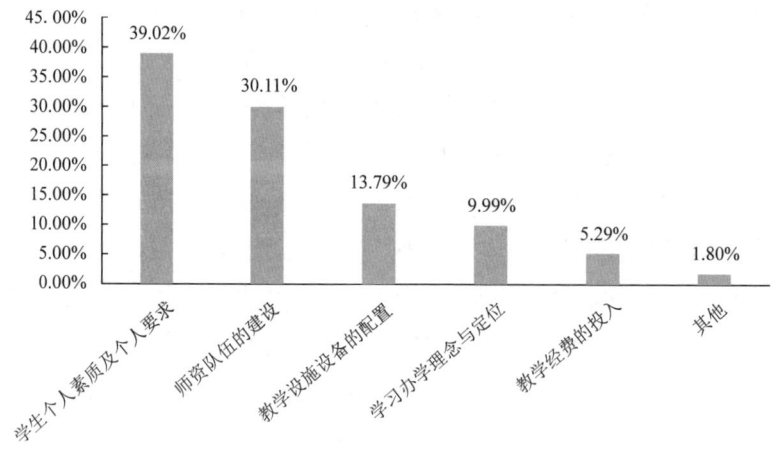

图7.2.15 影响人才培养质量的最主要因素

数据资料来源:2019年福建省应用型本科高校学生成长调查问卷。

按办学性质(如图7.2.16)来看,公办本科高校在校生认为影响人才培养最主要因素中"教学设施设备的配置"上高于民办本科高校0.89个百分点左右,独立学院在"学生个人素质及个人要求比例"上高于公办本科高校和民办本科高校6个百分点以上,其余部分均低于公办本科高校和民办本科高校。

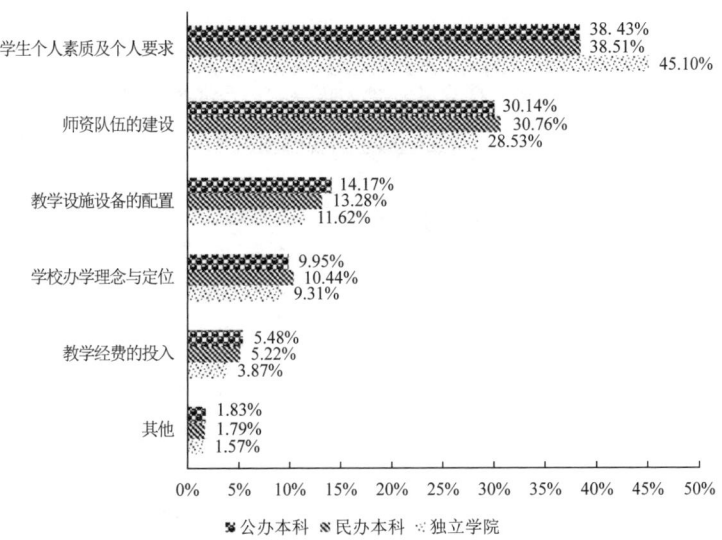

图 7.2.16 各办学性质高校影响人才培养质量的最主要因素

数据资料来源：2019 年福建省应用型本科高校学生成长调查问卷。

按水平属性（如图 7.2.17）来看，一流学科建设高校在校生认为影响人才培养最主要因素中"师资队伍的建设""学校办学理念与定位"上高于其他本科高校 1 个百分点左右，其他本科高校在"教学设施设备的配置"上高于一流学科建设高校 2.56 个百分点。

（五）传承中华优秀传统文化教育影响因素

问卷统计（如表 7.2.2）显示，超过七成的在校生认为高校在传承中华优秀传统文化教育应将"与培养学生的职业素养相结合""与提升学生的人文素养相结合"和"与学生的日常学习、生活、为人处事相结合"作为关注重点；有 56.23% 的在校生认为会关注"与各类社会实践活动相结合"；48.37% 的在校生文化传承过程中注重"与学生的专业学习相结合"。

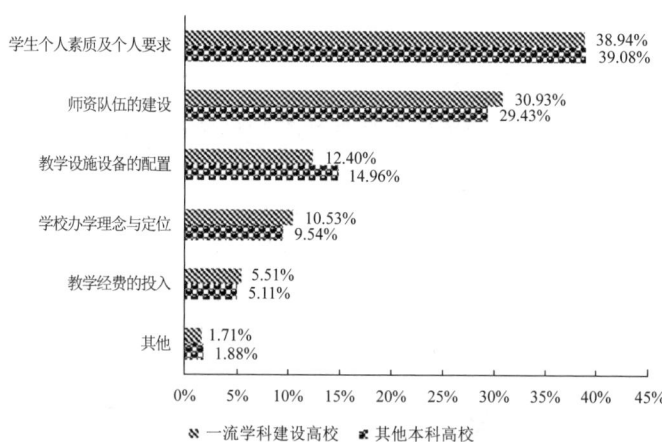

图 7.2.17　水平属性高校影响人才培养质量的最主要因素

数据资料来源:2019 年福建省应用型本科高校学生成长调查问卷。

表 7.2.2　传承中华优秀传统文化教育注重因素评价

传承中华优秀传统文化教育注重因素	比例
与学生的日常学习、生活、为人处事相结合	73.22%
与提升学生的人文素养相结合	72.12%
与培养学生的职业素养相结合	71.97%
与各类社会实践活动相结合	56.23%
与学生的专业学习相结合	48.37%

数据资料来源:2019 年福建省应用型本科高校学生成长问卷调查。

公办本科高校在校生认为高校在传承中华优秀传统文化教育中"与学生的专业学习相结合""与培养学生的职业素养相结合"上高于民办本科高校 1 个百分点以上。详见图 7.2.18.

按水平属性(如图 7.2.19 所示)来看,一流学科建设高校在校生在传承中华优秀传统文化教育各方面注重因素均高于其他本科高校;其中,在"与学生的专业学习相结合""与各类社会实践活动相结合""与提升学生的人文素养相结合""与学生的日常学习、生活、为人处事相结合"上高于其他本科高校 2 个百分点以上。

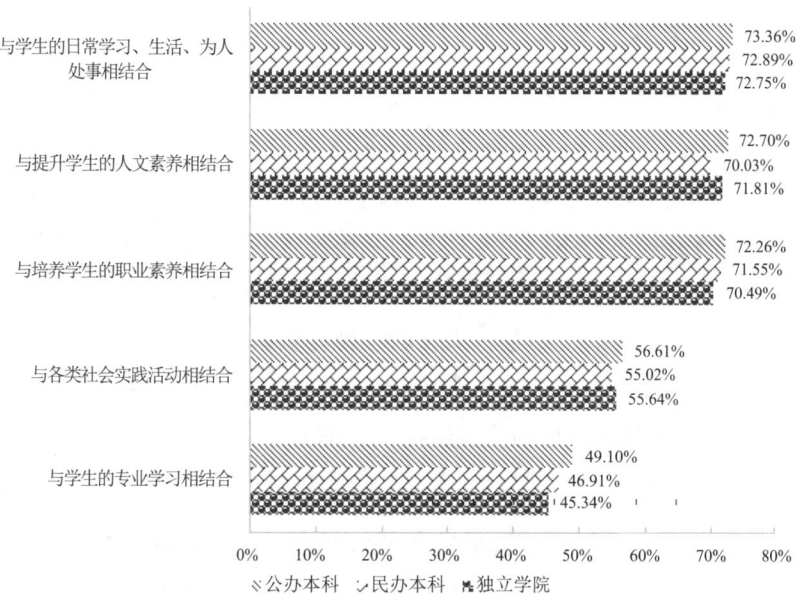

图 7.2.18　各办学性质高校传承中华优秀传统文化教育注重因素评价

数据资料来源：2019年福建省应用型本科高校学生成长问卷调查。

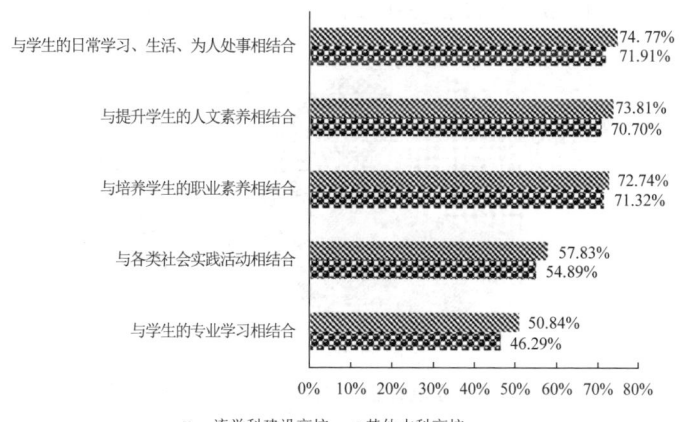

图 7.2.19　各水平属性高校传承中华优秀传统文化教育注重因素评价

数据资料来源：2019年福建省应用型本科高校学生成长问卷调查。

二、专任教师专业发展监测情况

高校的师资队伍建设是教育事业发展的基础,是提升学校内涵建设、人才培养水平、学校综合实力的重要方面,是提高高等教育质量的关键。[①] 可见,教师队伍的建设与发展在高等教育质量的建设过程中是不可或缺的存在。专任教师的结构优化与专业发展是专任教师队伍建设和质量提高的两个重要方面。专任教师结构指专任教师在学历、性别、年龄、职称等方面的分布情况,对其进行优化,进而促进高素质、高层次人才的教师比例是师资队伍建设的核心内容。而为了能够跟上高等教育改革的步伐,教师需要通过不断学习促进自身专业发展,这是提高专任教师素质的重要途径。

(一)基本情况

2019年应用型本科高校教师发展调查问卷中,参与调查的教师中有235名男教师、382名女教师;分别占比38.09%、61.91%。参与调查的教师中超过四成年龄为31~40岁;年龄在"30岁以下""41~50岁"比例接近,分别为26.42%、22.85%;还有不足10%的教师年龄在"50岁以上"。详见图7.2.20所示。故中青年教师本次应用型本科高校教师发展调查问卷中主要对象。

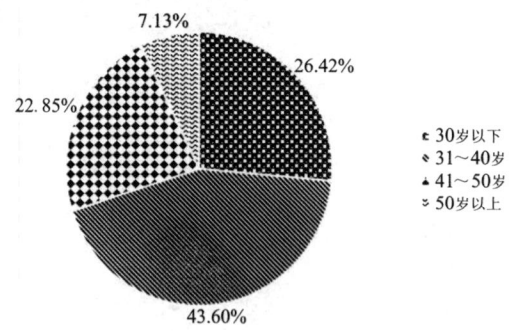

图 7.2.20 福建省应用型本科高校教师年龄分布

数据资料来源:2019年福建省应用型本科高校教师发展调查问卷。

---

① 陈橄榄.普通高校专任教师队伍结构优化研究——基于2005—2014年教育统计的量化分析[J].现代教育科学,2016(12):29—33.

参与本次问卷调查的教师中,教龄分布较均匀,除教龄在"一年以下"的比例为15.40%外;其余均在20%以上。详见图7.2.21所示。

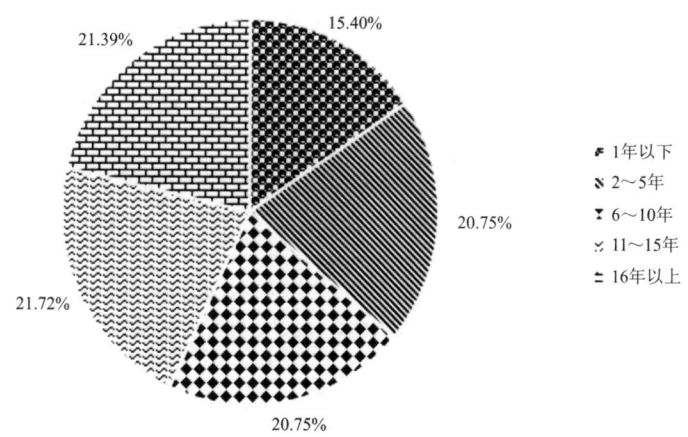

图7.2.21　福建省应用型本科高校教师教龄分布

数据资料来源:2019年福建省应用型本科高校教师发展调查问卷。

(二)专任教师敬业度情况

截至目前,国内外对于教师敬业度的研究成果颇丰,但学者们对于敬业度的定于还未有统一的定论,但在两个层面的特征上是得到大部分学者的认可的:"一是教师发自内心地对工作和组织予以认同;另一方面是教师全方位地投入工作并从工作中获得成就感,进而加倍努力工作。"[①]

根据问卷数据,福建省应用型高校教师对敬业度评价中,总体敬业度为98.06%。对敬业度各方面评价中选择"工作一丝不苟"的教师最多,占比98.54%;其次是"做事追求高效率",所占比例为97.73%。认为"主动思考工作中出现的问题"和"对学校的发展前景充满信心,积极主动投入学校建设"的比例想接近,分别为96.92%、96.11%;"积极主动提出涉及学校建设发展的建设性意见"的比例最低,为89.63%。详见表7.2.3所示。

---

① 徐筱霞.高校教师敬业度影响因素研究[J].科教导刊(中旬刊),2017(02):74-75.

表 7.2.3 福建省应用型本科高校教师敬业度评价

敬业度评价	敬业度
工作一丝不苟	98.54%
做事追求高效率	97.73%
主动思考工作中出现的问题	96.92%
对学校的发展前景充满信心,积极主动投入学校建设	96.11%
对学校发展战略和发展目标认可,积极主动投入	94.98%
主动担当任务	94.49%
积极主动提出涉及学校建设发展的建设性意见	89.63%
总体敬业度	98.06%

数据资料来源:2019年福建省应用型本科高校教师发展调查问卷。

按办学性质来看,公办本科高校教师敬业度98.07%,民办本科高校为98.03%。民办高校在"对学校的发展前景充满信心,积极主动投入学校建设"高于公办高校6.92个百分点;公办高校在"主动担当任务""主动思考工作中出现的问题"略高于民办高校。详见图7.2.22所示。

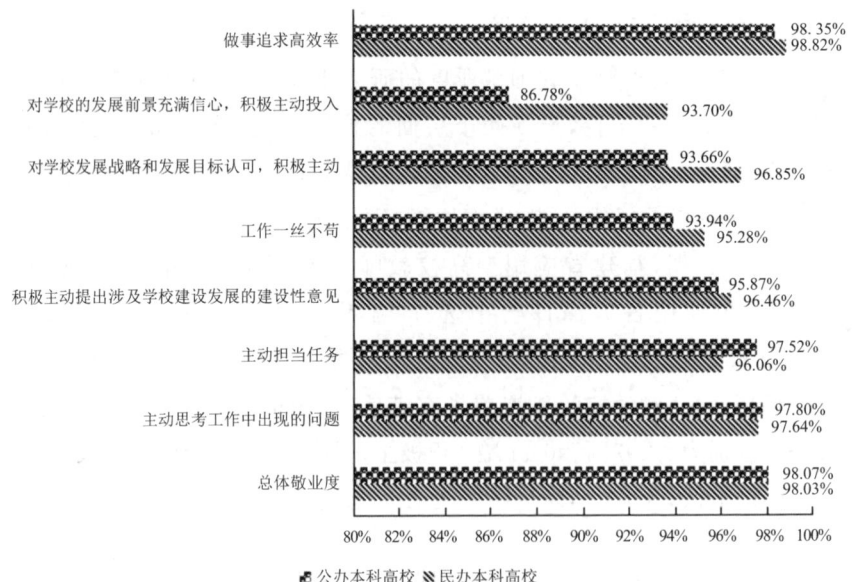

图 7.2.22 各办学性质高校教师敬业度评价

数据资料来源:2019年福建省应用型本科高校教师发展调查问卷。

按水平属性划分,一流学科建设高校教师敬业度为98.40%,其他本科高校为97.82%。一流学科建设高校教师在"主动思考工作中出现的问题提高度""对学校的发展前景充满信心,积极主动投入学校建设""做事追求高效率"上高于其他本科高校;其他本科高校在"积极主动提出涉及学校建设发展的建设性意见"高于一流学科建设高校2.74个百分点。详见图7.2.23所示。

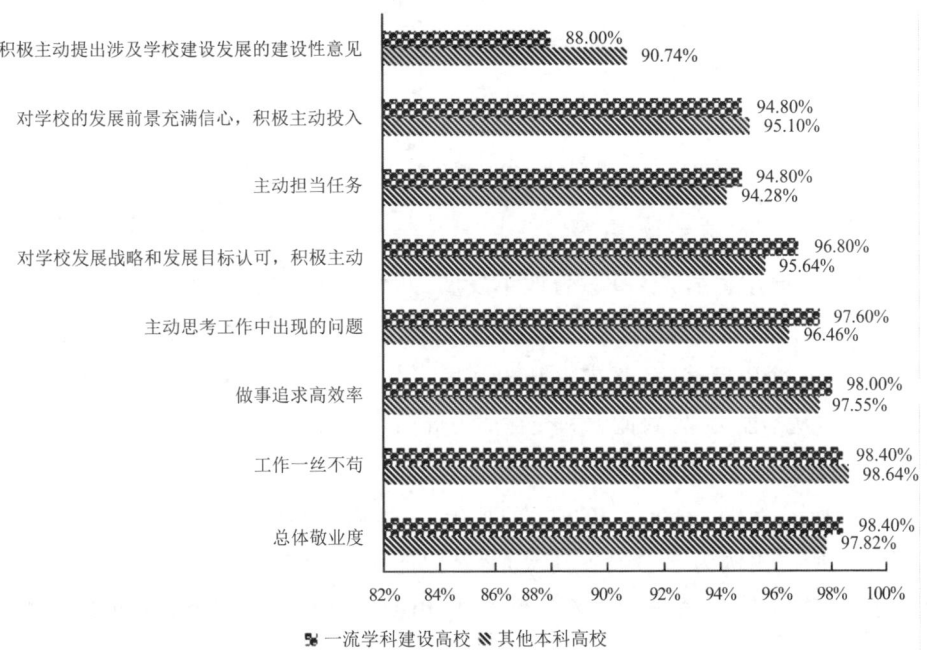

图 7.2.23　各水平属性高校教师敬业度评价

数据资料来源:2019年福建省应用型本科高校教师发展调查问卷。

从不同职称教师总体敬业度来看,副教授及相应级别的其他专业技术职称的教师敬业度最高,为99.42%;其次是讲师及相应级别的其他专业技术职称;相比较,助教及相应级别的其他专业技术职称的教师敬业度为96.15%,低于其他职称。详见表7.2.4所示。

表 7.2.4　不同职称类别下教师总体敬业度

职称	敬业度
副教授及相应级别的其他专业技术职称	99.42%
讲师及相应级别的其他专业技术职称	98.15%
教授及相应级别的其他专业技术职称	97.78%
助教及相应级别的其他专业技术职称	96.15%
合计	98.06%

数据资料来源:2019年福建省应用型本科高校教师发展调查问卷。

(三)专任教师能力素养情况

教师的能力素养是支撑教育改革发展、办人民满意的教育的基本前提,提升教师的能力素养,是教师专业发展的核心内容。[①] 专任教师的能力素养包括多方面,是一个不断修炼、逐步提升的过程。本研究重点研究教师对自身表达能力、教学基本能力、实践能力和交往能力等四个方面的满意度。

问卷数据显示,福建省应用型本科高校教师对教师能力素养总体满意度为99.03%,如图7.2.24所示。各方面的评价中,最高的是"表达能力"和"教学基本能力",所占比例为98.70%;其次是"实践能力"和"交往能力",比例分别为98.22%和95.57%。在能力素养评价中,应用型本科高校教师较为看重表达能力和教学基本能力。

---

① 赵多山.教师能力素养的修炼与提升[J].甘肃教育,2015(15):17.

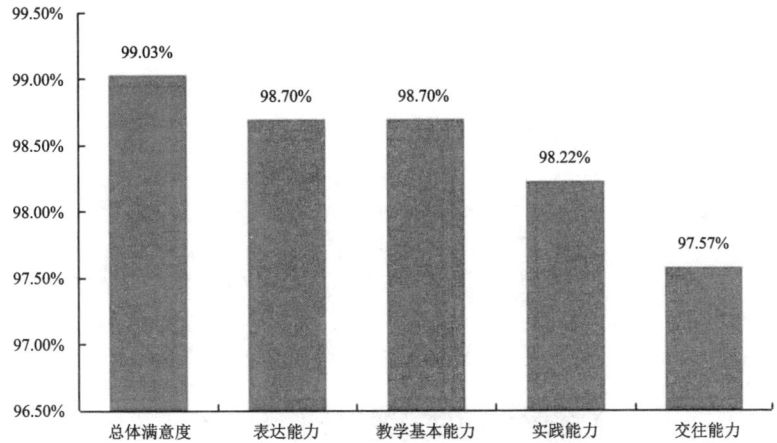

图 7.2.24 福建省应用型本科高校教师能力素养评价

数据资料来源:2019 年福建省应用型本科高校教师发展调查问卷。

按办学性质(图 7.2.25)来看,公办本科高校教师对能力素养总体满意度为 99.17%,民办本科高校为 98.82%。公办本科高校在"表达能力""教学基本能力"明显高于民办本科高校;民办本科高校在"实践能力"高于公办本科高校0.36 个百分点。

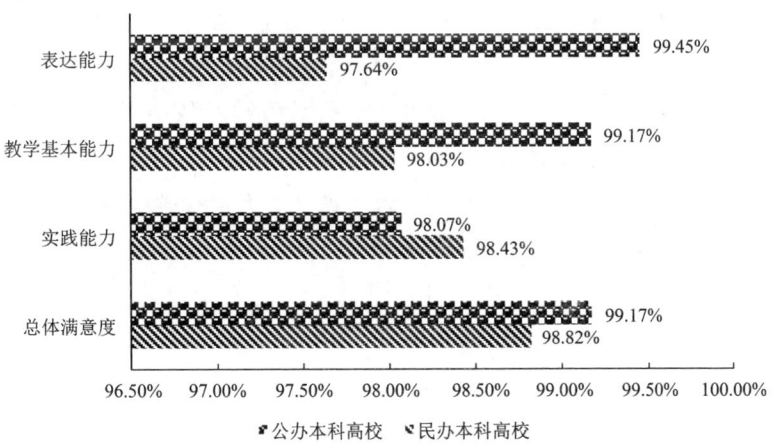

图 7.2.25 各办学性质高校教师能力素养评价

数据资料来源:2019 年福建省应用型本科高校教师发展调查问卷。

按水平属性(图7.2.26)划分,一流学科建设高校教师对能力素养总体满意度为99.20%,其他本科高校为98.91%。一流建设高校教师对能力素养各方面满意度均高于其他本科高校;其中,一流建设高校在"表达能力""教学基本能力"上分别高于其他本科高校1.51和0.83个百分点。

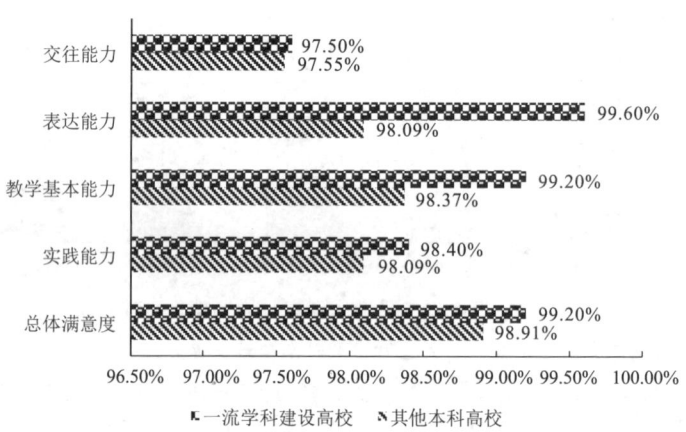

图7.2.26 各水平属性高校教师能力素养评价

数据资料来源:2019年福建省应用型本科高校教师发展调查问卷。

问卷数据显示,福建省应用型本科高校教师基本教学能力总体胜任度为99.19%。各项基本教学能力评价中,其中最高的是"教学评价能力",所占比例为99.19%。

按办学性质(图7.2.27)划分,公办本科高校教师对教师基本教学能力总体满意度为99.17%,民办本科高校教师对教师基本教学能力总体满意度为99.21%。其中,公办本科高校教师在"教学设计能力""教学执行能力"高于民办本科高校1个百分点以上;民办本科高校在"教学评价能力"上高于公办本科高校0.71个百分点。

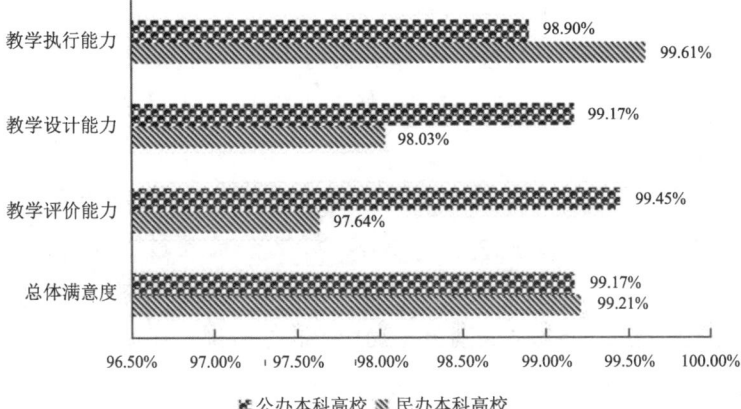

图 7.2.27　各办学性质高校教师能力素养评价

按水平属性(图 7.2.28)划分,一流学科建设高校教师对教师基本教学能力总体满意度为 99.60%,其他本科高校为 98.91%。一流学科建设高校在"教学执行能力"上高于其他本科高校 1.51 个百分点。

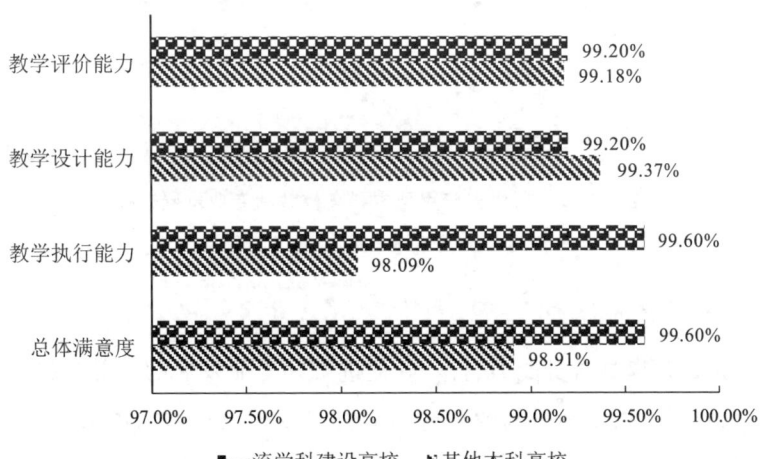

图 7.2.28　各水平属性高校教师基本教学能力评价

数据资料来源:2019 年福建省应用型本科高校教师发展调查问卷。

(四)专任教师专业发展情况

教师专业发展本质上是教师个体成长的历程,是教师不断接受和更新知识,不断发展专业技能的动态过程。包括专业知识、专业技能和专业态度等多方面内容。

问卷数据显示,福建省应用型本科高校教师主要专业发展途径为"进修学习""到其他学校交流",分别为 80.88% 和 74.72%;有超过六成的教师有进行"个人或合作研究""培训"和"教育会议或研讨会";教师进行"企业挂职""课程/工作坊"的比例是低于 50%,分别为 47.81% 和 45.87%。详见图 7.2.29。

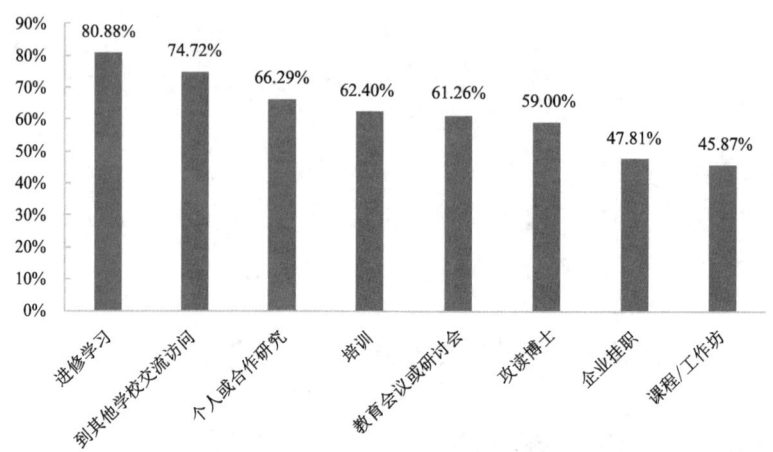

图 7.2.29 福建省应用型本科高校教师专业发展途径

数据资料来源:2019 年福建省应用型本科高校教师发展调查问卷。

(五)教师培训情况

培训是教师提高自身能力与修养,促进教师专业发展的重要举措。问卷数据显示,福建省应用型本科高校教师对教师培训的总体参与度为 95.95%。对不同培训类型的评价中,均高于 90%;其中教师认为培训参与度最高的前三是:"观摩名师教学课堂型""案例评析型"和"与专家研讨互动、交流对话型",分别占比 94.65%、94.17% 和 93.68%。详见图 7.2.30 所示。

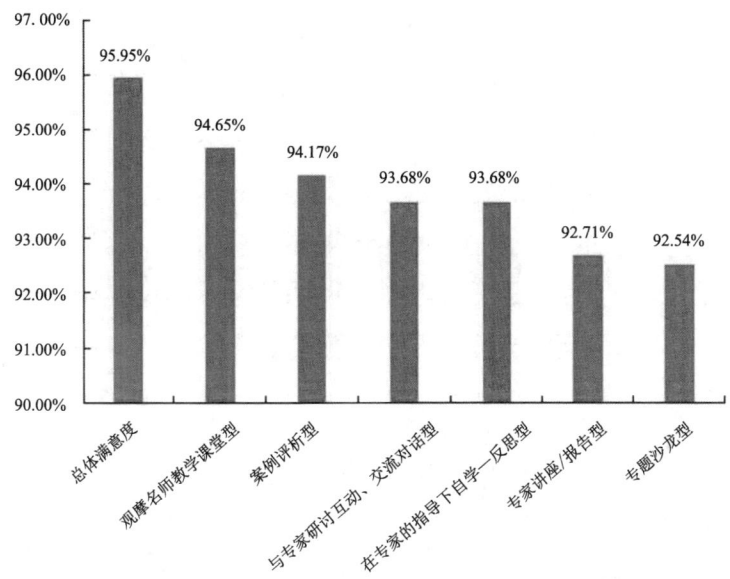

图 7.2.30　福建省应用型本科高校教师对不同培训类型的评价

数据资料来源:2019年福建省应用型本科高校教师发展调查问卷。

按办学性质(图 7.2.31)划分,公办本科高校教师对培训的总体满意度为 94.49%,民办本科高校教师为 98.03%。民办本科高校各类型培训参与度上均高于公办本科高校;民办本科高校在"在专家的指导下自学-反思型"上高于公办本科高校 3.38 个百分点;在其他方面均高于公办本科高校 1 个百分点以上。

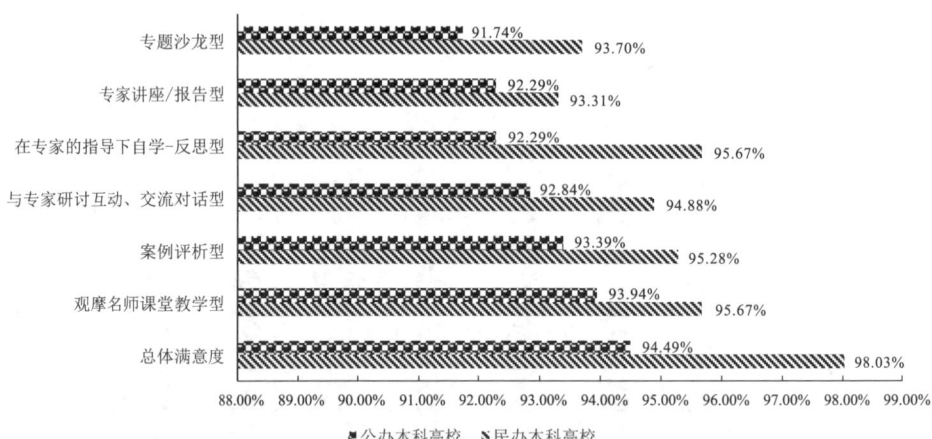

图 7.2.31　各办学性质高校教师培训参与度评价

数据资料来源：2019 年福建省应用型本科高校教师发展调查问卷。

按水平属性（图 7.2.32）划分，一流学科建设高校教师对培训的总体满意度为 94.0%，其他本科高校为 97.28%。其他本科高校教师在各类型培训参与度上均高于一流建设高校。

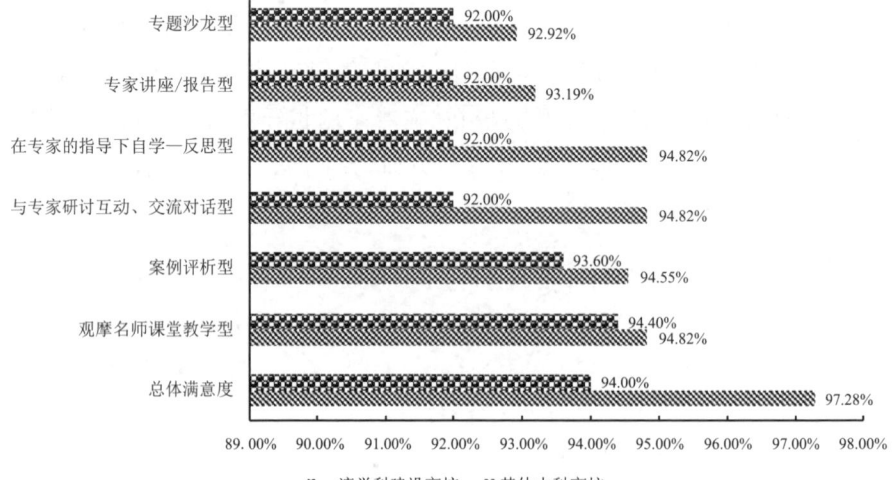

图 7.2.32　各水平属性高校教师基本教学能力评价

数据资料来源：2019 年福建省应用型本科高校教师发展调查问卷。

(六)专任教师企业挂职效果总体成效度情况

专任教师下企业挂职锻炼是提升教师实践技能并提高教学质量的最有效的方法之一[①],对于应用型本科教育质量的提升至关重要。但事实上,教师挂职的成效会由于挂职教师自身、学校和企业等各方面的原因而受到影响。

问卷数据显示,福建省应用型本科高校教师企业挂职效果总体成效度的比例为90.44%,其中,"非常有效果"的比例为25.12%,"大部分有效果"的比例为34.36%;一点效果都没有的比例仅为1.13%,详见图7.2.33所示。

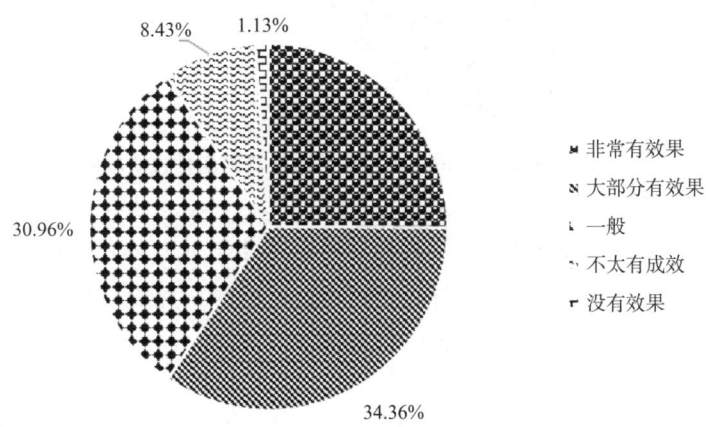

图7.2.33 福建省应用型本科高校教师企业挂职效果

数据资料来源:2019年福建省应用型本科高校教师发展调查问卷。

按办学性质来看,公办本科高校教师企业挂职效果总体成效度为85.95%,民办本科高校为96.85%。按水平属性来看,一流学科建设高校教师企业挂职效果总体成效度为83.20%,其他本科高校为95.37%。

(七)研究成果转让总体成效评价情况

问卷数据显示,福建省应用型本科高校教师研究成果转让总体成效度为83.47%,其中,"非常有成效"的比例为6.81%,"大部分有效果"的比例为30.96%;一点效果都没有的比例仅为1.94%,详见图7.2.34所示。

---

① 赵素芬,谢文彬,柳孟良,潘斌.高职专任教师挂职锻炼改革的思考[J].轻工科技,2019,35(05):194-195.

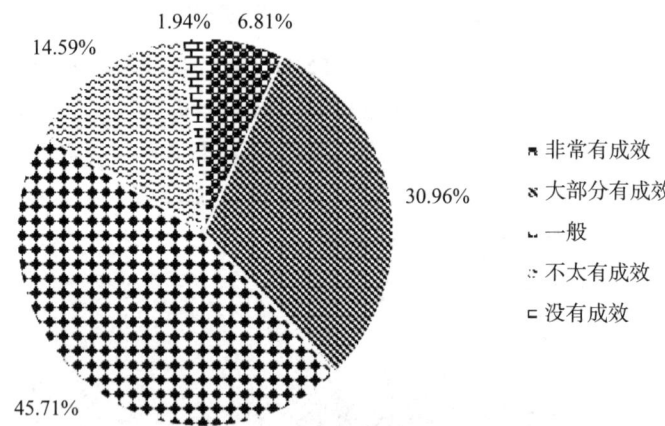

图 7.2.34 福建省应用型本科高校教师研究成果转让成效度

数据资料来源:2019 年福建省应用型本科高校教师发展调查问卷

按办学性质来看,公办本科高校教师研究成果转让总体成效度为78.24%,民办本科高校为90.94%。按水平属性来看,一流学科建设高校教师转让总体成效度为76.40%,其他本科高校为88.28%。

第三节 产出性指标监测结果分析

一、人才培养质量指标监测情况

人才培养是高等教育的本质要求和根本使命。衡量高等教育质量的第一标准就是看人才培养水平,其核心是解决好培养什么人、怎么培养人的重大问题,[1]因而其重要性不言而喻。

---

[1] 刘延东.深化高等教育改革,走以提高质量为核心的内涵式发展道路[J].求是,2012(10).

(一)在校生专业认同度情况专业认同度

有学者认为专业认同度"是学习者对所学专业的接受与认可,并愿意以积极的态度和主动的行为去学习与探究,表现为学习者结合自身的兴趣、爱好与特长,在诸多专业中将某一专业视为与自我同一的,而将其他专业视为他者,甚至希望自己成为与该专业杰出者一样的人的反应。"[1]学生对于专业的认同度包含了对于专业的认知和态度。事实上,专业认同度对于学生的学习态度与积极性有很大影响,也进而影响了学生学习的质量,并且对其未来的职业发展有着重要的影响。国外认同研究领域的专家也指出:"专业认同对学生学业成功、学习动机、专业发展等都有积极影响。"[2]

调查结果显示,应用型本科高校在校生对专业的认同度为97.22%,其中"非常认同"的占19.70%,"比较认同"的占50.35%。详见图7.3.1。

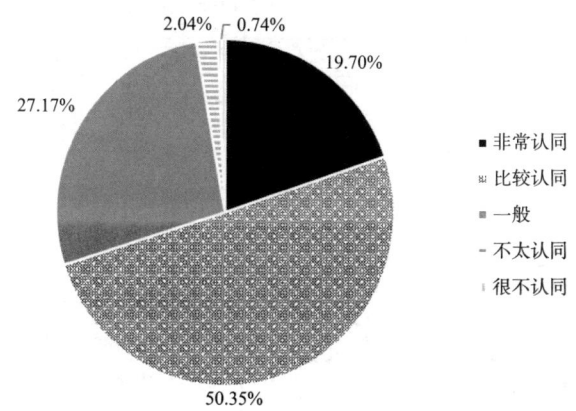

图 7.3.1 在校生专业认同度

数据资料来源:2019年福建省应用型本科高校学生成长调查问卷。

从各年级来看,大一学生对专业的认同度最高,为98.08%,大二和大三学生的专业认同度相当,分别为96.46%和96.11%,毕业班学生对专业的认同度相对较低,为92.04%。实际上,大一是由高中步入大学的过渡时期,是专业学习的起步阶段,因此学生对于专业的认同度相对更高,或者说此阶段的大学生

---

[1] 王顶明,刘永存.硕士研究生专业认同调查[J].中国高教研究,2007(08):18-22.
[2] 张莉.职业学院学前教育类学生专业认同的调查报告[J].文教资料,2009(19):232-234.

对于专业的理解程度还相对浅,并不知道自己不了解专业;而随着学习的深入和校园文化氛围的熏陶,学生对于专业有了更深层次的了解,他们的专业认同度就会逐渐发生变化,其呈现上升或下降受到多方面的影响。

从各学科来看,各学科在校生的专业认同度均在90%以上;其中,法学学科在校生专业认同度最高,为98.75%,其次是文学98.10%。

从高校办学性质看来,公办本科高校在校生对专业的认同度为96.87%;民办本科高校在校生对专业的认同度为97.96%;独立学院在校生对专业的认同度为98.58%。

从高校水平属性看来,一流学科建设高校在校生对专业的认同度为96.64%,其他本科高校在校生对专业的认同度为97.70%。

不同维度分析在校生专业认同度同表7.3.1所示。

表7.3.1 不同维度分析在校生专业认同度

个体特征	具体划分	专业认同度
年级	大一	98.08%
	大二	96.46%
	大三	96.11%
	毕业班	92.04%
学校性质	公办本科	96.87%
	民办本科	97.96%
	独立学院	98.58%
水平属性	其他本科高校	97.70%
	一流学科建设高校	96.64%
学科	法学	98.75%
	文学	98.10%
	经济学	98.09%
	医学	97.52%
	教育学	97.32%
	艺术学	97.24%
	理学	97.23%
	工学	97.12%
	管理学	96.84%
	农学	91.87%

数据资料来源:2019年福建省应用型本科高校学生成长调查问卷。

(二)在校生知识、能力、素养增值情况(含德育、知识、技能)

增值评价法最初由泰勒、迈克柯兰于1985年提出,"美国高等教育评估专家奥斯汀认为,增值评价主要关注学生入学到毕业期间所发生的变化,指出学生质量是大学质量的根本体现,真正的质量在于对学生认知和情感发展的影响程度"。[①] 可以认为,所谓学生各方面增值就是一定时期内学校的教育对学生各方面发展所带来的变化。大学生德育、知识与技能、能力与素养是高校培养的重点内容,是人才质量的重要组成,一定时期内,学生在这些方面的增值情况反馈了高校人才培养成效。德育即指大学生在思想道德和人品等方面的教育,而大学生的知识、技能、能力是他们步入社会的"必须品"。

1. 德育增值情况

从调查结果可得,相比入学前,应用型本科高校在校生在"人道主义与社会公德"上有很大提高或较大提高的比例为73.75%,在"诚实守信"上有很大提高或较大提高的比例为73.45%,在"遵纪守法"上有很大提高或较大提高的比例为71.00%,在"勤俭节约"上有很大提高或较大提高的比例为70.45%,在"世界观与人生观"上有很大提高或较大提高的比例为66.99%,在"心理健康"上有很大提高或较大提高的比例为64.02%。总体情况上来看,有很大提高或较大提高的比例为74.15%。详见图7.3.2。

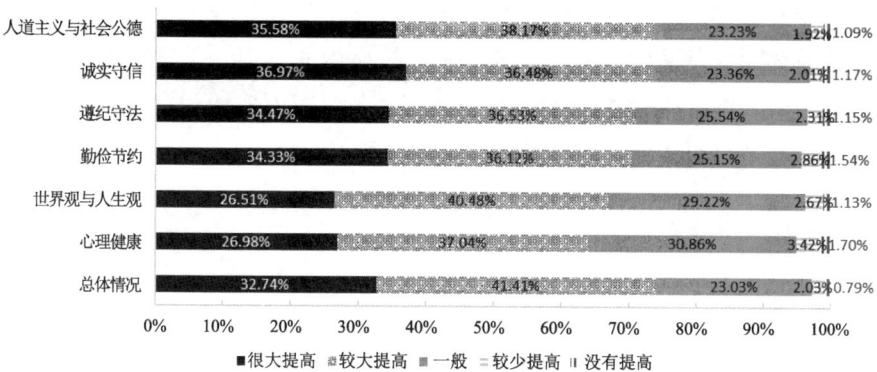

图7.3.2 在校生德育增值情况

数据资料来源:2019年福建省应用型本科高校学生成长调查问卷。

---

① 刘海燕.美国高等教育增值评价模式的兴起与应用[J].高等教育研究,2012,33(05):96-101.

就德育总体情况从各年级来看,各年级在校生相比入学前德育总体情况的增值相差不多,其中,大一学生有很大提高或较大提高的比例最高,为74.43%,大二学生最低,为73.42%。详见图7.3.3。

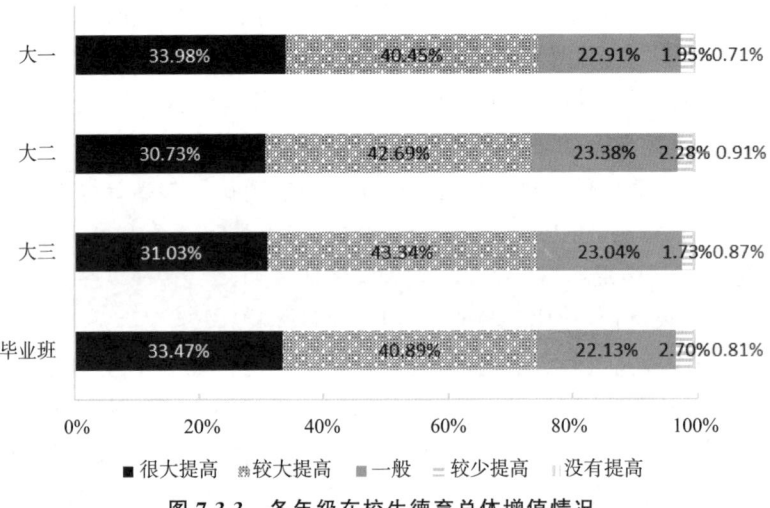

图7.3.3 各年级在校生德育总体增值情况

数据资料来源:2019年福建省应用型本科高校学生成长调查问卷。

就德育总体情况从各学科来看,相比入学前,法学、医学和工学学科的在校生德育总体情况有很大提高或较大提高的比例排名前三,分别为82.92%、81.49%和75.17%;经济学学科在校生德育总体情况有很大提高或较大提高的比例在所有学科中最低,为71.57%。详见图7.3.4。

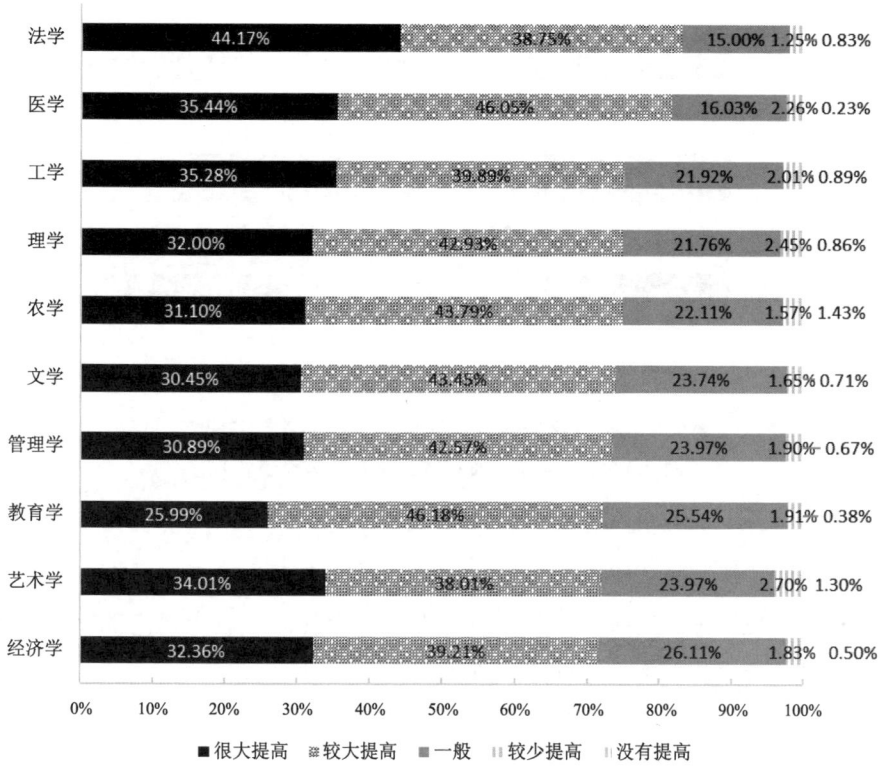

图 7.3.4 各学科在校生德育总体增值情况

数据资料来源:2019年福建省应用型本科高校学生成长调查问卷。

就德育总体情况从应用型本科高校的学校性质来看,相比入学前,公办本科高校、民办本科高校和独立学院间的在校生在德育总体情况上有很大提高或较大提高的比例分别为74.44%、72.56%和75.30%,可见不同学校性质间,学生的德育增值情况相差不多。详见图7.3.5。

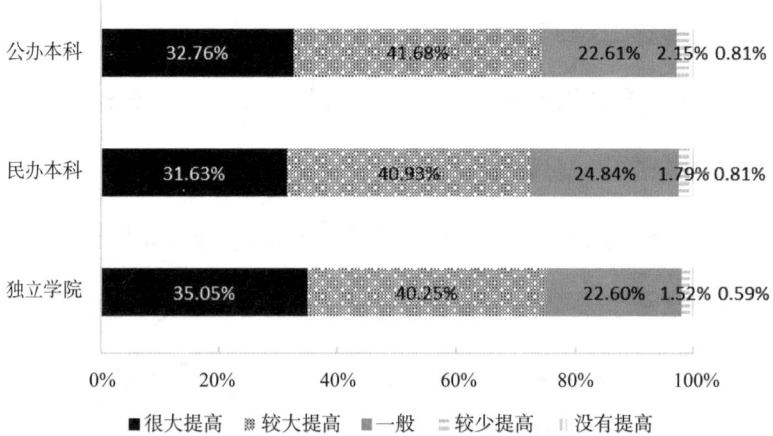

图 7.3.5 各学校性质在校生德育总体增值情况

数据资料来源:2019 年福建省应用型本科高校学生成长调查问卷。

就德育总体情况从应用型本科高校的学校水平属性来看,相比入学前,一流学科建设高校在校生在德育总体情况上有很大提高或较大提高的比例分别为 75.29%,高于其他本科高校 2.09 个百分点。详见图 7.3.6。

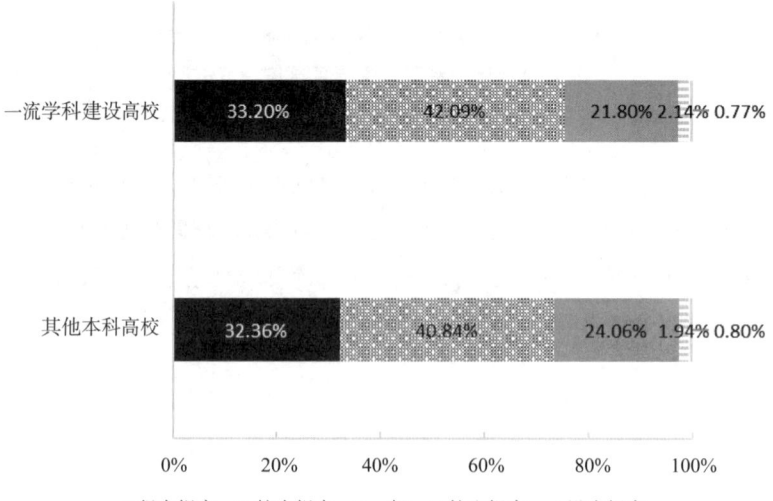

图 7.3.6 各水平属性高校在校生德育总体增值情况

数据资料来源:2019 年福建省应用型本科高校学生成长调查问卷。

2. 知识与技能收获增值情况

调查结果显示,相比入学前,在校生在"专业基础知识"上有很大提高或较大提高的比例为71.42%,排名第一;在"专业核心知识"上有很大提高或较大提高的比例为65.52%,在"专业应用技能"上有增值的比例为62.28%,在"专业前沿知识"上有很大提高或较大提高的比例为60.88%,排名最后。详见图7.3.7。

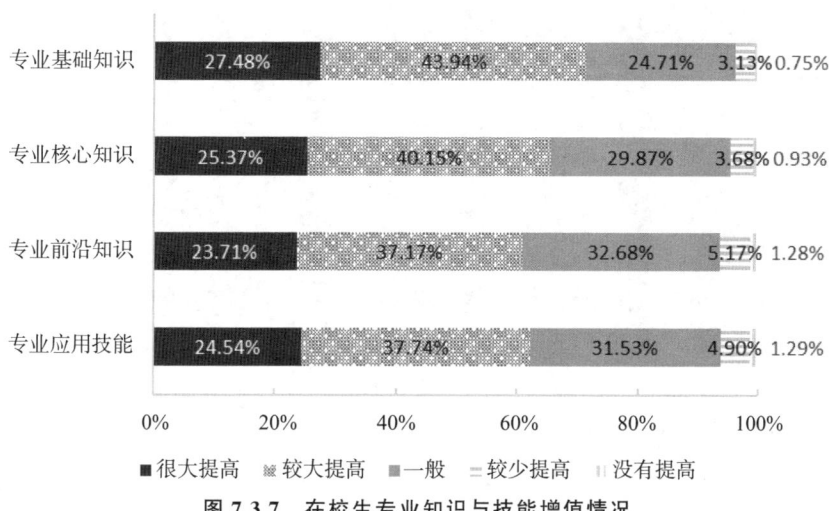

图 7.3.7 在校生专业知识与技能增值情况

数据资料来源:2019年福建省应用型本科高校学生成长调查问卷。

从各年级来看,相比入学前,各年级在校生专业知识与技能各方面增值情况相差不多。其中,毕业班学生认为在"专业前沿知识"方面相比入学前有很大提高或较大提高的比例相对较低,为58.70%,其余各年级的比例均在60%以上。详见图7.3.8。

从学科门类看,相比入学前,医学学科的在校生在"专业基础知识""专业核心知识"和"专业应用技能"上有很大提高或较大提高的比例均最高;法学学科的在校生在"专业前沿知识"上有很大提高或较大提高的比例最高,医学院次之。各学科门类的在校生在各项专业知识与技能上有很大提高或较大提高的比例均在50%以上。详见表7.3.2。

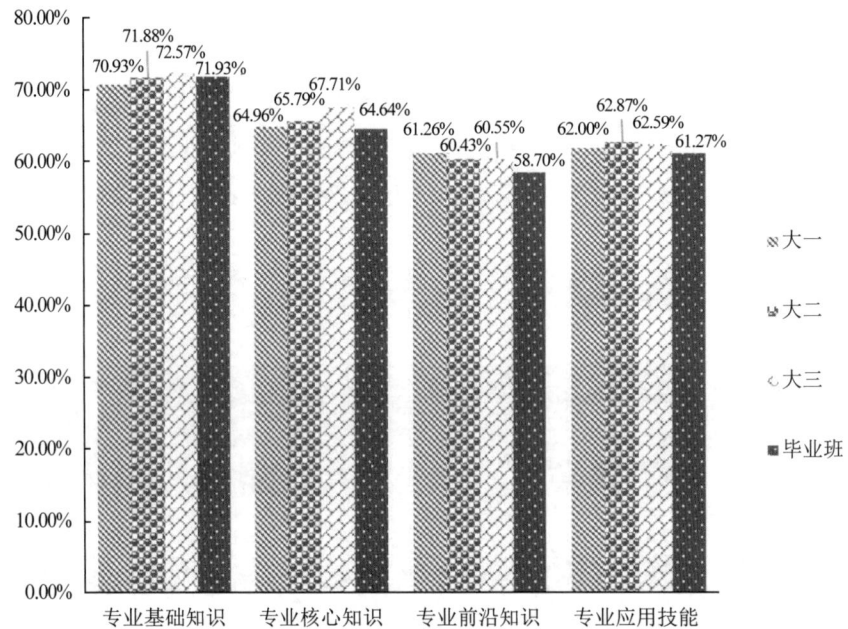

图 7.3.8 各年级在校生专业知识与技能有很大提高或较大提高的比例

数据资料来源：2019年福建省应用型本科高校学生成长调查问卷。

表 7.3.2　各学科在校生专业知识与技能有很大提高或较大提高的比例

学科	专业基础知识	专业核心知识	专业前沿知识	专业应用技能
医学	83.07%	79.68%	68.51%	70.65%
法学	79.58%	75.83%	71.25%	69.58%
教育学	75.46%	70.41%	63.91%	67.74%
艺术学	73.48%	68.80%	64.96%	68.49%
文学	71.38%	66.39%	60.81%	61.26%
工学	71.00%	64.72%	60.49%	62.50%
管理学	70.06%	63.19%	59.24%	59.54%
理学	69.95%	63.10%	59.65%	60.38%
经济学	68.86%	63.07%	59.75%	59.30%
农学	68.19%	60.48%	54.35%	57.35%

数据资料来源：2019年福建省应用型本科高校学生成长调查问卷。

从应用型本科高校的学校性质划分来看,相比入学前,公办本科高校在校生在专业知识与技能各方面有很大提高或较大提高的比例均最高,民办本科高校在校生均最低。其中,在专业基础知识和专业核心知识两方面上,公办本科在校生有很大提高或较大提高的比例分别高于民办本科在校生2.82个百分点和2.63个百分点,在专业前沿知识和专业应用技能两方面上,公办本科在校生有很大提高或较大提高的比例分别高于民办本科在校生0.51个百分点和0.52个百分点;显然,不论哪个学校性质,在校生在专业前沿知识上有很大提高或较大提高的比例均低于其余各方面专业知识与技能。详见图7.3.9。

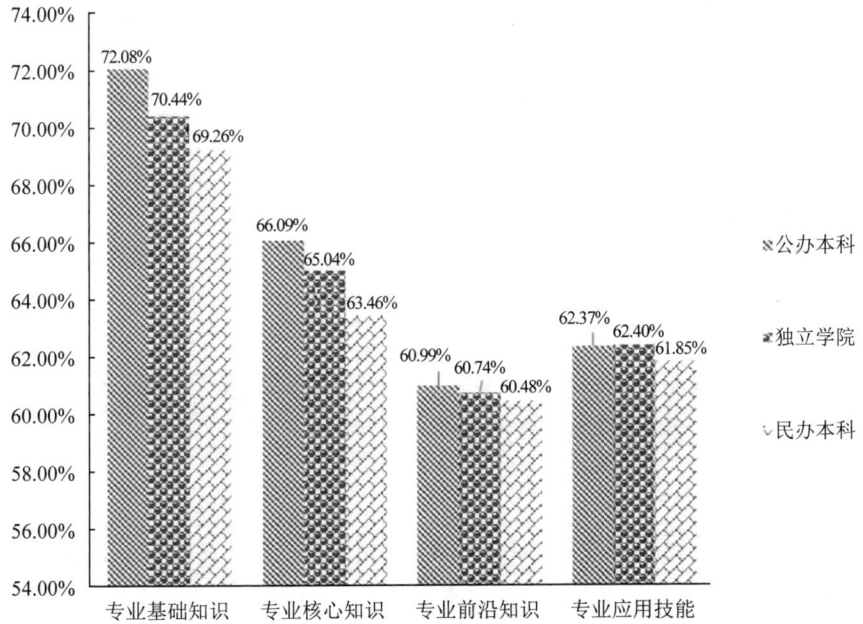

图7.3.9 各学校性质在校生专业知识与技能有很大提高或较大提高的比例

数据资料来源:2019年福建省应用型本科高校学生成长调查问卷。

从应用型本科高校的学校水平属性来看,相比入学前,一流学科建设高校在校生在"专业基础知识"和"专业核心知识"上有很大提高或较大提高的比例分别高于其他本科高校2.82个百分点和1.35个百分点;其他本科高校在校生在"专业前沿知识"和"专业应用技能"上有很大提高或较大提高的比例分别高于一流学科建设高校1.04个百分点和0.84个百分点。详见图7.3.10。

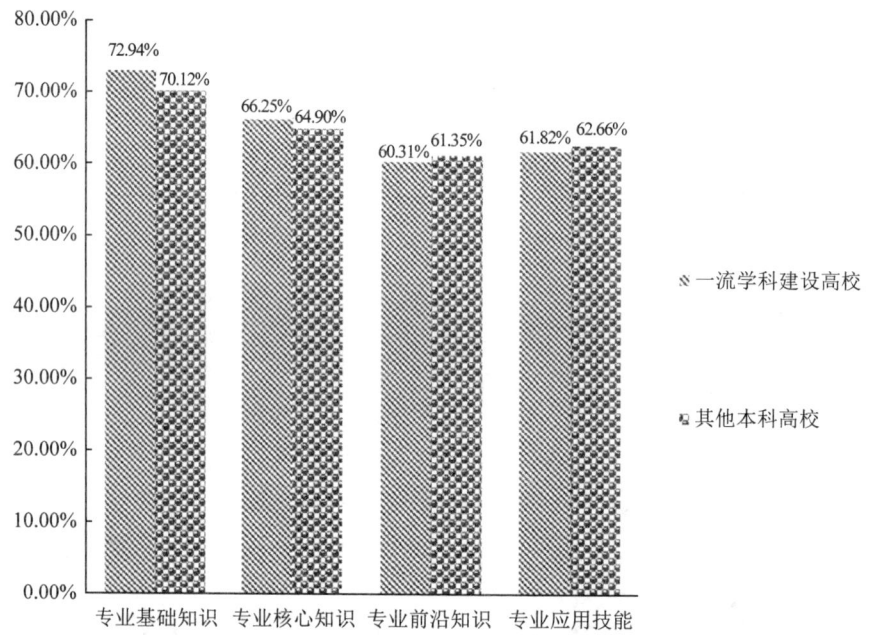

图7.3.10 各水平属性在校生专业知识与技能有很大提高或较大提高的比例

数据资料来源:2019年福建省应用型本科高校学生成长调查问卷。

3. 能力、素养收获情况

调查结果显示,相比入学前,在校生在"工作责任心"上有很大提高或较大提高的比例为77.38%,排名第一;其次是在"环境适应能力",比例为76.86%;在"思想道德与人文素养""团队协作能力""承压抗挫能力""沟通交流能力""分析解决问题能力""自主学习能力""实习实践能力"等方面有很大提高或较大提高的比例均在70%以上;在"逻辑思维能力""洞察力""探索性思维""批判性思维""职业法律知识"等方面有很大提高或较大提高的比例在65%以上;在校生的"文字架构能力"有很大提高或较大提高的比例为62.69%,在各项能力中排名最后。详见图7.3.11。

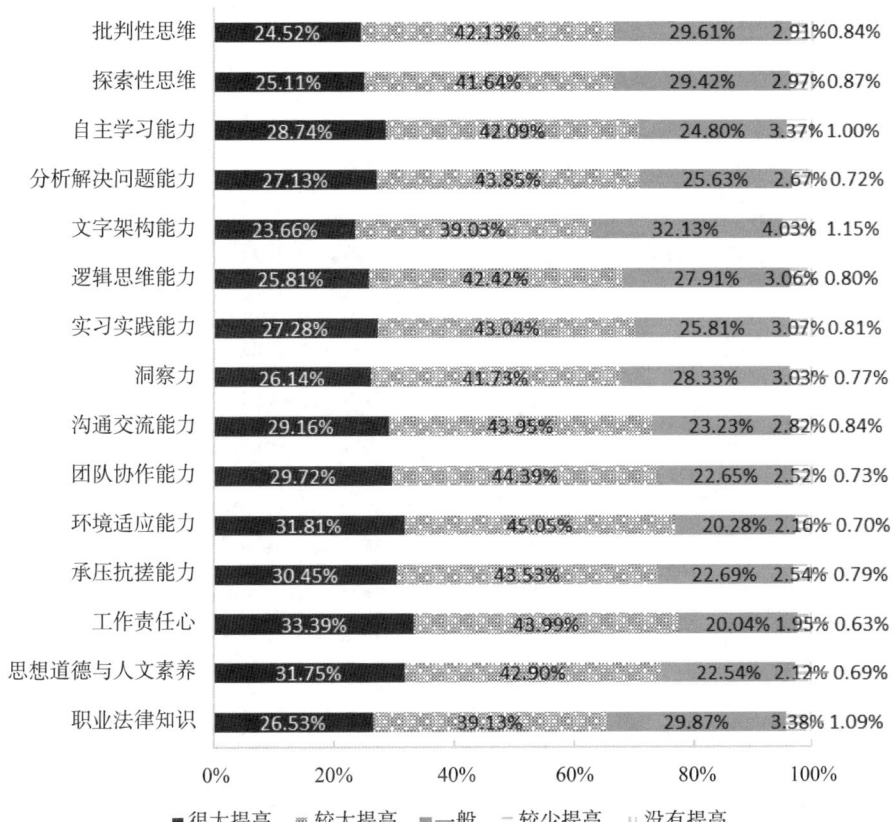

图 7.3.11　在校生能力、素养增值情况

数据资料来源：2019年福建省应用型本科高校学生成长调查问卷。

在校生各项能力、素养相比入学前的增值情况从各年级来看，各年级在校生在"工作责任心"上有很大提高或较大提高的比例均最高，在"文字架构能力"上有很大提高或较大提高的比例均最低。各年级在校生在"工作责任心""环境适应能力""思想道德与人文素养""承压抗挫能力""团队协作能力"和"沟通交流能力"等方面有很大提高或较大提高的比例均在70%以上。详见表7.3.3。

表 7.3.3 各年级在校生能力、素养有很大提高或较大提高的比例

能力、素养	大一	大二	大三	毕业班
批判性思维	65.72%	67.12%	69.11%	70.04%
探索性思维	66.45%	66.59%	68.04%	68.15%
自主学习能力	70.72%	69.89%	72.74%	73.01%
分析解决问题能力	70.69%	70.73%	72.41%	72.74%
文字架构能力	62.91%	62.33%	63.25%	59.24%
逻辑思维能力	68.09%	68.19%	68.71%	69.23%
实习实践能力	70.29%	69.97%	70.94%	70.99%
洞察力	67.87%	67.65%	68.11%	68.56%
沟通交流能力	73.52%	71.93%	73.96%	71.66%
团队协作能力	73.93%	73.69%	75.83%	73.68%
环境适应能力	76.95%	75.98%	78.53%	75.84%
承压抗挫能力	74.13%	73.39%	74.47%	73.95%
工作责任心	77.19%	76.97%	79.00%	77.87%
思想道德与人文素养	74.41%	74.41%	76.17%	75.03%
职业法律知识	66.01%	64.96%	65.84%	64.37%

数据资料来源：2019年福建省应用型本科高校学生成长调查问卷。

在校生各项能力、素养相比入学前的增值情况从学科门类看，艺术学和教育学学科的在校生在"环境适应能力"上有很大提高或较大提高的比例均最高，且高于75%；其余学科的在校生在"工作责任心"上有很大提高或较大提高的比例均最高，且高于75%；除文学学科在校生在各项能力、素养中"职业法律知识"有很大提高或较大提高的比例最低外，其余各学科均为"文字架构能力"比例最低。详见表7.3.4。

表 7.3.4 各学科在校生能力、素养有很大提高或较大提高的比例

能力、素养	理学	法学	管理学	文学	工学	经济学	艺术学	农学	医学	教育学
批判性思维	65.73%	78.33%	64.15%	66.03%	68.19%	64.44%	67.09%	66.91%	73.02%	64.45%
探索性思维	66.10%	77.09%	64.98%	65.77%	68.70%	64.25%	67.86%	64.62%	73.59%	63.07%
自主学习能力	69.35%	78.34%	68.86%	70.97%	72.49%	68.40%	69.68%	69.18%	78.89%	69.95%
分析解决问题能力	69.95%	77.50%	69.84%	69.80%	72.71%	69.09%	70.83%	68.90%	77.88%	69.26%
文字架构能力	61.15%	73.33%	60.68%	63.64%	63.64%	61.12%	63.91%	57.06%	69.30%	61.16%
逻辑思维能力	69.68%	76.66%	66.48%	64.87%	70.94%	66.38%	67.39%	66.48%	75.17%	64.22%
实习实践能力	68.67%	76.67%	69.11%	67.91%	72.15%	67.92%	72.34%	70.76%	76.30%	69.11%
洞察力	67.91%	79.17%	65.04%	65.90%	70.03%	65.89%	69.32%	67.05%	74.15%	64.83%
沟通交流能力	72.04%	78.75%	72.91%	72.13%	74.49%	72.15%	72.29%	71.47%	77.77%	71.41%
团队协作能力	72.98%	80.83%	73.37%	73.64%	75.00%	73.33%	73.95%	73.90%	79.35%	72.40%
环境适应能力	76.56%	82.50%	76.68%	76.65%	77.42%	75.80%	76.60%	76.31%	80.59%	75.30%
承压抗挫能力	73.57%	80.41%	72.94%	73.00%	75.62%	72.26%	73.74%	73.75%	78.78%	71.25%
工作责任心	76.75%	82.50%	76.99%	77.00%	78.55%	76.15%	76.13%	79.17%	82.06%	74.61%
思想道德与人文素养	73.53%	82.50%	74.04%	74.61%	75.55%	71.96%	74.78%	76.03%	79.80%	73.62%
职业法律知识	64.14%	82.50%	64.78%	62.29%	67.50%	65.74%	66.25%	63.05%	71.56%	63.07%

数据资料来源:2019 年福建省应用型本科高校学生成长调查问卷。

在校生各项能力、素养相比入学前的增值情况从学校性质来看,民办本科

高校在校生在"团队协作能力""自主学习能力"和"分析解决问题能力"等方面有很大提高或较大提高的比例低于独立学院或公办本科高校3个百分点以上之外,各性质的学校在校生在其余各项能力、素养有很大提高或较大提高的比例相差均在3个百分点以内。详见表7.3.5。

表 7.3.5　各学校性质在校生能力、素养有很大提高或较大提高的比例

能力、素养	公办本科	民办本科	独立学院
批判性思维	66.82%	65.91%	66.76%
探索性思维	66.77%	65.97%	68.19%
自主学习能力	71.31%	68.12%	72.70%
分析解决问题能力	71.19%	69.44%	72.55%
文字架构能力	62.31%	63.33%	64.51%
逻辑思维能力	68.08%	68.12%	69.76%
实习实践能力	70.07%	70.05%	72.95%
洞察力	67.63%	67.94%	69.71%
沟通交流能力	73.07%	72.78%	74.12%
团队协作能力	74.32%	72.32%	76.12%
环境适应能力	77.17%	75.54%	77.11%
承压抗挫能力	74.30%	72.36%	74.76%
工作责任心	77.68%	75.82%	78.28%
思想道德与人文素养	74.76%	73.50%	76.22%
职业法律知识	65.26%	66.82%	66.57%

数据资料来源:2019年福建省应用型本科高校学生成长调查问卷。

在校生各项能力、素养相比入学前的增值情况从学校水平属性来看,一流学科建设高校在校在"文字架构能力"和"职业法律知识"上有很大提高或较大提高的比例分别低于其他本科高校0.57个百分点和0.98个百分点外,其余各项能力、素养有很大提高或较大提高的比例均高于其他本科高校。详见表7.3.6。

表 7.3.6　各水平属性在校生能力、素养有很大提高或较大提高的比例

能力、素养	其他本科高校	一流学科建设高校
批判性思维	65.84%	67.61%
探索性思维	66.13%	67.46%
自主学习能力	68.99%	73.01%
分析解决问题能力	69.75%	72.44%
文字架构能力	62.95%	62.38%
逻辑思维能力	67.62%	68.95%
实习实践能力	69.58%	71.19%
洞察力	67.41%	68.41%
沟通交流能力	72.45%	73.89%
团队协作能力	73.27%	75.09%
环境适应能力	75.65%	78.29%
承压抗挫能力	72.60%	75.61%
工作责任心	76.19%	78.80%
思想道德与人文素养	73.73%	75.75%
职业法律知识	66.11%	65.13%

数据资料来源：2019年福建省应用型本科高校学生成长调查问卷。

（三）在校生创新能力情况（学科竞赛、创新）

《中华人民共和国高等教育法》指出，培养具有创新精神和实践能力的高级专门人才是高等教育的任务。大学生创新能力的培养是高等教育工作的一个重要问题，也是我国教育改革的重要目标，是造就能够适应新时代要求的高素质人才的重要途径，不论对国家还是对大学生自身的发展都有极为重要的影响。而人才创新能力的培养情况可以具体表现在大学生学科以及创新相关竞赛的获奖情况。

1. 学科竞赛

从2015—2018学年应用型本科高校获得学科竞赛获奖总数（图7.3.12）来

看,从1294项增长到3612项,整体上呈现逐年递增,复合增长率为67.07%,低于福建省本科高校16.47个百分点。2017—2018学年,福建省本科高校获得省部级以上学科竞赛奖项总计为6788个,其中,应用型本科高校总计3612个,占福建省本科高校52.84%。较上年增长11.69%。

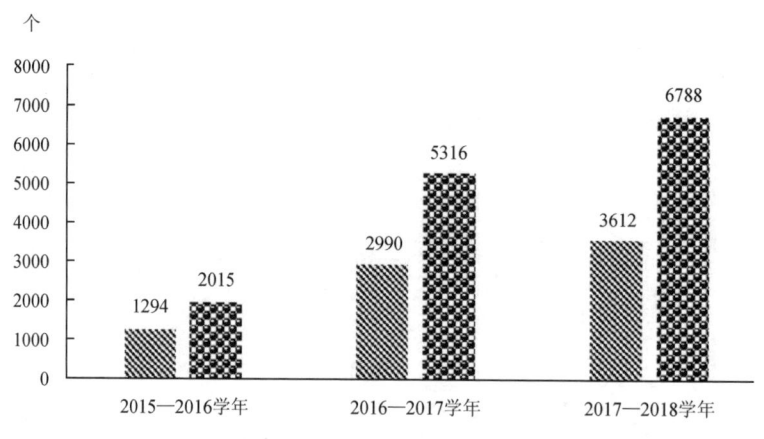

图 7.3.12　2015—2018学年福建省获得学科竞赛奖项数量

数据资料来源:高等教育质量监测国家数据平台。

福建省2015—2018学年应用型本科高校学科竞赛获奖总数绝对数和发展态势从水平分类来看,省双一流学科建设高校中的应用型高校三年复合增长率为53.06%,其他应用型本科高校三年复合增长率为76.08%,高于一流学科建设高校23.02个百分点。从性质分类来看,公办三年复合增长率为59.57%,民办三年复合增长率为100.74%,独立学院三年复合增长率为78.40%。民办高校和独立学院学科竞赛获奖总数增幅高于公办高校,增速排名前五的高校主要为民办和独立学院。2017—2018学年,有29所应用型本科获得高校学科竞赛奖项;其中,获得学科竞赛奖项排名前三的高校是集美大学、厦门大学嘉庚学院和莆田学院,分别获得525、396、228项。集美大学获得学科竞赛国家级奖项54项和省部级471项,均位列第一。

2. 创新获奖

2013—2018学年应用型本科高校创新获奖总数呈现逐年递增趋势,如图7.3.13

所示。近五学年复合增长率为43.35%,其中,2017年是创新获奖总数增长最快的一年,平均增速达到127.38%,实现大幅度上升。2017年,按办学性质划分,公办本科高校创新获奖总数为4505项,占比83.21%;民办本科高校创新获奖总数为634项,占比11.71%;独立学院创新获奖总数为275项,占比5.08%。2017年,应用型本科高校创新获奖总数超8成集中在公办本科高校。

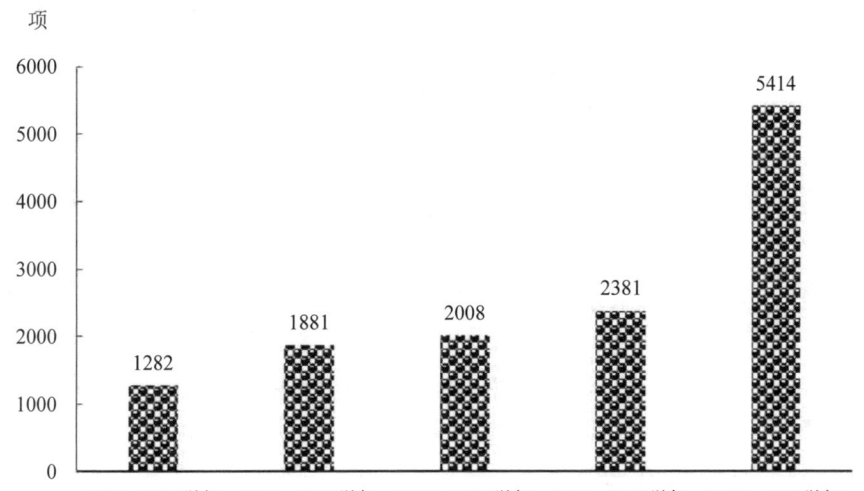

图7.3.13 2013—2018学年应用型本科高校创新获奖总数

数据资料来源:高等教育质量监测国家数据平台。

福建省2015—2018学年应用型本科高校创新获奖总数绝对数和发展态势从水平分类来看,省双一流学科建设高校中的应用型高校三年复合增长率为76.27%,其他应用型本科高校三年复合增长率为50.01%。从性质分类来看,公办三年复合增长率为63.33%,民办三年复合增长率为85.12%,独立学院三年复合增长率为13.63%。公办高校和民办高校创新获奖总数增幅明显高于独立学院,增速排名前五的高校主要为公民办高校。各高校均有幅度上升。

(四)应届生毕业率及初次就业率情况

高等院校毕业生毕业率与就业率从另一个侧面反映教育质量。

从福建省2016—2018年应用型本科高校毕业率总数绝对数和发展态势来

看,整体上变化不大,均大于95%。从各地区来看,闽南地区本科高校三年复合增长率为4.56%,闽中地区本科高校三年复合增长率为-0.01%、闽东地区本科高校三年复合增长率为-0.08%,闽西北地区本科高校三年复合增长率为0.05%。从水平分类来看,省双一流学科建设高校中的应用型高校三年复合增长率为-0.08%,其他应用型本科高校三年复合增长率为-0.12%。从性质分类来看,公办三年复合增长率为-0.07%,民办三年复合增长率为-0.38%,独立学院三年复合增长率为-0.05%。

2018学年,福建省应用型本科高校共有2018届毕业生93677人,应毕业人数97434人,毕业生为96.14%。其中,福建医科大学、福建警察学院、龙岩学院和仰恩大学毕业生率超过99%,分别为99.26%、99.25%、99.04%和99.00%。除此之外,还有19所高校毕业率均超过95%。

2016—2018年高校应届毕业生初次就业率超九成,其中,应用型本科高校近三年毕业生人数共计351978人,其初次就业率均超过福建省本科高校;复合增长率为1.14%,低于福建省本科高校0.61个百分点。2018年,福建省应用型本科高校2018届毕业生就业人数为89229人,初次就业率为95.25%,较上届增长0.83个百分点,详见图7.3.14。

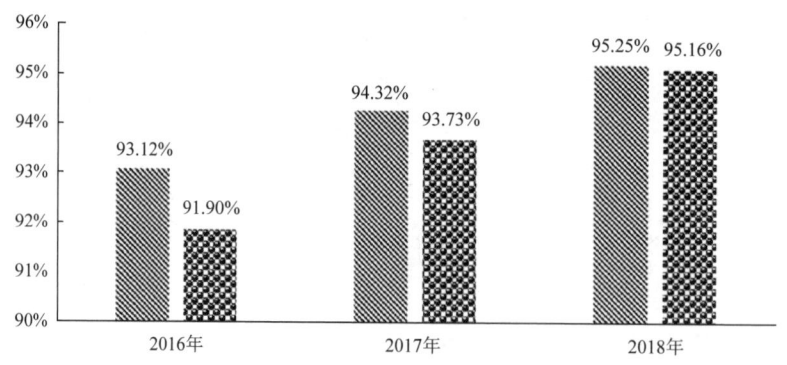

图 7.3.14 2016—2018年福建省应届毕业生初次就业率

数据资料来源:高等教育质量监测国家数据平台。

福建省2016—2018年应用型本科高校毕业生初次就业率绝对数和发展态

势从各地区来看,闽南地区本科高校三年复合增长率为0.62%,闽中地区本科高校三年复合增长率为2.14%、闽东地区本科高校三年复合增长率为1.95%,闽西北地区本科高校三年复合增长率为1.04%。从水平分类来看,省双一流学科建设高校中的应用型高校三年复合增长率为-0.02%,其他应用型本科高校三年复合增长率为1.90%,高于一流学科建设高校1.92个百分点。从性质分类来看,公办三年复合增长率为1.27%,民办三年复合增长率为1.68%,独立学院三年复合增长率为0.28%。

(五)毕业生专业知识、技能及工作满足度情况

1. 专业知识与技能满足度

调查结果显示,全省应用型本科高校2018届毕业生对外语应用水平的满足度为89.11%,略低于90%,对专业知识与技能其余各方面的满足度均在90%以上。与全省本科高校相比,应用型本科高校的2018届毕业生对专业知识与技能各方面的满足度均低于全省本科高校0.25~0.56个百分点。详见图7.3.15。

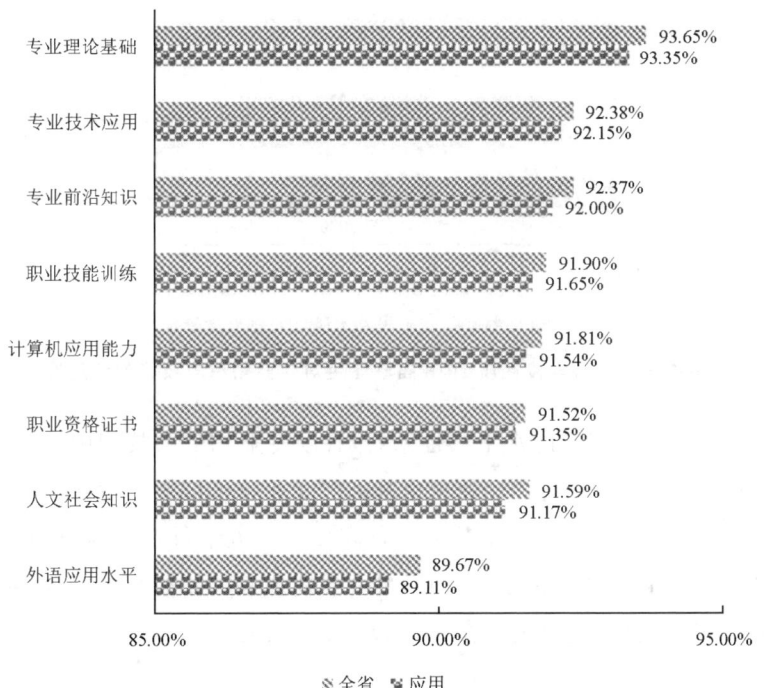

图7.3.15 2018届毕业生对专业知识与技能的满足度

从应用型本科高校的学校性质来看,民办本科高校2018届毕业生对各项专业知识与技能的满足度较为均衡,且均高于公办本科高校和独立学院。可以发现,除"计算机应用能力"外,独立学院毕业生对其余各项专业知识与技能的满足度均低于民办本科高校和公办本科高校。详见图7.3.16。

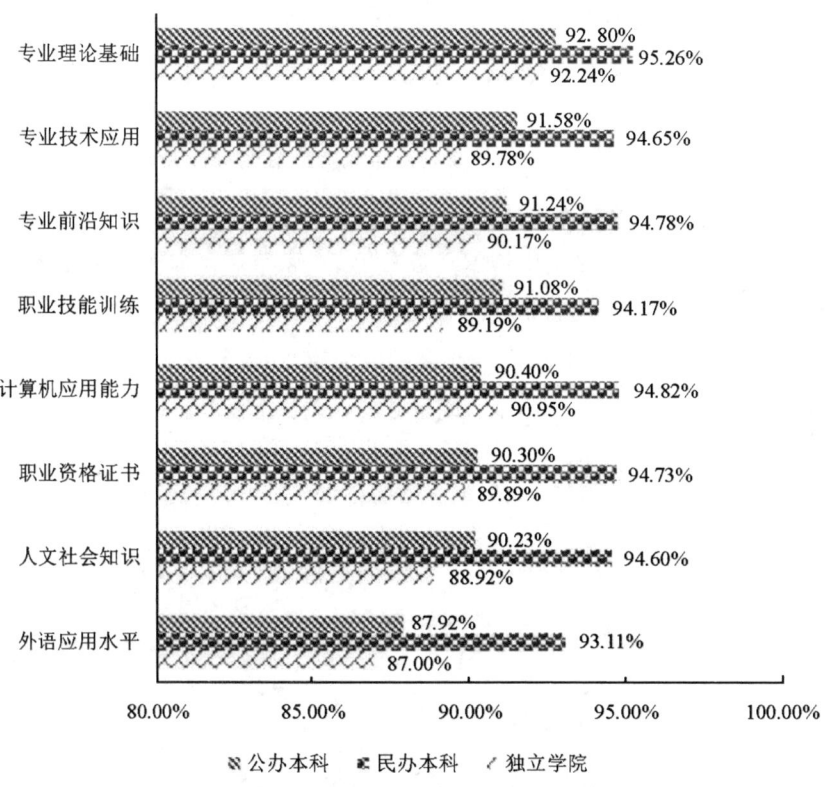

图 7.3.16 各学校性质 2018 届毕业生对专业知识与技能的满足度

从应用型本科高校的水平属性来看,各项专业知识与技能中,一流学科建设高校的2018届毕业生对"专业理论基础""专业技术应用""专业前沿知识"和"职业技能训练"的满足度高于其他本科高校。一流学科建设高校和其他本科高校的毕业生对"外语应用水平"的满足度分别为88.81%和89.23%,对其余各项专业知识与技能的满足度均在90%以上。详见图7.3.17。

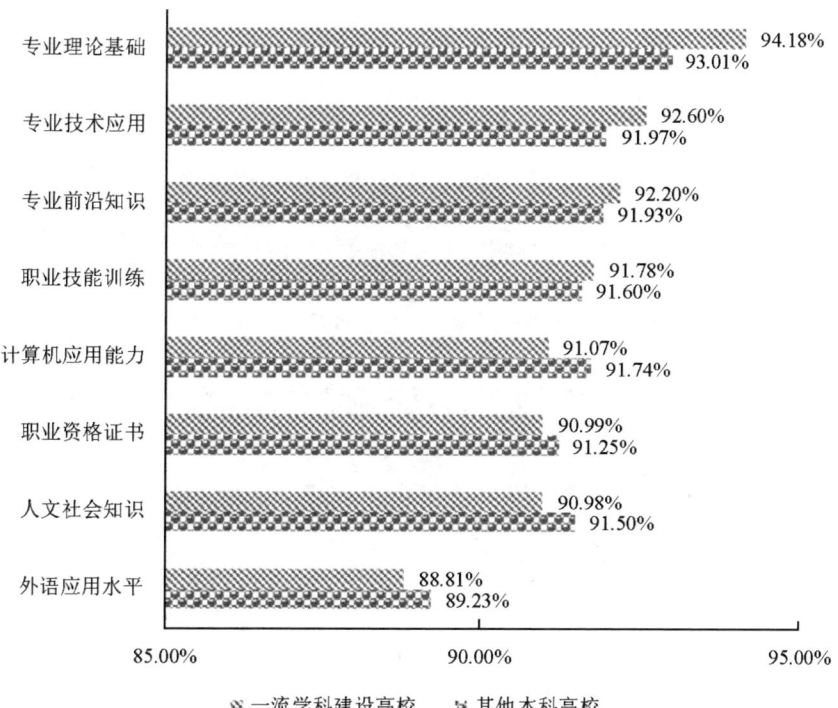

图 7.3.17　各水平属性 2018 届毕业生对专业知识与技能的满足度

2. 毕业生工作能力满足度

调查结果显示,全省应用型本科高校 2018 届毕业生对工作能力的总体满足度为 93.41%,对各项工作能力的满足度均在 90% 以上;其中对"团队合作能力"最高,为 94.08%,对"创新应用能力"相对较低,为 92.11%。可以发现,应用型本科高校 2018 届毕业生对工作能力总体满足度低于全省本科高校 0.25 个百分点,且各项工作能力的满足度均略低于全省本科高校。详见图 7.3.18。

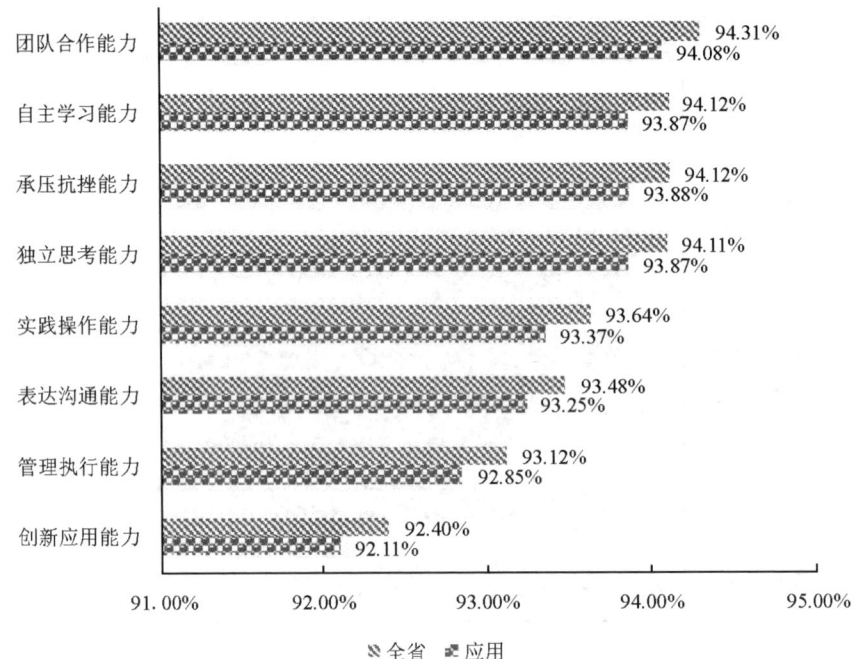

图 7.3.18 2018 届毕业生对工作能力的满足度

从应用型本科高校的学校性质来看,民办本科高校 2018 届毕业生对各项工作能力的满足度均高于公办本科高校和独立学院 2.5 个百分点以上;独立学院毕业生各项工作能力的满足度均低于公民办本科高校。详见图 7.3.19。

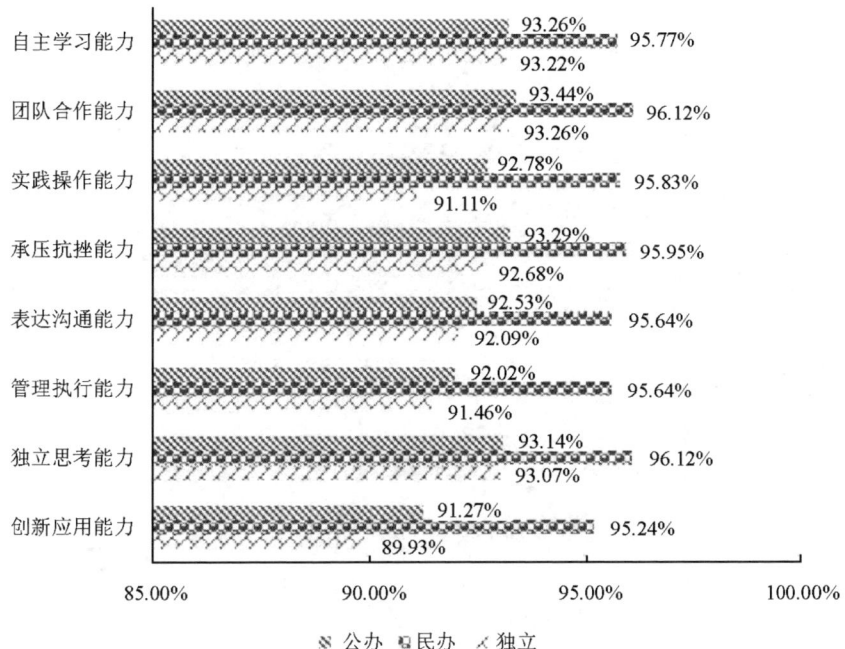

图 7.3.19　各学校性质 2018 届毕业生对工作能力的满足度

从应用型本科高校的水平属性来看,一流学科建设高校的 2018 届毕业生对"管理执行能力"的满足度为 92.74％,在八项工作能力满足度中排名第七,且低于其他本科高校;一流学科建设高校毕业生对其余七项工作能力的满足度均高于其他本科高校。详见图 7.3.20。

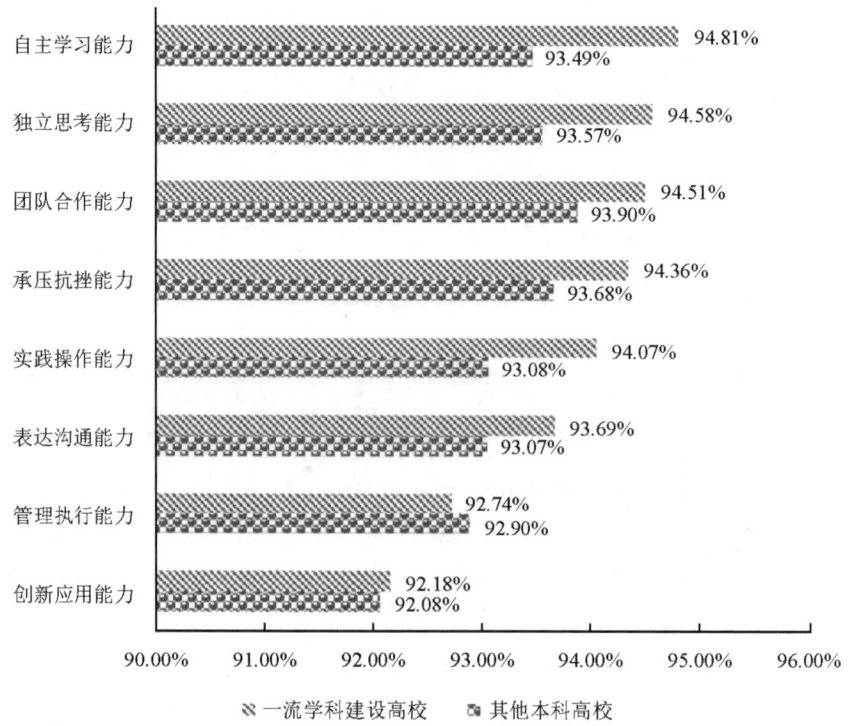

图 7.3.20　各水平属性 2018 届毕业生对工作能力的满足度

(六)人才培养质量各主体评价情况

1. 在校生满意度评价

调查结果显示,在校生对"在学校能通过各种途径获得所需学习资源""图书馆资源充足""教学楼及教学设备设施资源充足""学校为学业提供支持与帮助""学校组织集体活动,使学生更好地融入大学生活"和"学校为学生应对人际关系或情感问题提供帮助"各方面表示同意的比例均在90%以上。其中,对"在学校能通过各种途径获得所需学习资源"表示同意的比例最高,为94.69%;对"教学楼及教学设备资源充足"表示同意的比例最低,为90.44%。详见表7.3.7。可见学校在学习资源、图书馆资源、教学设备设施资源和学生工作等方面的工作开展得到绝大部分学生的认可。

表 7.3.7　在校生对学校各方面评价

评价内容	非常同意	比较同意	同意	不太同意	不同意	同意比例
在学校能通过各种途径获得所需学习资源	24.30%	33.23%	37.16%	4.54%	0.77%	94.69%
学校为你的学业提供支持与帮助	23.62%	35.78%	35.14%	4.51%	0.96%	94.54%
学校组织集体活动,使你更好地融入大学生活	23.90%	34.68%	34.89%	5.31%	1.22%	93.47%
图书馆资源充足	26.29%	31.56%	35.58%	5.54%	1.03%	93.44%
学校强调学业方面投入大量时间	22.54%	35.85%	34.72%	5.78%	1.11%	93.11%
学校为你应对人际关系或情感问题提供帮助	22.50%	35.42%	33.21%	7.08%	1.79%	91.13%
教学楼及教学设备设施资源充足	22.88%	32.87%	34.69%	7.90%	1.66%	90.44%

数据资料来源:2019 年福建省应用型本科高校学生成长调查问卷。

调查结果显示,在校生对专任教师的敬业度、专业技术能力、交流互动和教学水平的满意度评价均在 95% 以上;其中,对教师敬业度的满意度最高,为 96.83%。详见表 7.3.8。

表 7.3.8　在校生对教师的各方面满意度评价

评价内容	非常满意	比较满意	满意	不太满意	不满意	满意度
教师的敬业度	30.58%	34.85%	31.40%	2.63%	0.54%	96.83%
教师的专业技术能力	30.13%	34.95%	30.90%	3.47%	0.56%	95.97%
教师与学生的交流互动	26.55%	35.80%	33.00%	4.06%	0.60%	95.35%
教师教学水平	28.89%	35.12%	31.21%	4.10%	0.68%	95.21%

数据资料来源:2019 年福建省应用型本科高校学生成长调查问卷。

调查结果显示,在校生对学校教育教学课程设置合理性、实践教学环节满意度、专业设置合理性和教材选用适用性的评价均在4分以下。详见表7.3.9。

表 7.3.9　在校生教育教学满意度评价

内容	5分	4分	3分	2分	1分	平均分
课程设置合理性	6653	8968	6616	1174	448	3.8
实践教学环节满意度	7086	9061	6367	1001	344	3.9
专业设置合理性	7089	9436	6279	779	276	3.9
教材选用的适用性	6875	8976	6557	1061	390	3.9

数据资料来源:2019年福建省应用型本科高校学生成长调查问卷。

调查结果显示,在校生对学校创新创业教育的满意度为92.54%;其中,表示"非常满意"的占24.39%,"比较满意"的占39.26%。详见图7.3.21。

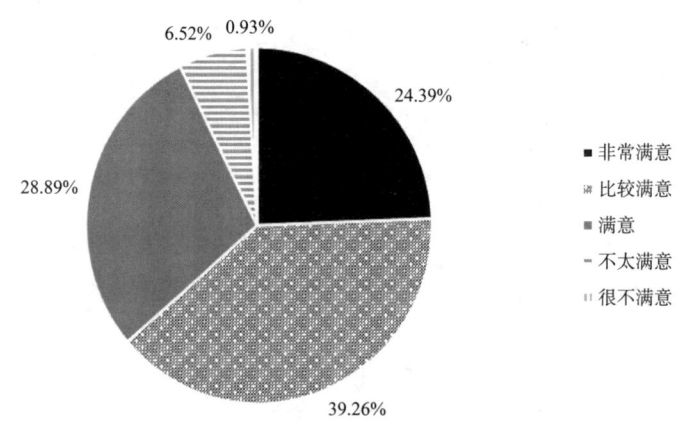

图 7.3.21　在校生创新创业教育满意度

数据资料来源:2019年福建省应用型本科高校学生成长调查问卷。

2. 毕业生满意度评价

调查结果显示,2018届福建省应用型本科高校毕业生对母校教育教学总体满意度为92.43%。详见图7.3.22。可以发现,应用型本科高校毕业生对母校教育教学各方面的满意度均低于全省本科高校,且在各方面评价中,两者对教师敬业度、专业技术水平、教学水平的满意度评价均排名前三。

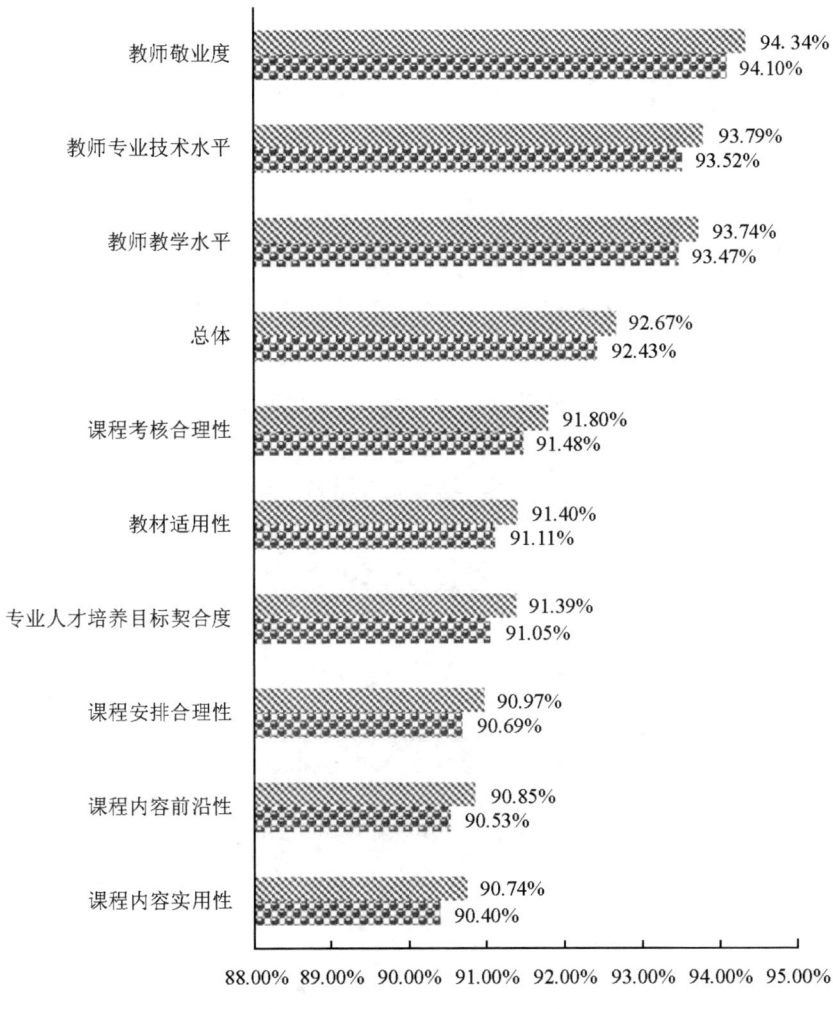

图 7.3.22　2018 届福建省应用型本科高校毕业生对母校教育教学满意度

数据资料来源:2018届福建省本科高校毕业生调查问卷。

从应用型本科高校的学校性质来看,2018届民办本科高校的毕业生对教育教学各方面的满意度评价均高于公办本科和独立学院。独立学院毕业生除对"教师教学水平"的满意度略高于公办本科外,对教育教学其余方面的满意度均最低。同时我们可以发现,独立学院毕业生对教师各方面的满意度均高于90%,对课程、教材、专业人才培养目标各方面的满意度均在90%以下。从教育教学总体满意度评价来看,民办本科、公办本科和独立学院的满意度分别为94.31%、91.91%和91.23%。详见图7.3.23。

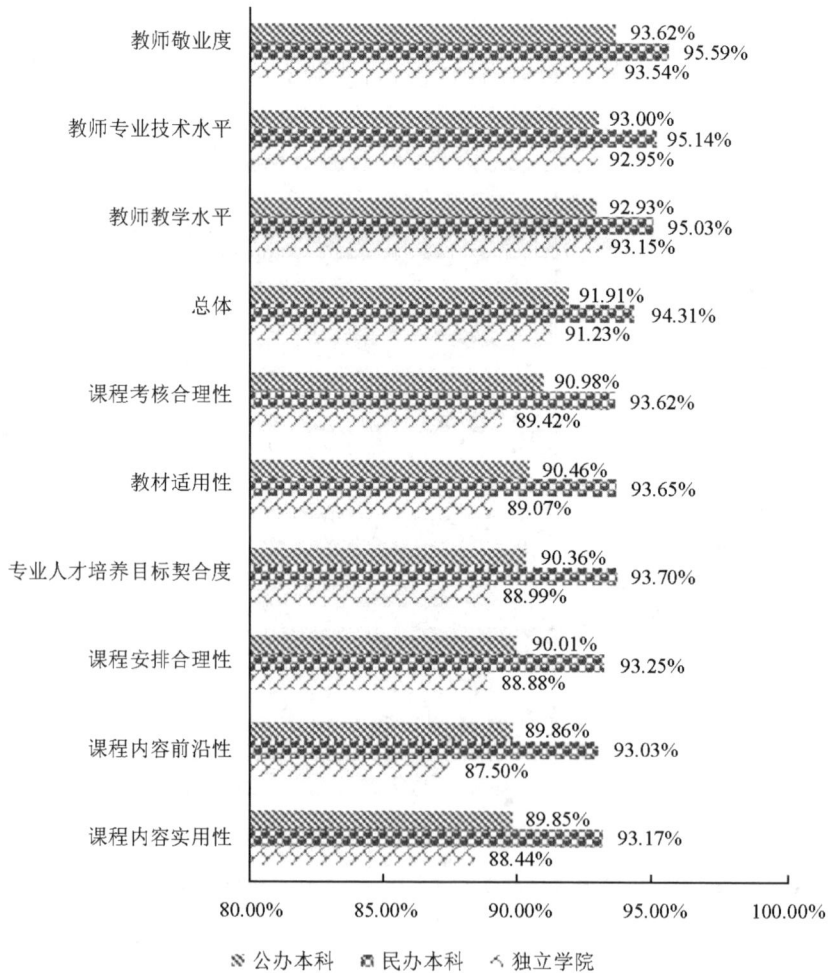

图7.3.23　各学校性质2018届福建省应用型本科高校毕业生对母校教育教学满意度

数据资料来源:2018届福建省本科高校毕业生调查问卷。

从应用型本科高校的水平属性来看,一流学科建设高校和其他本科高校2018届毕业生对教育教学各方面满意度均高于90%,且一流学科建设高校的毕业生对教育教学各方面满意度均高于其他本科高校。详见图7.3.24。

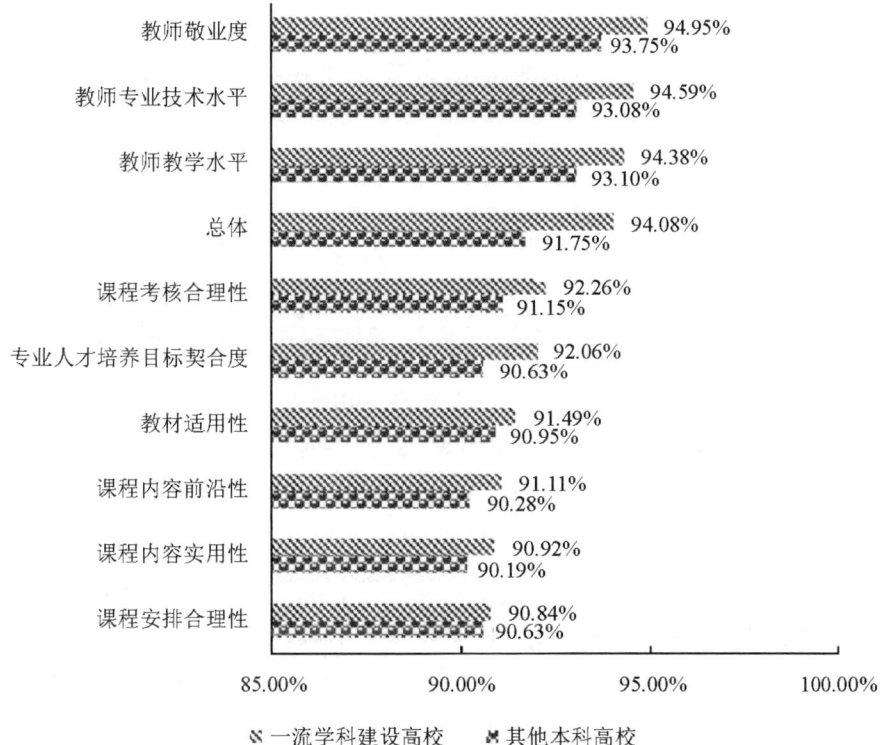

图 7.3.24　各水平属性 2018 届福建省应用型本科高校毕业生对母校教育教学满意度

数据资料来源:2018届福建省本科高校毕业生调查问卷。

3. 用人单位满意度评价

调查结果显示,应用型本科高校用人单位对2018届毕业生的认可度为97.17%,略低于用人单位对福建省本科高校2018届毕业生的认可度。我们发现,用人单位对应用型本科高校2017届毕业生的认可度也略低于对福建省全省本科高校毕业生的认可度。详见图7.3.25。

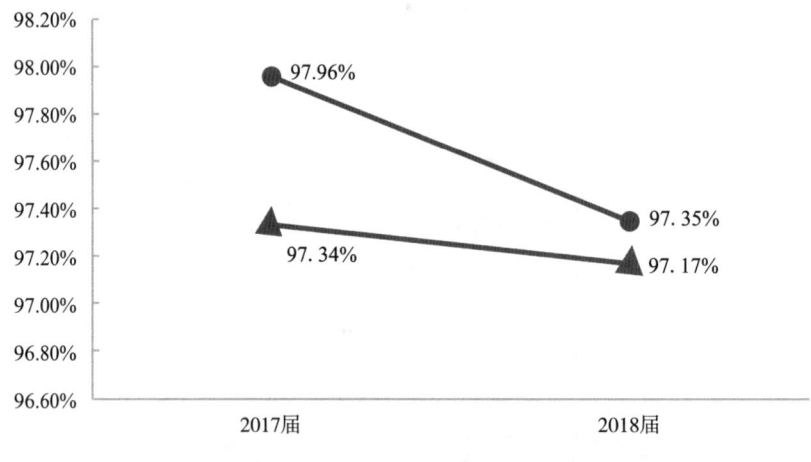

图 7.3.25　福建省应用型本科高校用人单位对 2018 届毕业生认可度

调查结果显示,与应用型本科高校对接的用人单位认为 2018 届毕业生创新创业能力满足当前工作要求的比例为 88.00%,略低于与福建省本科高校对接的用人单位认为 2018 届毕业生创新创业能力满足当前工作要求的比例 88.16%。

调查结果显示,与应用型本科高校对接的用人单位对 2018 届毕业生的素质与工作能力的总体满足度为 96.33%,略低于与福建省本科高校对接的用人单位对 2018 届毕业生的素质与工作能力的总体满足度 96.53%;在用人单位对毕业生各项能力的满足度中,对应用型本科高校毕业生的"想象能力"和"逻辑思维能力"的满足度高于福建省本科高校毕业生。详见图 7.3.26。

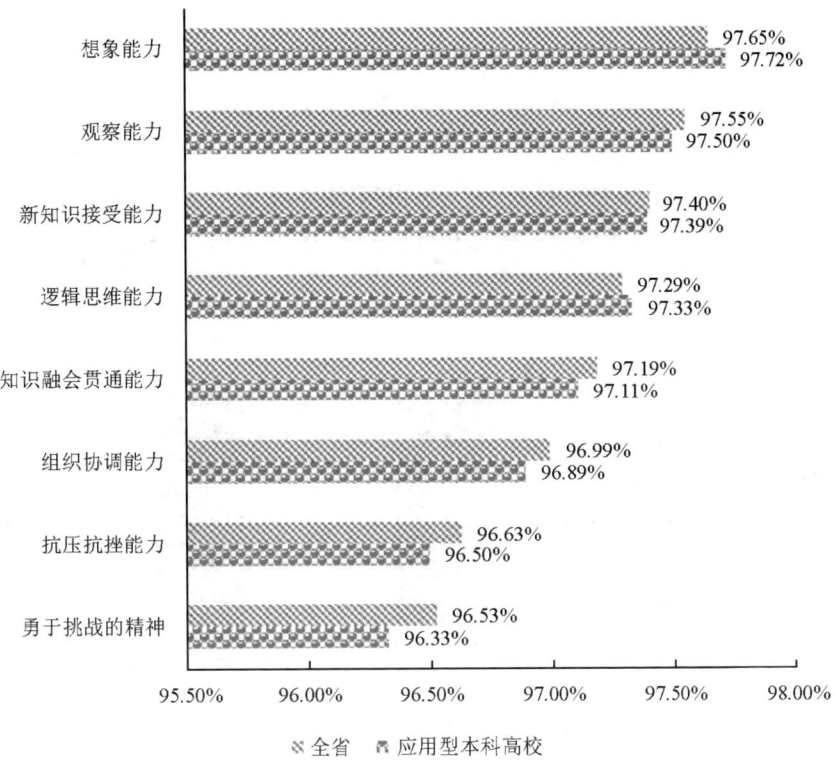

图 7.3.26　用人单位对 2018 届毕业生素质与工作能力满足度

二、科学研究质量指标监测情况

科学研究是高等教育创新的关键所在,也是国家创新系统的功能之一。科学研究是高校科研能力的重要体现,对于夯实应用型学科建设基础、提升应用型师资队伍水平、提高应用型专业教学水平和应用型人才培养质量、获得一定的资金补充,赢得良好的外部发展环境发挥重要作用。①

---

① 张宝秀.应用型大学的科学研究[J].北京联合大学学报(教育教学研究专辑),2006(S1):10-14.

(一)纵向科研项目数量及到账经费

2015—2017年应用型本科高校承担纵向项目及到账经费呈现逐年递增趋势,详见图7.3.27。其中,纵向项目三年复合增长率为11.55%;按办学性质来看,纵向科研项目独立学院有较大增长,纵向科研经费三年增长率为12.37%。2017年,福建省应用型本科高校共承担纵向科研项目6559项;较上年增长2.40%。获得纵向科研项目到账经费32946.10万元,较上年增长11.47%。

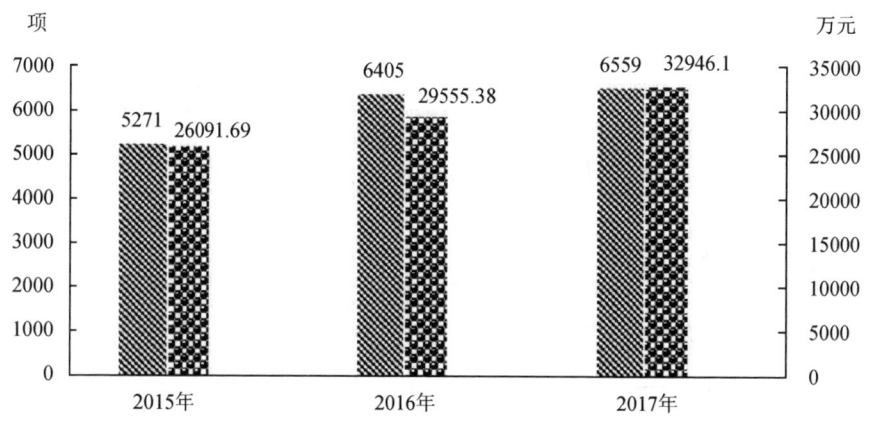

图7.3.27　2015—2017年福建省应用型本科高校承担纵向项目及到账经费
数据资料来源:高等教育质量监测国家数据平台。

福建省2015—2017年应用型本科高校纵向项目绝对数和发展态势从各地区来看,闽南地区本科高校三年复合增长率为27.97%,闽中地区本科高校三年复合增长率为10.65%,闽东地区本科高校三年复合增长率为2.05%,闽西北地区本科高校三年复合增长率为10.75%。从水平分类来看,省双一流学科建设高校中的应用型高校三年复合增长率为7.85%,其他应用型本科高校三年复合增长率为17.04%。从性质分类来看,公办高校三年复合增长率为10.11%,民办高校三年复合增长率为8.82%,独立学院三年复合增长率为37.34%。独立学院纵向项目增幅明显高于公民办高校,增速排名前五的高校主要为民办高校和独立学院。从各高校来看,有4所应用型本科高校纵向科研项目复合增长率超过100%,其中,增速较高的大多为民本和独立学院。2017年,福建省各应用型本科高校承担纵向科研项目数量排名前五的分别是:集美大学(1047项)、福建医科大学(654项)、福建工程学院(613项)、厦门理工学院(584项)和龙岩学院(437项)。

福建省2015—2017年应用型本科高校纵向科研项目到账经费绝对数和发展态势从各地区来看,闽南地区本科高校三年复合增长率为15.41%,闽中地区本科高校三年复合增长率为41.19%,闽东地区本科高校三年复合增长率为4.12%,闽西北地区本科高校三年复合增长率为10.92%。从水平分类来看,省双一流学科建设高校中的应用型高校三年复合增长率为16.56%,其他应用型本科高校三年复合增长率为51.40%。从性质分类来看,公办高校三年复合增长率为25.98%,民办高校三年复合增长率为42.65%,独立学院三年复合增长率为23.38%。民办高校纵向科研项目到账经费增幅高于公办高校。从各高校来看,有6所高校科研项目到账经费复合增长率超过50%。2017年,福建省各应用型本科高校纵向科研项目科研到账经费排名前五的分别是:福建工程学院(6071.44万元)、集美大学(4489.32万元)、福建医科大学(3657.95万元)、泉州师范学院(3318.50万元)和莆田学院(3260.52万元)。

(二)横向科研项目数量及到账经费

2015—2017年应用型本科高校横向科研项目及到账经费整体上呈现逐年递增趋势。横向科研项目[①]民办和独立学院有较大增长,尤其是民办本科高校。横向科研项目三年复合增长率为36.17%,横向科研到账经费[②]三年复合增长率为46.46%。2017年,共获得横向科研项目2188项,横向科研项目到账经费23494.54万元,如图7.3.28所示。应用型本科高校科研项目到账经费主要集中在公办本科高校。

---

① 横向项目指企事业单位、兄弟单位委托的各类科技开发、科技服务、科学研究等方面的项目,以及政府部门非常规申报渠道下达的项目。

② 横向课题项目经费是指自然年内学校获得的横向项目实际到帐科研经费总额。

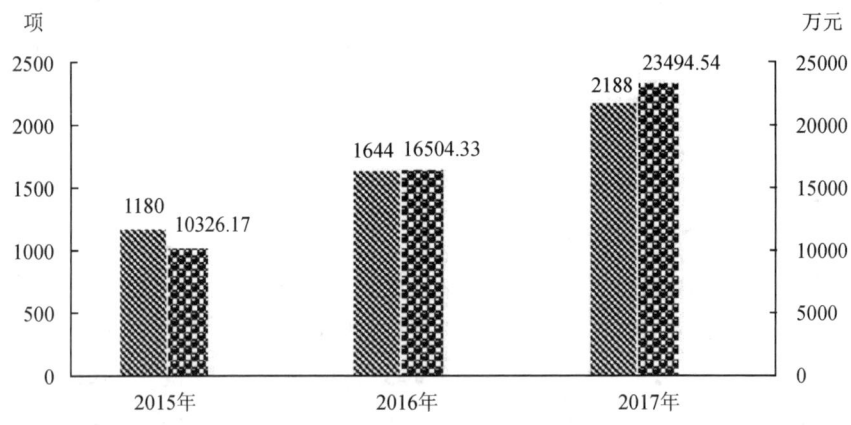

图 7.3.28　2015—2017 年福建省应用型本科高校科研项目到账经费情况

数据资料来源：高等教育质量监测国家数据平台。

福建省 2015—2017 年应用型本科高校横向项目绝对数和发展态势从各地区来看，闽南地区本科高校三年复合增长率为 18.32%，闽中地区本科高校三年复合增长率为 43.29%，闽东地区本科高校三年复合增长率为 64.65%，闽西北地区本科高校三年复合增长率为 102.02%。从水平分类来看，省双一流学科建设高校中的应用型高校三年复合增长率为 22.01%，其他应用型本科高校三年复合增长率为 60.74%。从性质分类来看，公办高校三年复合增长率为 32.34%，民办高校三年复合增长率为 150.22%，独立学院三年复合增长率为 48.50%。民办高校横向项目增幅明显高于公办高校，增速排名前五的高校主要为民办高校和独立学院。从各高校来看，有 4 所应用型本科高校横向科研项目复合增长率超过 100%；其中，增速较高的大多为民办高校和独立学院。2017 年，有 3 所学校承担在研横向科研项目数量低于 5 项。

福建省 2015—2017 年应用型本科高校横向项目到账经费绝对数和发展态势从各地区来看，闽南地区本科高校三年复合增长率为 29.84%，闽中地区本科高校三年复合增长率为 48.25%，闽东地区本科高校三年复合增长率为 80.40%，闽西北地区本科高校三年复合增长率为 232.27%。从水平分类来看，省双一流学科建设高校中的应用型高校三年复合增长率为 71.34%，其他应用型本科高校三年复合增长率为 388.71%。从性质分类来看,公办高校三年复合增长率为 117.77%,民办高校三年复合增长率为 576.61%,独立学院三年复合增长率为 400.25%。民办高校和独立学院横向项目到账经费增幅明显高于公办高校,增速排名前五的高校主要为民办高校和独立学院。从各高校来看,有 16 所横向科研项目到账经费复合增长率超过 100%。

(三)专任教师发表 ESI 论文数

从 2015—2017 年应用型本科高校教师发表 ESI 论文来看,整体上呈 U 字上升趋势,如图 7.3.29。其中,ESI 论文主要以 SCI 论文为主,发表 SSCI 论文不足 5%。2017 年,福建省应用型本科高校教师共发表论文 3667 篇,其中,SCI 论文 1209 篇,SSCI 论文 40 篇。

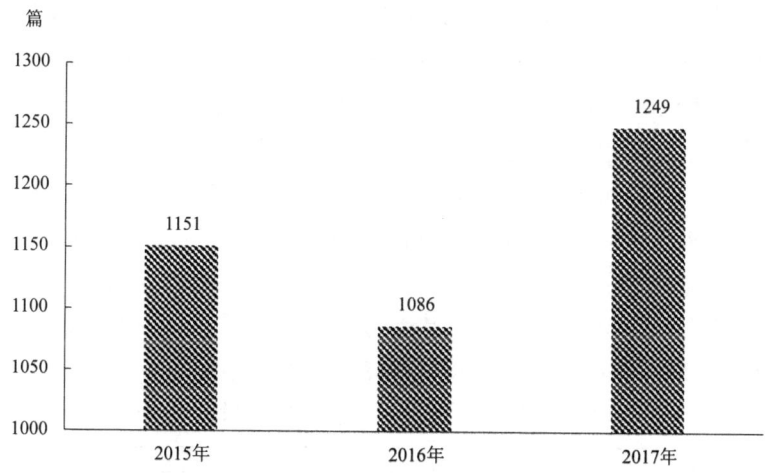

图 7.3.29　2015—2017 年福建省应用型本科高校发表 ESI 论文类别分布情况
数据资料来源:高等教育质量监测国家数据平台。

2015—2017 年应用型本科高校教师发表 ESI 论文从各地区来看,闽南地区本科高校三年复合增长率为 6.65%,闽中地区本科高校三年复合增长率为 9.19%,闽东地区本科高校三年复合增长率为 1.04%,闽西北地区本科高校三年复合增长率为 26.32%。从水平分类来看,省双一流学科建设高校中的应用型高校三年复合增长率为 1.74%,其他应用型本科高校三年复合增长率为 15.19%。从性质分类来看,公办高校三年复合增长率为 3.43%,民办高校三年复合增长率为 39.04%,

独立学院三年复合增长率为28.17%。民办高校和独立学院横向项目到账经费增幅明显高于公办高校,增速排名前五的高校主要为民办高校和独立学院。2017年,福建省共有7所应用型本科高校教师发表SCI论文数上50篇。

三、社会服务质量指标监测情况

(一)科研成果转化项目及经费

高校是国家科技体系中的重要组成部分,在科研成果转化为生产力的过程中具有重要的战略地位。高校科技成果转化是教育创新的重要内容,对提高学术水平和教育质量的发展战略有重要意义。教育部、科技部《关于加强高等学校科技成果转移转化工作的若干意见》(教技〔2016〕3号)以及《关于深化高等教育领域简政放权放管结合优化服务改革的若干意见》(教政法〔2017〕7号)中指出,高校要统筹科技成果转化与人才培养、科学研究和学科建设,按照"市场导向、规范管理、协调推进、激励创新"的原则,制度先行,强化管理责任,加快推进成果转化管理体系、制度体系、服务支撑体系建设。《教育部关于深化高校教师考核评价制度改革的指导意见》(教师〔2016〕7号)提出要大力促进教师开展科研成果转化工作。①

2017年福建省应用型本科高校科研成果转化项目②总数为68项。其中,公办高校为57项,占83.82%;民办高校为11项,占16.18%。高校科研成果转化项目经费总计为3491.60万元。其中,公办高校为2286.10万元,占65.47%;民办高校为1205.50万元,占34.53%。详见表7.3.10。

表7.3.10　2017年福建省应用型本科高校科研成果转化项目及经费情况

办学性质	科研成果转化项目数	科研成果转化项目经费
公办高校	57	2286.10万元
民办高校	11	1205.50万元
合计	68	3491.60万元

数据资料来源:高等教育质量监测国家数据平台。

---

① 教育部.关于深化高校教师考核评价制度改革的指导意见[Z].2016-08-25.
② 科研成果转化项目是指自然年内本校教师的科研成果转让、授权(许可)及参股的项目数,不含横向科研项目。

2017年,33所应用型本科高校中共有16所高校有参与科研成果转化项目,有4所高校科研成果转化经费超500万。

(二)获准发明专利数量①

高校获准发明专利是高校专利技术产出和保护的主力军,是高校科技创新活动过程中的重要产出,是高校科技创新能力的体现。从2015—2017年应用型本科高校获准发明专利来看,整体上呈现逐年递增的趋势(如图7.3.30),但主要集中在公办高校。复合增长率为105.96%,高于福建省本科高校69.83个百分点,但应用型本科高校发明专利数量占福建省比例略低。2017年,福建省应用型本科高校教师获准发明专利371项,校均16.13项。从高校性质来看,公办本科高校获准发明专利数量351项,占94.61%;民办13项,占3.50%;独立学院7项,占1.89%,获准发明专利数量主要集中于福建省公办应用型本科高校。

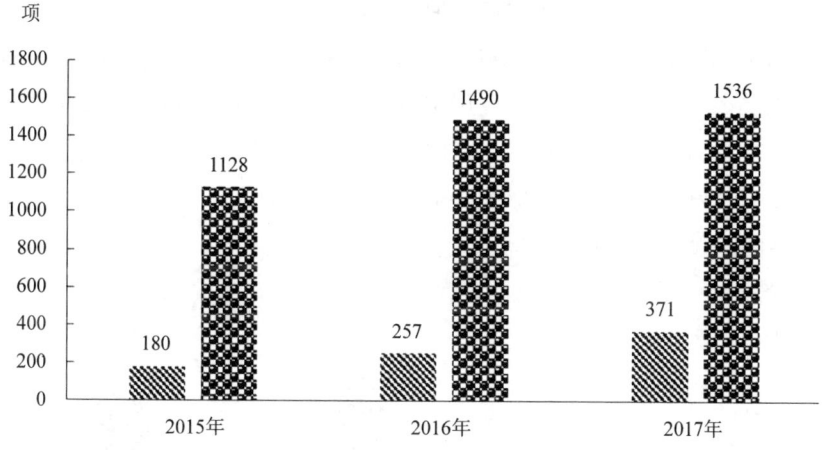

图7.3.30 2015—2017年福建省应用型本科高校教师获准发明专利数量

数据资料来源:高等教育质量监测国家数据平台。

福建省2015—2017年应用型本科高校发明专利绝对数和发展态势从各地区来看,闽南地区本科高校三年复合增长率为42.69%,闽中地区本科高校三年

---

① 获准发明专利(专利数)只限发明专利。

复合增长率为51.91%、闽东地区本科高校三年复合增长率为36.21%,闽西北地区本科高校三年复合增长率为324.26%。从水平分类来看,省双一流学科建设高校中的应用型高校三年复合增长率为35.61%,其他应用型本科高校三年复合增长率为76.89%,高于一流学科建设高校41.28个百分点。从性质分类来看,公办高校三年复合增长率为41.62%,民办高校三年复合增长率为32.29%,独立学院三年复合增长率为260.56%。独立学院发明专利增幅明显高于公办高校,增速排名前五的高校主要为民办高校和独立学院。2017年,从福建省各应用型本科高校教师获准发明专利数量来看,福建工程学院、厦门理工学院、集美大学、福建医科大学和三明学院排名前五,其获准的发明专利数依次是79项、70项、53项、25项和20项。

(三)政府咨询报告

2015—2018学年应用型本科高校向地市级以上政府部门提供咨询报告呈现先增后减的变化趋势,详见图7.3.31。复合增长率为6.41%,低于福建省本科高校0.4个百分点。2017—2018学年,应用型本科高校向地市级以上政府部门提供咨询报告147个,近三年复合增长率为3.65%。从高校性质来看,公办本科高校向地市级以上政府部门提供咨询报告127个,占86.39%;民办17个,福建省占11.56%;独立学院3个,占2.04%。

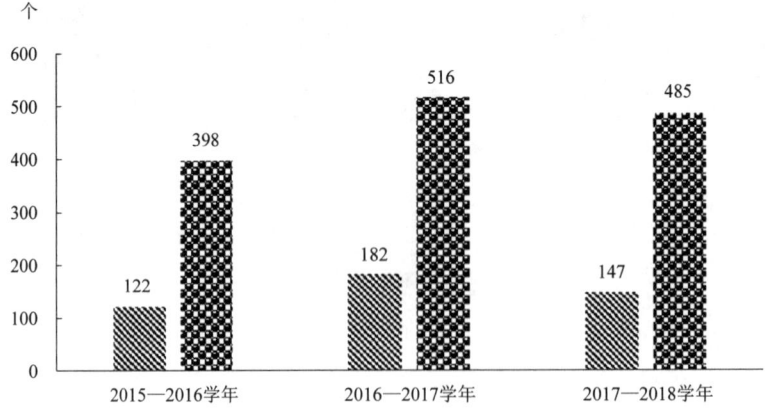

图7.3.31 2015—2018学年应用型本科高校提供地市级政府咨询报告数

数据资料来源:高等教育质量监测国家数据平台。

福建省2015—2018学年应用型本科高校提供地市级政府咨询报告数绝对数和发展态势从各地区来看,闽南地区本科高校三年复合增长率为-2.67%,闽中地区本科高校三年复合增长率为-21.83%,闽东地区本科高校三年复合增长率为8.01%,闽西北地区本科高校三年复合增长率为97.91%。从水平分类来看,省双一流学科建设高校中的应用型高校三年复合增长率为-4.74%,其他应用型本科高校三年复合增长率为15.07%,高于一流学科建设高校19.81个百分点。从性质分类来看,公办高校三年复合增长率为6.13%,民办高校三年复合增长率为23.61%。民办高校提供地市级政府咨询报告数增幅明显高于公办高校,增速排名前五的高校主要为民办高校和独立学院。从各高校来看,2017—2018学年,33所应用型本科高校有20所高校有向政府提供过向地市级以上政府部门提供咨询报告,有6所学校提供报告超过10所。龙岩学院增长较迅速,福建医科大学、福建江夏学院、莆田学院、闽江学院和集美大学等公办高校均有所下降。2017—2018学年,33所应用型本科高校有20所高校有向政府提供过向地市级以上政府部门提供咨询报告,有6所学校提供报告超过10所,分别为龙岩学院、福州外语外贸学院、三明学院、厦门理工学院、泉州师范学院和武夷学院。

四、文化传承质量指标监测情况

高等教育作为第一生产科技和第一人才资源的重要组合,在促进文化传承和创新,建设社会主义文化强国中发挥着特殊的重要作用。文化传承与创新是高校提高教育质量的一个重要衡量标准。

(一)开设传统文化课程

调查的应用型本科高校中有66.89%有开设中国传统文化课程。从学科来看,除哲学门类外,其余学科开设中国传统文化课程均超过50%。按办学性质划分,公办本科高校有65.86%有开设中国传统文化课程,民办本科高校有68.75%有开设中国传统文化课程,独立学院有71.57%有开设中国传统文化课程。按水平属性划分,一流学科建设高校有65.65%有开设中国传统文化课程,其他本科高校有67.94%有开设中国传统文化课程。

(二)传承文化评价

问卷统计结果显示,在校生对福建省应用型本科高校民族文化传承评价的总体满意度为95.47%。从在校生对民族文化各方面满意度来看,在校生对"中华民族文化对自身学习成长有作用"满意度最高,为97.40%;其次是"保护民族文化的态度"和"学校对民族文化的传承与创新",满意度分别为97.36%和95.57%,详见表7.3.11。

表7.3.11 福建省应用型本科高校在校生传承文化各方面评价

传承文化各方面评价	比例
您认为中华民族文化对您的学习成长是否有作用	97.40%
您对保护民族文化的态度	97.36%
学校对民族文化的传承与创新	95.57%
学校对学生文化自觉意识的引导	95.01%
学校通过新媒体技术对文化的传承与创新	94.69%
对民族文化的了解	94.33%
学校组织参加地方文化、文明建设的活动数量及影响力	93.95%
总体满意度	95.47%

数据资料来源:2019年福建省应用型本科高校学生成长问卷调查。

按办学性质划分,公办本科高校对民族文化的总体满意度95.42%,民办本科高校为96.81%,独立学院为95.06%。独立学院在校生在民族文化传承各方面的评价均高于公办高校和民办高校。其中,公办高校除了对"对民族文化的了解"之外,其余平均均高于民办高校0.5个百分点左右;独立学院在"学校组织参加地方文化、文明建设的活动数量及影响力""对民族文化的了解""学校通过新媒体技术对文化的传承与创新""学校对学生文化自觉意识的引导"均高于公办高校和民办高校1.5个百分点以上。详见图7.3.32。

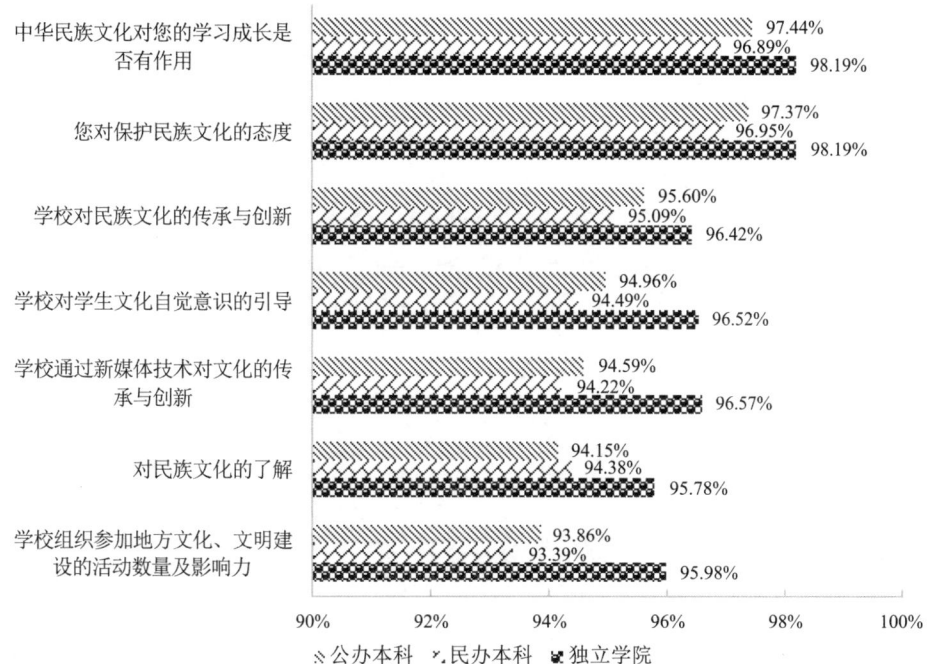

图 7.3.32　各办学性质高校在校生传承文化评价

数据资料来源:2019 年福建省应用型本科高校学生成长问卷调查。

按水平属性划分,一流学科建设高校对民族文化的总体满意度为 95.50％,其他本科高校为 95.45％。一流学科建设高校在"中华民族文化对您的学习成长是否有作用提高度""保护民族文化的态度提高度""民族文化的传承与创新提高度"上均高于其他本科高校;其他本科高校在"对民族文化的了解提高度""学校组织参加地方文化、文明建设的活动数量及影响力提高度"高于公办高校。详见图 7.3.33。

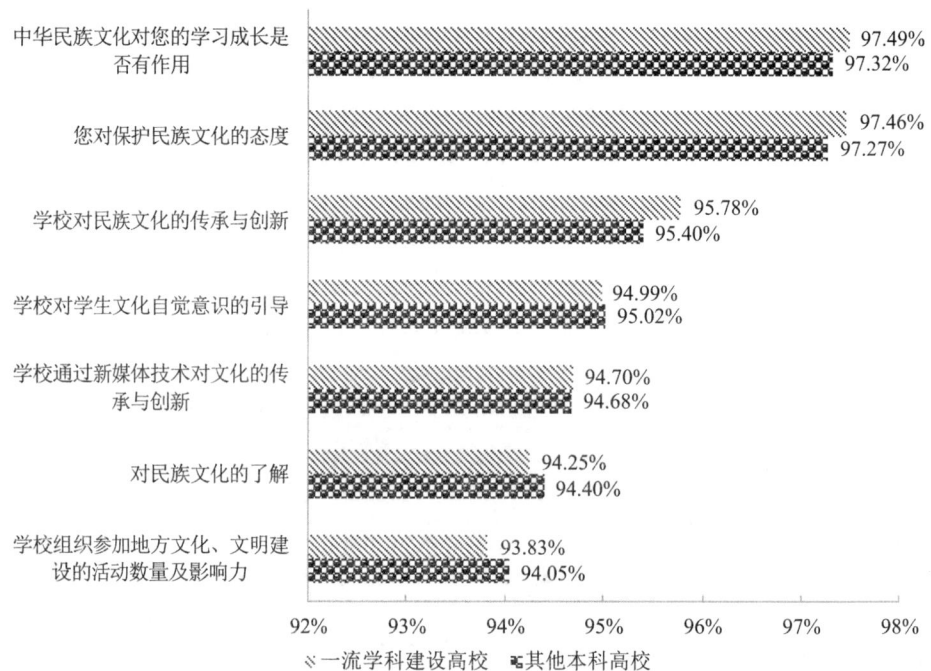

图 7.3.33 各水平属性高校在校生传承文化评价

数据资料来源：2019年福建省应用型本科高校学生成长问卷调查。

（三）文化学术讲座

2013—2018学年福建省本科高校近五年开设文化学术讲座总数复合增长率为16.76%，应用型本科高校为42.71%，高于福建省本科高校25.95个百分点。2017—2018学年是近五学年开设文化学术讲座增长最快的一年，平均增速为22.11%；按办学性质划分，公办本科高校文化学术讲座总数为3322项，占比75.09%；民办本科为818项，占比18.49%；独立学院为284项，占比6.42%；文化学术讲座总数超7成集中应用型公办本科高校中。2013—2018学年福建省本科高校文化学术讲座开设情况如图7.3.34所示。

福建省2015—2018学年应用型本科高校开展文化、学术讲座绝对数和发展态势进行分析。从各地区来看，闽南地区本科高校三年复合增长率为8.81%、闽中地区本科高校三年复合增长率为6.60%、闽东地区本科高校三年复合增长

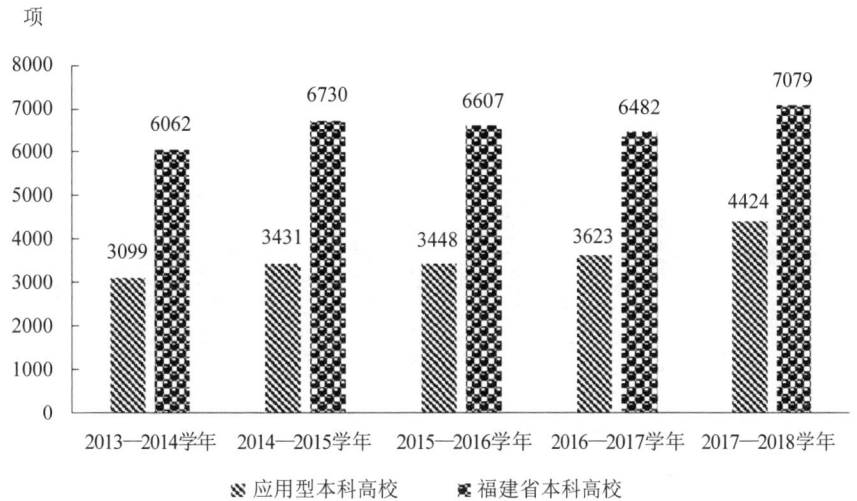

图 7.3.34 2013—2018 学年福建省本科高校文化学术讲座

数据资料来源:高等教育质量监测国家数据平台。

率为20.03%,闽西北地区本科高校三年复合增长率为73.21%。从水平分类来看,省双一流学科建设高校中的应用型高校三年复合增长率为22.75%,其他应用型本科高校三年复合增长率为33.17%。从性质分类来看,公办三年复合增长率为20.25%,民办三年复合增长率为86.64%,独立学院三年复合增长率为14.50%。民办高校文化、学术讲座总数增幅明显高于公办高校,增速排名前五的高校主要为民办高校。各高校中,有6所高校在该项目上增长迅速,复合增速均超过100%。2017—2018学年,应用型本科高校共开展文化、学术讲座数总数4424个。其中,有5所学校开展数达300个以上。

(四)本科生课外科技、文化活动项目总数

从2015—2018学年高校开展课外科技、文化活动项目来看,福建省本科高校呈现先增后减再增趋势,而应用型本科高校呈现逐年递增趋势,详见图7.3.35。其中,应用型本科高校近五年复合增长率为122.15%,高于福建省本科高校74.02个百分点。2017—2018学年,应用型本科高校开展课外科技、文化活动项目共9631项,占福建省本科高校80.93%。

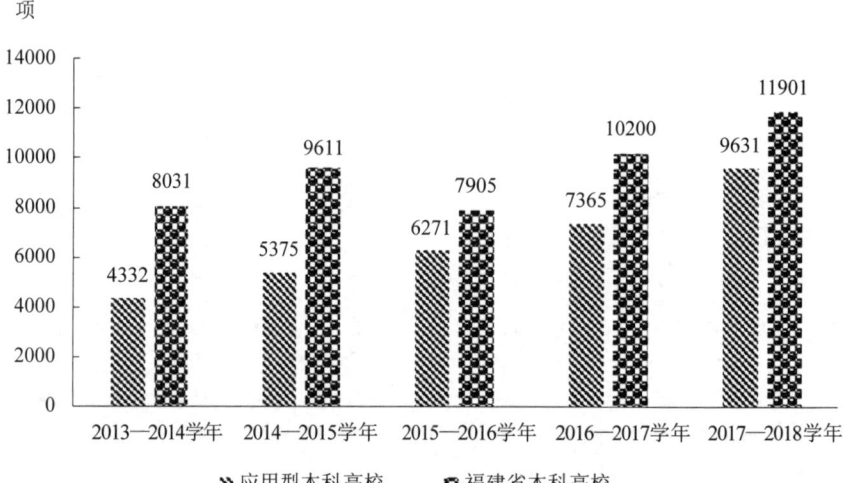

图 7.3.35　2015—2018 学年福建省本科高校开展课外科技、文化活动项目数量

数据资料来源：高等教育质量监测国家数据平台。

福建省 2015—2018 学年应用型本科高校课外科技、文化活动项目总数项绝对数和发展态势从各地区来看,闽南地区本科高校三年复合增长率为 36.08%,闽中地区本科高校三年复合增长率为 25.55%、闽东地区本科高校三年复合增长率为 19.67%,闽西北地区本科高校三年复合增长率为 4.07%。从水平分类来看,省双一流学科建设高校中的应用型高校三年复合增长率为 41.30%,其他应用型本科高校三年复合增长率为 58.03%,高于一流学科建设高校 16.73 个百分点。从性质分类来看,公办高校三年复合增长率为 32.84%,民办高校三年复合增长率为 245.57%,独立学院三年复合增长率为 38.54%。民办高校课外科技、文化活动项目总数增幅明显高于公办高校,增速排名前五的高校主要为民办高校。2017—2018 学年,开展课外科技、文化活动项目总数超过 500 个的学校有 5 所。

第八章
省域应用型本科教育质量监测评价中存在的难点及对策

本书在理论建构和实践研究过程中,结合我国在应用型本科教育质量监测评价中存在的问题以及福建省应用型本科教育质量监测评价的实证研究,发现还需针对难点所在对省域应用型本科教育质量监测评价的发展进行展望,提出针对性对策。

第一节 我国省域应用型本科教育质量监测评价存在的难点

以福建为例开展的实践研究中,发现省域应用型本科教育质量监测评价在多元化主体参与、应用型本科教育分类、监测评价平台以及质量文化方面还存在难点需予以关注。

一、多元化主体责任意识和具体参与还需增强

本书在理论架构以及实证研究中,强化了多元化主体的参与,但是我们还要注意省域应用型本科教育质量监测评价的多元化主体参与依然是个难点:一是如何调动多元主体参与监测评价体系构建、监测评价的全过程、结论分析以及监督等,还需进一步采取措施。政府在监测评价中处于主导和优势地位,如何使多元主体不被排除在外,是我们在实践中需要着力注意的问题。二是如何

清晰界定第三方评价的执行者还需进一步明确。社会组织对高等教育质量的监督在一定程度上"弥补了政府机构对教育资源与信息披露的不足","客观上满足了巨大的市场需求。反映了市场对行政高度垄断的教育资源和教育信息的争夺"。但是,社会这一主体是应该由谁来执行?由"纯粹"的社会第三方评价机构来执行?但是,我国并未建立第三方评价机构资质,使得这些第三方评价机构鱼龙混杂;同时,这些第三方评价机构并未与政府联合起来,建立多元化主体共同参与监测评价的机制。由省级政府成立或是归属于省级教育主管部门的评估机构来执行?而现实中大部分这类评估机构由政府委托,集中代表政府利益,没有将多元利益主体诉求纳入监测评价之中,有运动员和裁判员同一之嫌。三是如何清晰明确质量监测评价中多元主体的功能和定位仍然需进一步明确。在我国长期的高等教育质量管理中,政府教育主管部门是质量监测评价的管理者,而高校被排除在质量监测评价的主体之外,广大师生对于自身本身的主体地位和质量责任认识不足。虽然目前一些高校开展了以师生为主体的涉及教师发展、学生成长、成果产出等的调查,但可以看出,部分高校的师生对于这类调查意愿不强,回收率不高。

二、应用型本科教育的分类还需进一步从宏观和微观层面予以明确

开展省域应用型本科教育质量监测评价的基础问题就是分类问题,分类问题没有解决,将严重影响到后续监测评价的导向性、科学性和准确性。《国家教育事业发展"十三五"规划》明确提出"要以人才培养定位为基础建立高等教育分类体系"。因此,从宏观和微观两个层面来看,都需进一步明确、认同应用型本科教育分类。一是从宏观层面来看,2017年,我国正式将高等学校划分为研究型、应用型、职业技能型三类院校,形成"国家指导、省级统筹"的高等学校分类发展合力,[①]目前已经进入具体实践阶段但还没有完全铺开。在应用型本科教育质量的指标上未形成明确的标准以及导向,造成不同的学校对同一个指标

---

① 史秋衡.推进高等学校分类发展 促进高等教育内涵建设[J].山东高等教育,2018(03):1.

有着不同的理解,甚至在办学定位上有所偏差。二是从微观层面来看,由于国家和省级层面的政策导向和标准不够明晰,应用型本科高校还是比较刻意向学术型本科教育看齐,或是在学术型和应用型之间摇摆不定。如部分院校在理念、定位里都明确了应用型,并提出以社会需求来设置专业目录,而实际上却套用学术型本科教育的目标,不以应用型、复合型、创新型人才为主线来设计教学体系、培养方案、教材选取、师资配备,在职称评聘上简单套用普通高校做法,使得教师只关注写理论文章或出专著,而不是密切关注社会、关注市场、关注企业需求,这些也造成应用型本科高校对于国家或省级出台专门针对应用型本科教育质量的标准有呼吁、有期待,但在实际行动中又按照学术型大学的路子走,这对于省域应用型本科教育质量监测评价的全面铺开造成阻碍。

三、基于大数据的质量监测评价平台需进一步构建

随着大数据、云计算、互联网等技术逐渐在高等教育质量管理中发挥越来越重要的作用,高等教育监测评价的信息化、网络化、平台化成为必然趋势。传统的高等教育质量监测评价,在方式上主要依靠临时性、人工式的层层上报,在信息上以定性指标为主且未形成评价体系,在评价结果上具有明显的滞后性、不透明性和非共享性,属于事后评价。而大数据时代的高等教育监测评价的数据具有大数据深度契合的四个特征,即海量性(Volume)、多样性(Variety)、高速性(Velocity)、价值性(Value),并指出这"4V"特性让基于大数据驱动的高等教育质量监测评估成为可能。2014年,国家教育体制改革领导小组办公室在发布的《关于进一步扩大省级政府教育统筹权的意见》(教改办〔2014〕1号),明确提出"强化信息服务。开发教育管理应用系统、决策支持系统、监测分析系统和面向社会的教育信息服务系统,完善各级各类教育质量与发展报告定期发布制度,建立健全人才需求调查与就业预警机制"。然而,通过研究发现,目前我国未形成国家、省、校三级应用型本科教育质量监测评价平台,国家层面的高等教育监测平台并非针对应用型;从省域来看,尽管2014年以来,福建省在全国率先建立高等教育质量监测体系,并连续多年布监测报告,取得了先进经验,对于政府治理、高校办学、社会监督发挥了重要作用,在全国有一定的影响。本书中

关于福建省应用型本科高校的数据来源就来源于高等教育质量监测国家数据平台以及2016—2019年《福建省教育质量监测系列报告》。然而笔者在实践中发现,还有若干问题需要持续提升。而其他省份关于高等教育质量监测平台的建设也处于探索之中,这对于应用型本科教育质量监测评价的便捷性和有效性造成阻碍。

四、高等教育质量文化建设还需进一步强化

质量文化产生于20世纪80年代美国的企业质量管理,随着质量文化研究与实践的深入,逐步延伸至高等教育质量管理领域。高校质量文化是一种贯彻在人才培养、科学研究、社会服务、文化传承与创新中全过程、全方位、全员的价值理念和行为方式,由制度文化、物质文化、行为文化和精神文化四个层面构成相互联系、互相支撑的完整体系。① 通过质量文化建设,能够激发质量自觉。质量自觉是指应用型本科高校对于质量的一种自我认同和一种自觉追求,其本质是一种质量意识的自我觉醒,是高校对于学校质量状态的清醒认识。② 而质量自觉本身就是质量文化建设的内化。把质量自觉从动机与行动上升到潜移默化的质量自觉,从而使应用型本科高校本身对质量监测评价具有自我觉醒、自我反省、自我创建的强烈意识,在省域应用型本科教育质量监测评价中,是自觉的、自愿的,而不是被迫的、应付的。但通过研究发现,宏观和微观层面的质量文化还有待建设。一是宏观层面上质量文化建设还需进一步强化。如政府、社会、高校、用人单位以及师生等多元主体之间并未形成以责任和信任为核心的质量文化,在达成共同参与、共享信息、各取所需的监测评价中,并未有强烈的意愿以及实际行动,反而是各自为战。甚至监测评价的主导主体——政府与被监测评价的对象——高校之间有着"猫抓老鼠"的紧张关系。政府为了防止高校弄虚作假,不断开发和升级监测评价手段和技术,而高校则想方设法进行应对,部分高校呈一种被动状态,对照监测评价指标抓质量;或是应付了事填报数

---

① 华危持.学校内部质量保证的文化自信[J].江苏教育研究,2018(02):66.
② 崇玉山.从质量控制到质量自觉[J].淮南师范学院学报,2013(02):89-90.

据,甚至弄虚作假;或是干脆不参与,逃避质量监测评价等。而以上问题归根结底是由于未形成多元利益主体共同体意识,[①]一定程度上是质量文化缺失的表现。二是微观层面应用型本科高校形成质量自觉还需一个过程。目前应用型本科高校未在制度层面、精神层面形成质量文化,未形成有效的政策法规、质量标准,全员的质量意识和文化未有效建立,质量文化所形成的凝聚力量、约束行为等作用未有效发挥。

第二节　完善省域应用型本科教育质量监测评价的提升路径

针对省域应用型本科教育监测评价理论架构以及实践研究中发现的难点问题,提出了对策建议,以供参考。

一、理顺多元主体的功能与定位

政府在省域应用型本科教育质量监测评价过程中,要进一步理顺多元主体的功能和定位,并且通过各种措施将多元主体纳入其中。一是通过政策导向,引导多元利益主体关注和参与应用型本科教育质量监测评价,建立多元主体共同参与监测评价的机制,尤其要切实注重将多元利益主体的利益诉求和目标诉求纳入监测评价体系中。同时,要注重引导多元化利益主体从自身利益角度出发参与监测评价,从而不断完善形成客观的、全方位的监测评价指标体系。二是切实注重协调各主体利益差异。在省域应用型本科教育质量监测评价中,众多主体之间会产生利益差异,而且是非均衡的。[②] 因此,必须适当均衡各方利益诉求,协调矛盾,减小差异,建立多元主体利益表达机制以及利益激励机制,整合主体间利益差异的有效路径。三是要切实注重"阳光监测评价",省域应用型

---

① 张应强.高等教育质量建设:创新体制机制与培育质量文化[J].江苏高教,2017(01):6.
② 吴建南,刘佳.地方政府绩效评估中的利益相关者与绩效数据——基于德尔菲法的研究[J].华东经济管理,2011,25(04):156.

本科教育质量监测评价的对象、标准、专家、规则、程序、结果等都要全过程公开,并向多元利益主体开放。尤其是监测评价的指标体系、标准、结果要主动向多元利益主体公开公布,每年定期将监测评价的结果向社会公布,有助于师生和社会各界的监督,并使多元利益主体能够从监测评价报告中各取所需,进一步分析、理解和思考应用型本科教育质量,增强多元利益主体对质量的关注,达到多元主体价值判断。① 四是切实注重内外部质量管理机制的完善。在重视政府为主导的监测评价的同时,并非忽视高校内部的监测评价。各应用型本科高校应根据自身的特色与实际,制定适合本校质量标准和监测评价指标体系,主动积极进行自评。同时,也积极鼓励高校委托第三方评价机构对高校的办学水平、教学质量、毕业生质量等方面进行考察,将评价结果作为高校不断提升的参考依据。五是出台第三方评价机构的资质。教育监测评价的公信力在很大程度上取决于监测评价自身的专业能力及专业化水平。2017年8月2日,全国第三方教育评价机构联谊会首届会员单位资质评估会在天津进行,对2家评估资质合格会员和8家会员单位进行了授牌,这在第三方评价机构资质认定上迈出了一步,但还并非是官方资质。建议省级政府尽快出台第三方评价机构的资质要求,才能确保第三方评价机构的独立性、公正性、专业性。

二、明确省域高等教育分类标准

高等教育分类标准的进一步明确是省域应用型本科教育质量监测评价的重要问题,要进一步结合省域高等教育特征,明确分类。一是要综合考虑政府、社会、高校、师生的不同利益诉求和价值取向,既考虑一致性又要兼顾差异性,兼顾不同利益主体对于学生知识、能力素质要求的差异,同时还兼顾应用型本科高校履行四大职能与其他类型高校的差异性,建构横向以"人才类型"为核心以及纵向以"办学层次"为核心的多维分类标准,并出台"一视同仁"的政策导

---

① 刘聪.政府绩效评估多元主体利益运行机制创新研究[J].金卡工程·经济与法,2010(03):267-268.

向,引导应用型本科高校在省域高等教育分类中寻到自己的位置,并能安心在自己的坐标上坚守定位、培育特色、打造品牌、提升质量。二是未形成统一省级标准的,也需在现有的监测评价指标体系完善以及结论分析中,对应用型本科高校采用不同的观测点和权重,如科学研究产出中应对学术型和应用型本科高校的横向和纵向项目及经费采用不同的权重;对于应用型本科高校中不同类型以及办学基础不同的院校也要根据实际情况有所区别。三是分类标准是可能变化的。如,卡内基分类标准在1994年、2000年以及2005年分别根据美国实际情况进行了调整,而高校进入不同的发展阶段,也允许高校相应地自愿从属于不同的类别。四是满足国家刚性标准。在省域应用型本科教育质量监测评价中,要注意有些标准已经具有国家标准,如生师比、生均校园面积、生均教学行政用房、生均图书等有国家规定的基本要求,而不同类型中高校要求也有所不同,要基于国家标准这一底线标准,制定省级标准。

三、完善应用型本科教育质量监测评价系统

当前社会是大数据的时代,互联网高速发展,大数据及互联网技术逐渐在高等教育领域崭露头角,两大技术的应用将对提高高等教育质量及其管理水平起着至关重要的作用,有力推进高等教育质量管理的信息化发展。《国家中长期教育改革和发展规划纲要(2010—2020年)》中提及,要"加快教育信息化进程""加快教育信息基础设施建设""构建国家教育管理信息系统"[1],必须强化对省域应用型本科教育质量的常态监测和持续跟踪,仅靠人工监测评价是不够的,必须建立完善省域应用型本科教育质量监测评价系统。一是要建立省、校级纵向关联的省域应用型本科教育质量监测评价平台。应加快构建由政府出资、统一管理、多元共享的监测评价平台,其中核心的是"一池两中心",即基于数据标准、采集、整合、存储等形成"数据池",以及基于数据管理、清理、挖掘、分析等形成"数据处理中心"和基于数据预测、预警、服务、共享等形成"数据应用

---

① 国务院.国家中长期教育改革和发展规划纲要(2010—2020年)[EB/OL].(2010-07-29)[2019-05-09]. http://old.moe.gov.cn/publicfiles/business/htmlfiles/moe/info_list/201407/xxgk_171904.html.

中心",从而实现省域范围内应用型本科教育质量互联互通、共享共认以及常态监测。二是监测评价平台向不同利益主体开放权限,积极引导不同评价主体不定期、常态化、网络化地上报信息数据,信息数据实现即时共享共用,方便不同主体各取所需进行评价。三是运用大数据和事实说话。大数据时代的监测评价,必须对海量数据进行准确的数据清理,挤压水份数据、虚假数据、错漏数据,并对数据进行挖掘、应用、分析,才能真正成为丰富可靠的监测评价"数据池",实现监测评价目的。但这必须依靠数量充足、兼具高等教育理论和数据处理知识的专业队伍才能实现。而据了解,目前省级和校级均无组建专业的队伍。因此,必须以强有力的行政决心,统一数据标准,清理"数据池",组建专业化队伍,统筹省校两级以及省级和校级内部的数据孤岛问题,实现省校两级纵向以及内部横向的互联互通、开放共享。

四、加强高校质量文化建设

应用型本科教育质量文化是对应用型本科教育质量的规律认识,是高等教育大众化和普及化发展的必然产物,其建设涉及政府、高校、社会以及师生、用人单位等各类利益主体,贯穿于应用型本科教育的全过程和各环节,是一项影响因素复杂的系统性工程。一是从宏观层面来看,要进一步完善高等教育质量监测评价法制法规,促进规范化和制度化。国家和省级政府要加强应用型本科教育质量监测评价的相关法律、法规以及政策制度的建设,对多元利益主体的功能和定位以及监测评价的标准、组织、程序、周期、结论、信息公开等形成明确的制度和规定,特别是尽快形成分类监测评价的体制机制,以引导应用型本科高校准确定位和科学发展。要积极引导全社会树立强烈的应用型本科教育质量意识,建立完善"管办评"分离为基础的监测评价信任机制和体制,形成包括高等教育的出资者(政府、企业或社会)、教育工作者、受教育者、用人单位以及社会各个行业共同关注、共同参与的质量文化体系,增强多元利益主体的质量责任意识。

二是从微观层面来看。德鲁克指出:"管理者需要有一种道德原则,并将其作为自己被人接受其合法权利的依据。他们应该把自己的权力建立在道德承诺的基础之上。而这种道德承诺,同时又可以表明组织的目的和性质。"①其一,要把国家以及省级层面对于应用型本科教育质量的理念、价值等植入到应用型本科高校中,使其根据自身办学定位和办学实际形成自身的质量文化体系,使高校把质量管理作为一种内在追求,作为高校生存与发展的必然选择,在全校形成广泛认可的管理理念和哲学,进而上升为全校固定执行的制度,内化为高校自身积极参与的行动,而不是高校为追随管理时尚或者迎合外界进行的非固定行为。同时,采取多种方式提升全体师生和教辅工作人员以质量为中心的意识,学校的管理者和师生员工都要认识质量文化建设的重要性,使全员都能自觉践行质量文化标准,形成全员参与学校质量管理的氛围,在这种氛围的潜移默化下,最终达到全体师生主动参与学校质量管理和改善工作。其二,建立质量管理长效机制。这就需要学校的每一项工作都渗透高等教育质量管理的理念,学校工作人员在日常工作中要秉持合理的质量理念,同时进行反思,使质量管理意识在学校普及化,也促使高校在质量问题上敏感,不断构建形成带有学校特色的质量文化。其三,建立全方位的质量管理和质量保障体系。要构建全员性、全过程、全领域的质量管理和质量保障体系,建立健全学校有关的工作制度、责任制度、管理制度以及奖惩制度等,并明确质量管理责任主体、权责、标准以及要求,针对投入、过程、产出以及四大职能建立完善质量监测评价体系,实现大学由传统组织向质量组织的转变。

---

① [美]彼得·德鲁克.管理——任务、责任、实践(责任篇)[M].王永贵,译.北京:机械工业出版社,2009:211.

参考文献

一、著作类

[1]施晓光.美国大学思想论纲[M].北京:北京师范大学出版社,2001.

[2]马骥雄.战后美国教育研究[M].南昌:江西教育出版社,1993.

[3]丁晓昌.省域高等教育发展论[M].北京:高等教育出版社,2016.

[4]顾明远.教育大辞典(12卷本)[M].上海:上海教育出版社,1990-1992.

[5]陈玉琨.高等教育质量保障体系概论[M].北京:北京师范大学出版社,2004.

[6]古烟友三.五项主义:质量管理实践[M].上海:上海人民出版社,1999.

[7]约翰·布伦南,特拉·沙赫.高等教育质量管理:一个关于高等院校评估和改革的国际性观点[M].上海:华东师范大学出版社,2005.

[8]弗兰克·格里纳.质量策划与分析(第四版)[M].何祯,译.北京:中国人民大学出版社.2006.

[9]瞿葆奎.教育学文集·教育评价[M].北京:人民教育出版社,1894.

[10]庄伊富长.大学评价研究[M].东京:东京大学出版社,1984:10.

[11]彼得·德鲁克,王永贵译.管理——任务、责任、实践(责任篇)[M].北京:机械工业出版社,2009.

[12]郭祖超主编.医用数理统计方法[M].第三版.北京:人民卫生出版社,1987.

[13]约翰·S.布鲁贝克.高等教育哲学[M].王承绪,等,译.杭州:浙江教育

出版社,2001.

[14]菲利普·库姆斯.世界教育危机[M].赵宝恒,等,译.北京:人民教育出版社,2001.

[15]叶澜.教育理论与学校实践[M].北京:高等教育出版社,2000

[16]黄济.教育哲学通论[M].太原:山西教育出版社,2004.

[17]张楚廷.教育哲学[M].北京:教育科学出版社,2006.

[18]潘懋元.新编高等教育学[M].北京:北京师范大学出版社,2004.

[19]贾俊平,等.统计学(第四版)[M].北京:中国人民大学出版社,2009.

[20]金耀基.大学之理念[M].北京:生活·读书·新知三联书店,2001.

[21]亚伯拉罕·弗莱克斯纳.现代大学论:美英德大学研究[M].徐辉,陈晓菲,译.杭州:浙江教育出版社,2001.

[22]马克斯·韦伯.经济与社会[M].林荣远,译.北京:商务印书馆,1997.

[23]李雁冰.课程评价论[M].上海:上海教育出版社,2002.

[24]施晓光,严军.全球知识经济中的高等教育[M].北京:北京大学出版社,2011.

[25]A.V.菲根堡姆.全面质量管理[M].北京:机械工业出版社,1994.

[26]陈玉琨,代蕊华,杨晓江,田圣炳.高等教育质量保障体系概论[M].北京:北京师范大学出版社,2004.

[27]杨晓明.高等教育政策问题研究[M].河南:大象出版社,2011.

[28]王战军.高等教育监测评估理论与方法[M].北京:科学出版社,2017.

[29]陈玉琨.发展性教育质量保障的理论与操作[M].北京:商务印书馆,2006.

[30]王建华.多视角的高等教育质量管理[M].广州:广东高等教育出版社,2010.

[31]周光礼.中国高等教育质量评估体系有效性研究——基于社会问责的视角[M].长沙:湖南人民出版社,2012.

[32]中央教育科学研究所.中华人民共和国教育大事记[M].北京:教育科学出版社,1983.

[33]中国高等教育学会.论中国高等教育[M].北京:北京师范大学出版社,1988.

二、博硕论文

[1]宋彦军.高职教育服务质量评价研究[D].天津大学,2009

[2]刘六生.省域高等教育结构调整研究[D].辽宁师范大学,2011

[3]赵娅玲.省域高等教育层次结构评价研究[D].云南师范大学,2016.

[4]邵波.我国高等教育大众化进程中的应用型本科教育研究[D].南京师范大学,2009.

[5]陈飞.应用型本科教育课程调整与改革研究[D].华东师范大学,2014.

[6]陈星.应用型高校产教融合动力研究[D].西南大学,2017.

[7]程祝亚.大学生学习主动性对学习拖延的影响:时间管理倾向的中介效应[D].西南大学,2013

[8]王娟娟.基于大学生学习性投入调查下的本科教育质量研究[D].重庆大学,2011.

[9]廖浩然.我国高等教育质量管理的制度分析[D].湖南师范大学,2008.

[10]郭星延.政府在高等教育质量管理中的作用研究[D].中央民族大学,2016

[11]孙胨.铁路货运服务质量监测评价体系研究[D].北京交通大学,2018.

[12]汪静.区域循环经济发展动态监测评价研究[D].长沙理工大学,2009.

[13]刘佩韦.论法律评价[D].广西师范大学,2003

[14]任传鹏.工业企业绩效综合评价研究[D].山东科技大学,2004.

[15]韦洪涛.我国高等教育大众化进程中的高等教育质量评估指标体系研究[D].苏州大学,2002.

[16]张会敏.基于指数的高等教育质量管理方法研究[D].华东师范大学,2012.

[17]李明轩.以人才培养质量为中心的本科教育质量评估指标问题研究[D].河南大学,2018.

[18]刘敬严.基于服务营销视角的高等教育质量管理研究[D].天津大学,2009.

[19]王丽颖.建立、实施ISO9001:2000高等教育质量管理体系的研究[D].天津工业大学,2005.

[20]苗耀祥.我国高等教育质量保证政策研究[D].东北大学,2014.

[21]韦洪涛.我国高等教育大众化进程中的高等教育质量评估指标体系研究[D].苏州大学,2002.

[22]柏雪梅.黑龙江省高等教育水平的综合评价研究[D].东北林业大学,2015.

[23]马群.地方高等教育在区域发展中的作用[D].中国农业科学院研究生院,2009.

三、论文

[1]刘海峰.中国高等学校的校史追溯问题[J].教育研究,1994(05).

[2]刘献君.高等教育质量:本科教学评估的落脚点[J].高等教育研究,2006(09).

[3]刘智运.研究型大学应创办一流本科教育[J].教学研究,2009,32(01).

[4]刘国瑞.省级政府高等教育统筹的时代意蕴与改革方向[J].中国高教研究,2018(09).

[5]赵庆年.多维视域中的区域高等教育基本特征[J].教育研究,2008(08).

[6]史秋衡,王爱萍.应用型本科教育的基本特征[J].教育发展研究,2008(21).

[7]马树杉.应用型本科教育:地方本科院校在21世纪的新任务[J].常州工学院学报,2001(01).

[8]刘海峰,顾永安.我国应用技术大学战略改革与人才培养要素转型[J].职业技术教育,2014,35(10).

[9]刘彦军.中国特色应用技术大学:内涵、外延、路径与展望[J].职业技术教育,2014,35(31).

[10]潘懋元.我看应用型本科院校定位问题[J].教育发展研究,2007(Z1).

[11]托斯埃,胡森.论教育质量华东师范大学学报(教育科学版)[J].1987(03).

[12]胡弼成.潘懋元先生的高等教育质量观初探[J].青岛化工学院学报(社会科学版),2000(02).

[13]赵婷婷.从精英到大众高等教育质量观的转变[J].江苏高教,2002(01).

[14]房剑森.高等教育质量观的发展与中国的选择[J].现代大学教育,2002(02).

[15]沈召前.对我国高等教育质量内涵与外延协调建设的思考[J].教育与职业,2010(15).

[16]侯玉桃,杨巧芳.我国高等教育质量研究述评[J].兰州教育学院学报,2012,28(01).

[17]王战军,王永林.监测评估:高等教育评估发展的新图景[J].复旦教育论坛,2014,12(02).

[18]施晓光.西方高等教育全面质量管理体系及对我国的启示[J].比较教育研究,2002(02).

[19]马万民.试述高等教育观的演进与建构[J].高等工程教育研究,2007(04).

[20]熊志翔.欧洲高等教育质量保障模式的形成及启示[J].高等教育研究,2001(05).

[21]郭垒.当前我国高等教育质量观综述[J].国家教育行政学院学报,2008(08).

[22]侯怀银,闫震普.高等教育质量概念探究[J].江苏高教,2007(05).

[23]刘俊学,袁德平.高等教育质量是服务质量与产品质量的辩证统一[J].江苏高教,2004(04).

[24]柏昌利,崔文顿.不同视角的高等教育质量观透视[J].中国电子教育,2007(02).

[25]易昆南,程勋杰."假设检验"决策的误区——一场由全国大学生数学建

模竞赛引发的争论[J].重庆理工大学学报(自然科学版),2013(04).

[26]孙金玉.高等教育质量相关概念的阐释及质量保证[J].经济与社会发展,2007(01).

[27]潘懋元.走向21世纪高等教育思想的转变[J].高等教育研究,1999(01).

[28]邱梅生.大众化高等教育质量研究综述[J].江苏高教,2002(01).

[29]戚业国.论高等教育大众化时代的质量观[J].高等师范教育研究,2002(02).

[30]龚放.高等教育多样化与质量观的重构[J].中国高等教育,2001(02).

[31]薛禾生,陆守曾.计量资料多个样本均数间两两比较方法的评价[J].中国卫生统计,1987(02).

[32]蔡克勇.大众化的质量观:多样性和统一性结合[J].高等教育研究,2001(04).

[33]蔡真亮.大众化条件下高等教育质量观的构建[J].辽宁教育研究,2005(05).

[34]黄旭辉,乐为,易荣华.基于"大质量"观的高等教育质量管理模式嬗变:理论与实践[J].现代教育管理,2012(05).

[35]冰茹.论高等教育质量的四个发展时期[J].继续教育研究,2014(12).

[36]温正胞.ISO 9000与西方高等教育质量管理:商业与学术一次邂逅[J].比较教育研究,2006(08).

[37]秦荣,张文修.研究生教育质量管理体系的研究[J].中国高教研究,2003(04).

[38]陈玉琨,李如海.我国教育评价发展的世纪回顾与未来展望[J].华东师范大学学报(教育科学版),2000(01).

[39]黄启兵,毛亚庆.从兴盛到衰落:西方高等教育中的全面质量管理[J].比较教育研究,2008(03).

[40]许杰.对西方国家加强高等教育质量监控的政策分析——新公共管理理论的研究视角[J].教育科学,2007(03).

[41]李雪飞.高等教育质量话语权变迁——从内部到外部的历史路径探析

[J].清华大学教育研究,2006(04).

[42]彭江.德国高等教育质量的混合管理模式分析[J].重庆高教研究,2014(06).

[43]温正胞.ISO 9000与西方高等教育质量管理:商业与学术一次邂逅[J].比较教育研究,2006(08).

[44]王建华.高等教育质量管理的新趋势及我国的选择[J].中国高教研究,2008(08).

[45]王丽丽,温恒福.中国高等教育质量管理研究的回顾与展望[J].学术交流,2012(09).

[46]史秋衡.推进高等学校分类发展 促进高等教育内涵建设[J].山东高等教育,2018(03).

[47]潘懋元.走向大众化时代的高等教育质量——在全国高等教育学研究会第六届学术年会开幕式上的发言[J].高等教育研究,2001(04).

[48]蒋家琼,张巧玲.全国大学生调查:英国一种以学生为主体的高等教育质量评估新方式[J].湖南师范大学教育科学学报,2014(02).

[49]张忠华.论高等教育质量评估的多元化趋向[J].国家教育行政学院学报,2011(02).

[50]周远清.质量意识要升温 教学改革要突破——在全国普通高校第一次教学工作会议上的讲话[J].高等教育研究,1998(03).

[51]胡子祥.高校利益相关者治理模式初探[J].西南交通大学学报:社会科学版,2007(01).

[52]何玉海.试论《教师教育标准》的构成与结构要素[J].教师教育研究,2007(01).

[53]张男星.高等教育质量标准与评价[J].大学(学术版),2010(05).

[54]徐霞.成熟度评价下的高等教育质量标准构建分析[J].中小企业管理与科技(下旬刊),2017(12).

[55]顾永安.试论应用型本科院校教学质量标准制定的依据与要求[J].中国大学教学,2010(6).

[56]田健.从人才培养模式的视野分析高等教育质量标准建设[J].山东社会科学,2011(11).

[57]杨桂华.大学教育质量的学术标准和社会标准[J].中国大学教学,2008(01).

[58]周泉兴.高等教育质量标准:特征、价值取向及结构体系[J].江苏高教,2004(03).

[59]刘榕.关于现阶段高等教育质量标准确立的思考[J].科技经济市场,2009(08).

[60]柏昕,林永柏.关于高等教育质量标准若干问题的探讨[J].现代教育科学,2012(11).

[61]韩先芹.大教育观下高等教育质量的内涵及评价探析[J].重庆文理学院学报(社会科学版),2008(05).

[62]华危持.学校内部质量保证的文化自信[J].江苏教育研究,2018(02).

[63]王春春.高等教育质量标准与评价[J].大学(学术版),2010(05).

[64]潘懋元.高等教育大众化的教育质量观[J].中国高教研究,2000(01).

[65]张应强.高等教育质量观与高等教育大众化进程[J].江苏高教.2001(05).

[66]杨德广.高等教育的大众化、多样化和质量保证[J].高等教育研究..2001(04).

[67]朱科蓉.应用型本科教育质量标准与质量评估体系[J].教书育人,2010(09).

[68]翁伟斌.应用型本科人才培养质量标准:基本特性和推进策略[J].四川师范大学学报(社会科学版),2018,45(03).

[69]陈磊,肖静.我国高等教育质量的控制与保证——对 OECD《报告》的思考[J].高等工程教育研究,2006,(03).

[70]张敏.综合评价方法与高等教育资源利用效率[J].求索,2006(11).

[71]张男星,王纾,孙继红.我国高等教育综合发展水平评价及区域差异研究[J].教育研究,2014(05).

[72]郭珊珊,李静.浅论中国特色应用技术大学办学理念——以地方高校转型发展为视角[J].许昌学院学报,2017(01).

[73]张宝秀.地方高校开展应用型科研的主要途径与措施[J].北京教育(高教版),2010(01).

[74]黄瑞.高校社会服务职能的发展及实现形式[J].经管研究(教育经济研究),2015(10).

[75]孙晓娥,边燕杰.留美科学家的国内参与及其社会网络——强弱关系假设的再探讨[J].社会,2011(02).

[76]张玲玲.高等教育发展的滞后与区域经济发展的困局——基于温州的实证研究[J].中国高教研究,2007(1).

[77]孙崇正,肖念,金保华.改革开放以来我国高等教育人才培养质量观的演进与启示[J].清华大学教育研究,2009,30(02).

[78]高耀等.中国大陆十大城市群高等教育与区域经济协调度因素分析与集成评估——基于2000年和2010年的横截面数据[J].现代大学教育,2013(05).

[79]彭怀祖,王建宏.高等教育与社会经济协调发展评[J].江苏高教,2012(01).

[80]刘海燕.中国各地区高等教育资源配置的DEA聚类分析研究[J].求索,2007(08).

[81]朱玉.试论邓小平的教师思想——重温邓小平1978年4月22日在全国教育工作会议上的讲话[J].师资培训研究,1998(03).

[82]王碧艳.观念转变:大众化高等教育质量保证的先导性工程[J].高等教育研究,2003(04).

[83]王致和,季靖.我国高等教育评估制度建设回顾与展望[J].天津大学学报(社会科学版),1999(01).

[84]杨宗仁.我国高等教育评估的现状与发展趋势[J].理工高教研究,2005,24(01).

[85]肖建忠.高等教育评估多元化研究[J].高教探索,2013(01).

[86]李进,刘民钢.高校本科教学审核评估的意义与重点[J].上海教育评估

研究,2014(02).

[87]胡赤弟.高等教育中的利益相关者分析[J].教育研究,2005(03).

[88]赵中建.21世纪世界高等教育的展望及其行动框架——98世界高等教育大会概述[J].上海高教研究,1998(12).

[89]彭国甫.对政府绩效评估几个基本问题的反思[J].湘潭大学学报,2004(03).

[90]刘海燕.美国高等教育增值评价模式的兴起与应用[J].高等教育研究,2012,33(05).

[91]吴建南,刘佳.地方政府绩效评估中的利益相关者与绩效数据——基于德尔菲法的研究[J].华东经济管理,2011,25(04).

[92]刘聪.政府绩效评估多元主体利益运行机制创新研究[J].金卡工程·经济与法,2010(03).

[93]程雁雷.必须重视和加强我国高等教育立法[J].高等教育研究,2000(02).

[94]尹超凡.浅析中学生学习主动性的影响因素和培养[J].农家参谋,2018(16).

[95]王顶明,刘永存.硕士研究生专业认同调查[J].中国高教研究,2007(08).

[96]赵多山.教师能力素养的修炼与提升[J].甘肃教育,2015(15).

[97]陈橄榄.普通高校专任教师队伍结构优化研究——基于2005—2014年教育统计的量化分析[J].现代教育科学,2016(12).

[98]徐筱霞.高校教师敬业度影响因素研究[J].科教导刊(中旬刊),2017(02).

[99]赵素芬,谢文彬,柳孟良,潘斌.高职专任教师挂职锻炼改革的思考[J].轻工科技,2019,35(05).

[100]胡德鑫,王漫.2016—2032年我国高等教育规模的趋势预测[J].教育学术月刊,2016(06).

[101]张应强.高等教育质量建设:创新体制机制与培育质量文化[J].江苏高教,2017(01).

[102]林永柏.关于高等教育质量概念的界定[J].教育科学,2007(06).

四、外文文献

[1] Johnston R J, Chalkey, Brain. Quality assessment of teaching: Inputs, processes and outputs[M]. Journal of Geography in Higher Education,1994, 18(02).

[2] Kearney, Hugh. Scholars and Gentleman: Universties and Society in Pre-Industrial Britain [M]. Cornell University Press, 1970.

[3] Astin A W. Achieving educational excellence: A Critical Assessment of Priorities and Practice in Higher Education [M]. San Francisco: Jossey Bass Publishers,1985.

[4] Green. What is quality in higher education[M]. SRHE & Open University Press,1994.

[5] Harvey, L. & Knight, P. T. Transforming Higher Education [M]. Open University Press, 1996.

[6] Charnes Spearman. To Quiz Scores Were Statistically Analyzed[J]. The Journal of High Technology Management Research,1904(11).

[7] KUH G D. What We're Learning about Student Engagement from NSSE[J].Change,2003(02).

[8] Lee Harvey, Diana Green. Defining Quality[J]. Assessment and Evaluation in Higher Education, 1993 (01).

[9] Emerson Wagner Mainardes, Helena Alves, MarioRaposo. An Exploratory Research on the Stakeholders of a University[J]. Journal of Management and Strategy, 2010 (01).

[10] Siew Fun Tang, Sufean Hussin. Quality in Higher Education: A Variety of Stakeholder Perspectives[J]. International Journal of Social Science and Humanity, 2011 (02).

[11] Henry Rosovsky. The University: An Owner's Manual[M].W.W. Norton & Company, 1991.

后 记

作为高校工作者,出书立著乃本愿。但由于身在行政,囿于能力,慢慢的便不在奢望。2019年,博士毕业后,得到刘海峰导师的鼓励和朋友的支持,才重新拾起激情和信心。

事实上,我一直对研究应用型本科教育有着较高的兴趣。一方面是由于我本身就是应用型本科高校的工作者,站在全省甚至全国角度研究应用型本科教育才能有宏观视野、大局视角。另一方面则是由于2013年底我在福建省教育厅高教处学习锻炼,以及2016年以来连续多年参与了福建省教育评估研究中心的高等教育质量监测项目,让我对省域应用型本科高校教育质量监测评价有了更深的理解和认识。

资料的整理、数据的搜集、模型的建构、内容的校正耗时耗力。在此期间,又遇父亲生病,女儿升中学,个人岗位变动以及博士毕业等等,各种压力接踵而来,难以喘息,常常感到女性能够平衡家庭、学业、事业之间的矛盾实属不易。

然,庆幸的是,我们终将承担一切,所有的混沌、彷徨、不安、迷茫最终都将消失殆尽。如今,再回想起那些日子,我总是忍不住微笑地回味过程,也许这就是任何人任何事都要经历"艰难困苦,玉汝于成"的真谛。

本书的撰写过程得到了长江学者特聘教授、浙江大学文科资深教授刘海峰教授的精心指导,得到了福建省教育厅原厅长黄红武教授、福建省教育评估研究中心原主任柏定国教授等领导的大力支持,得到了厦门理工学院的领导和同事、厦门大学同门以及博士同学的支持,深深感谢,不再一一点名。还要特别感谢吴明艳、孔舒兰、孟晓晓、纪仁飞等一起帮助我统计整理数据,查找研究资料。

本书获得福建省社会科学规划项目"福建省应用型本科教育内涵式发展水平监测评价研究"(FJ2019B164)、国家社科基金教育学课题"地方高校延伸到县域办学与乡村振兴的耦合关系研究"(BIA190164)、厦门理工学院学术专著出版基金资助。

本书终成,艰辛不易,且仍有诸多不足,望批评指正。今后力求精进不休,深耕不辍。